A GUIDE TO COLLEGE PLANNING

大学生涯规划一本通

保研岛团队　编

中国科学技术大学出版社

内 容 简 介

作为大学本科生的生涯规划指导手册，本书是保研岛团队基于近十年来对高等教育的形势分析、专业内容沉淀及教学实践经验的结晶。系统梳理了从入学适应到毕业发展的完整路径，覆盖了大学生活的五大关键内容：大学入门、学习提升、背景提升、升学规划和就业。以“问题导向＋实践策略”为特色，涵盖了每个阶段的关键信息，如信息搜集、流程指导、选择建议、准备攻略等，以期帮助大学本科生迅速搭建大学时期的认知框架和概念体系，助力他们在学业规划、能力拓展与职业发展中实现系统性成长。

本书既可作为新生入学的全景导航，也可作为高年级学生突破发展瓶颈的参考手册。

图书在版编目(CIP)数据

大学生涯规划一本通 / 保研岛团队编. -- 合肥 ：中国科学技术大学出版社，2025. 6（2025. 10 重印）. -- ISBN 978-7-312-06334-3

Ⅰ. G647. 38

中国国家版本馆 CIP 数据核字第 2025V3S027 号

大学生涯规划一本通

DAXUE SHENGYA GUIHUA YI BEN TONG

出版 中国科学技术大学出版社
安徽省合肥市金寨路 96 号，230026
http://press.ustc.edu.cn
https://zgkxjsdxcbs.tmall.com

印刷 合肥华苑印刷包装有限公司

发行 中国科学技术大学出版社

开本 787 mm×1092 mm 1/16

印张 18

字数 382 千

版次 2025 年 6 月第 1 版

印次 2025 年 10 月第 2 次印刷

定价 56.00 元

前　言

“如果大学重来一遍，我一定会这样过……”许多人在大学毕业之后都说过类似的话。这也是保研岛团队编写本书的初心所在：给即将迈入大学和正在上大学的同学相对正确的参考和指引，让他们少走弯路，减少遗憾。为何是“相对正确”？我们深知，大学是个体相对自由成长的地方，任何两个人的路径都不可能百分之百一样，编者团队只能基于过往大多数人的路径选择和方案，为大家提供参考。确切言之，本书是一本大学生涯规划指导书，不求每位大学生都全盘参照和复制，只希望大家在大学探索期间遭遇困惑与迷茫时多加翻阅，或许能有所启发。

既然旨在为当代大学生提供大学生涯规划的方案参考，那么本书的行文线索与思路就非常明确和简单，主要按照“从哪里来、到哪里去、怎么去”这一核心线索展开。就“从哪里来”而言，开篇第1章即强调了高中与大学的差异，并普及了大学的基础知识和概念，帮助每位大学新生快速转变思维，调整好状态，以适应大学的节奏和模式；就“到哪里去”而言，第4章和第5章分别就升学和就业两大方向提供了具体的概述和规划建议，全景导览可以帮助大家俯瞰大学可选择路径和方向规划的全貌，形成系统认知；而同样占据较多篇幅的第2章和第3章，则是衔接两者的内容，旨在回答“怎么去”的问题，只要参考这两章关于学习和背景提升的攻略方案，每位大学生就能提升自身实力与综合素养，为未来发展打下坚实基础，最终不管选择升学还是直接就业，都可游刃有余地进退自如。

在每章、每节的内容编排和具体行文中，编者团队的写作始终恪守一条核心准则：让大学生知其然，并且知其所以然。在这个答案和结论满天飞的社会，所有的大学生都知道“大学要上进”“大学要努力”“大学不奋斗则难以在社会中生存”，却很少有人仔细思索和告诉大学生“为什么要上进”“为什么要这么做”。编者团队在撰写具体的规划建议时，不仅告诉大学生目标和方法，还会注重分析和解释背后的原因和逻辑。比如，在讲解大学社团、英语学习、大学竞赛、实习攻略等内容时，编者团队着重论述了背后的原因和好处，让大学生产生认同感和动力。再如，讲解相对枯燥的数学类课程学习攻略时，编者团队非常细致地分析了各门数学课程的难点重点，帮助大家把控和降低预期，减少对数学学习的逆反心理。

最后，本书的目的非常直接：希望每位大学生都能够知行合一，践行科学合理的大学生涯规划方案，沿着“相对正确”的方向开辟出独属于自己的道路。我们仍然单纯地希望，有更多大学生能够顶住“内卷”的压力，找到属于自己的方向和道路，成为建设新中国、富国强民兼济天下、推动人类文明发展进步的栋梁之材与中流砥柱。

编　者

2025 年 5 月

目　　录

第1章　大学入门

初入大学,很多同学会有或多或少的不适应。比如第一次选课,第一次无固定教室上课,第一次自由安排自己的时间,第一次看到眼花缭乱的社团……大学有诸多新的东西,很容易让同学们感到茫然。为了帮助大家更好地开启大学生活,本章安排以下内容:首先,从高中与大学的差异出发,介绍大学教学管理的基本知识,如注册报到流程、学分绩点制度等相关概念;然后,介绍与专业密切相关的二次选拔、转专业与专业分流等内容;最后,介绍学生社团、班委、入党等攻略。希望借助这些攻略,同学们能够豁然开朗,顺利度过大学时光。

1.1　从高中走向大学

1.1.1　高中与大学的差异

高中和大学是两个截然不同的阶段,无论是学习方面还是社交、发展方向、评价维度等方面,它们都存在诸多差异。了解差异并找到适应大学的思维方法,是同学们从高中走入大学的关键一步。

1. 学习方面:被动学习→自主学习

高中的学习主要是为了高考,学习的课程内容相对固定且课程安排紧凑,老师和家长也会严格督促。大学则更自由和包容,将给予学生足够的自主权,学生课程选择也更加灵活,除了本专业的必修课程和通识课程,同学们还可以选修许多课程甚至是其他专业的课程。每个同学都会有自己独特的课表,想成为什么样的人、想学习什么样的技能可以由自己掌握,自由度相对高中而言更高。大部分大学老师课后不会像高中老师那样盯着大家学习,也不会每堂课都布置作业并进行批改,更多时候需要同学们自己主动复习,安排自己的学习进度。而不少大一新生未适应大学学习的节奏和特点,没有树立自主学习的意识,进入大学后直接放飞自我,导致大一学年成绩靠后或出现挂科情况,从而错失保研机会,实在令人惋惜。

与此同时,同学们需要注意,大学之学不止于课堂。除了课程学习,大学还有很多课余时间留给同学们去参与第二课堂的活动，如科研竞赛、社会实践等。以保研为例，其评价范围涵盖整个本科期间的学习表现，考查内容从学业成绩到科研竞赛，旨在筛选出德、智、体、美、劳全面发展的学生。而如何接触科研、打好竞赛，就需要同学们主动探索，从确定研究兴趣到着手撰写报告，只有主动尝试了才可能实现从 0 到 1 的跨越。机会不会从天而降，也不会自己送到同学们面前，只有主动的人才能更轻松地获得机会。如果同学们还无法改变“等待别人投喂”的思维，成功就是天方夜谭。

2. 社交方面：社交较少→社交较多

高中阶段，同学们的大部分时间和精力都用于学习，生活范围主要是家和学校，多以班级为主要社交单位，社交相对较少。到了大学阶段，同学们自主安排的时间变多，加之大学提供了各类社团和学生组织，各种活动丰富多彩，相对来说社交变多，不仅会接触到室友、同班同学、授课老师，还可能接触到不同专业甚至不同国家的学生，这里也给大家提供一些建议。

第一，学会向上社交。大学资源分配并不均等，普通家庭的孩子如果想拥有更多资源，就必须主动争取向上社交。例如，和学长、辅导员及大学老师建立良好的关系。学长是“过来人”，有着非常多的经验和技巧，可以帮助我们更好、更顺利地度过大学阶段；而给老师留下良好印象，不仅有助于在课程考核中取得理想成绩，还能帮助我们获取科研竞赛等更多资源。

第二，学会享受孤独。同学们可以有意识地在班级或社团协会中寻找志同道合的人，并结为大学伙伴朝着共同的目标努力奋斗，这会让同学们的大学生活更加充实精彩。但挚友难遇，如果找不到志同道合的小伙伴，同学们一定要学会习惯孤独并享受孤独。

第三，不要让自己困于不良的社交关系中，及时远离具有负能量的人。例如，在大学四年里，我们和室友低头不见抬头见，但难免出现性格不合或极具负能量的室友。对于这类室友，不必强行融入，求同存异、尊重对方即可。

第四，谨言慎行，尤其不要轻易讲他人坏话。每年都有因为人际关系处理不当，被举报而撤销保研资格或评奖评优的案例发生。例如，因为跟室友闹矛盾，被室友举报违规使用电器，最终痛失保研资格。这无不提醒着同学们要格外注意处理社交关系。

总的来说，大学阶段要接触形形色色的人，同学们的社交面变广，一定要努力适应并处理好人际关系。

3. 发展方向：单一目标→多元发展

高中阶段，同学们的目标都是一致的：在高考中取得优异的成绩，进入理想的大学。到了大学，同学们站在新的起点上，发展路径各有不同。有的同学打算通过考研、保研或留学继续深造，有的同学打算直接就业。发展路径不同，需要努力的方向也就不同，如果能尽早确立目标，那么可以事半功倍。

迈入大学，同学们想好往哪条路发展了吗？有些同学直到大四毕业也不太清楚自己未来的发展道路，十分迷茫，这类例子不在少数。其实，没有人一开始就知道自己适合什么，这就需要同学们勇敢地去探索适合自己的发展道路。如果不确定往哪条路发展，那么在大学低年级阶段，同学们可以多元发展，学习成绩、科研竞赛、相关实习等多手抓，在不断的尝试中找出自己的兴趣与优势所在。

学习成绩是学业基础的体现，扎实掌握专业课程知识，不仅有助于在未来的学习中获得更高的绩点，也能为就业时的专业素养考核提供有力支撑。

积极参与科研竞赛，可以锻炼创新思维与实践动手能力，接触学科前沿的理念与技术，挖掘自身在科研领域的潜力。如果能够取得优异成果，那么无论是申请保研还是申请留学，都是很大的加分点。

相关实习则是提前接触社会与职场的重要途径，通过在不同企业、不同岗位的实习经历，了解行业动态与实际工作需求，明确自己的职业偏好，积累实践经验与职场人脉，为毕业后顺利就业做好充分准备。

在高年级阶段，需要根据自己的目标做好相应的准备，如保研的同学通过前期积累争取发表论文；留学的同学准备好申请材料；就业的同学聚焦于实习经历的深化与拓展；等等。

总的来说，大学阶段意味着多种可能，同学们应做好规划，提升综合素质，以便在竞争中获得优势。

4. 评价维度：成绩为王→综合评价

高中阶段有句名言："分分分，学生的命根。"这充分说明了成绩对于高中生的重要性，"一分打倒千人万人"的说法一点都不夸张。到了大学阶段，成绩固然很重要，但还要关注人际关系处理能力、组织协调能力、沟通表达能力等综合能力。比如，如果跟学长关系非常好，往往可以要到往年期末考试的真题作为参考，从而让自己更好地准备期末考试；再如参加竞赛时，优秀的组织协调能力可以使自己担任队长引领队伍，从而收获更多成果；又如较强的沟通表达能力可以在课堂上更好地表现自己，引起老师的关注，从而增加自己加入导师课题组的概率。如此种种，都说明大学更加看重综合能力，不再局限于考试成绩。

掌握大学与高中的差异并为之改变，仅仅是从高中校园迈入大学后的第一步。想要完全适应大学生活，同学们需要在各个方面进行自我调整，包括但不限于学习思维、社交关系、发展规划等。对于即将迈入大学校园的学生来说，尽早意识到这些变化，并积极调整自己的心态、理念以及技巧，将有助于自己更好地适应大学生活，取得学业上的成功。

1.1.2 大学时期的目标确立

前一节提到，高中时期同学们的目标相对统一，即取得优异的成绩，考上理想的大学。

然而,进入大学后,职业规划变得多样化,对未来发展的憧憬也有所不同。对于许多刚刚踏入大学校门的学生来说,由于大学阶段的过度自由和目标的缺失,往往会迎来一段短暂的迷茫期,甚至有的学生可能因此放任自流。那么,如何才能在大学时期找到自己的方向及目标呢?

1. 不同毕业选择的对比

本科毕业后主要有两条路径:一条是升学,包括保研、考研和留学;另一条是就业,包括考公、选调和求职。在制订大学目标时,同学们和家长需要共同努力,深入思考以下几个关键问题:未来想要什么样的生活?企业就业还是体制内就业?为了达到这一目标有没有必要升学?升学的性价比如何?升学是考虑考研、留学还是保研?……每种选择都会对应不同的发展路径和要求,进而决定大学期间的努力方向。

表 1.1 是各种选择的比较,同学们可以仔细对比,选择适合自己的方向。

表 1.1　本科毕业后各种选择的比较

选　择	优　势	劣　势	核　心　关　键
考公、选调	稳定性高,社会认可度高	竞争人数多,上岸地域和单位难以预测,看重本科背景	通过笔试和面试、个人出身背景
求职	灵活性强,自主选择较多	本科学历限制较多,心仪职位较难获得	丰富的实习经历、综合素质
保研	选择面广,风险可控,有机会考上名校	竞争压力大,准备战线长,政策变数多	获取保研资格
考研	可自主选择院校,可多次参加考试,备考时间集中	仅能报考一所院校,不确定因素多,风险较大,淘汰率高	通过考研初试
留学	选择面广,申请时间集中,竞争难度相对较低	经济成本较高,未来求职认可度不确定	专业经历及文书准备

以终为始,从就业来看,本科生的就业竞争力不强。从考公来看,本科生竞争人数过多,选择受限,导致竞争非常激烈。以国考为例,一些竞争激烈的岗位往往是本科生的岗位,一个岗位报录比可以达到 1000∶1 甚至超过 8000∶1,这都说明了本科生在考公方面竞争非常激烈。再如选调,从 2025 年广东选调来看,研究生可以选择的岗位占比 83%,本科生可以选择的岗位占比 60%,本科生选择岗位的机会就比研究生少很多,在学历"贬值"下,本科生的竞争力也不如硕士研究生和博士研究生。从企业就业来看,诸多岗位只要研究生,本科生在简历筛选时就已被淘汰,根本没有表现的机会。更何况在现在的经济环境下,本科毕业难以找到心仪的工作,于是众多学生都期望提高学历以应对求职挑战。而升学模式则见表 1.1,各有优劣。保研选择面广,风险可控,还有机会考上名校,但随之而来的是竞争压力大,准备战线长;考研虽然可以自主选择院校,有更长的备考时间,但是仅能报考一所院校,淘汰

率高；留学申请虽然选择面广、竞争难度较低，但是经济成本较高，未来求职认可度不确定。因此，同学们需要根据自身的条件进行规划选择。

2. 大学目标的确立

如果同学们对未来的规划暂无头绪，那么与他人交流沟通则是获取有效信息和经验的重要途径。一方面，多和家长以及学长沟通交流。家长作为最熟悉同学们成长经历和个性特点的人，他们能够凭借自身丰富的阅历，从家庭期望、个人潜力挖掘和长期发展的角度出发，给予同学们较为深入且有针对性的指导。例如，家长可以根据对子女学习能力和兴趣爱好的了解，分析其适合在本科毕业后直接就业积累实践经验，还是继续深造拓宽学术视野。而学长的经历则是非常真实且贴近大学生活的案例，他们能够分享在不同选择下遇到的具体问题、解决方法和心得体会。比如，已经就业的学长可以详细分享他们在求职过程中是如何制作简历、应对面试的，以及在实际工作中所需要的技能和素质；成功升学的学长则可以分享他们在准备考研、保研或留学过程中的学习计划、科研项目参与经验等。学习学长的经验，同学们可以更加直观地了解本科进行升学或就业这两条主要路径的实际情况，可以参考借鉴，从而更好地确定自己的目标。

当然，同学们自己也要勇于尝试不同的路径，只有亲身体验才能更好地做出判断。比如，同学们可以积极尝试加入课题组，感受升学科研的氛围。在课题组中，同学们可以接触到一些前沿的学术研究课题，学习到科学的研究方法和严谨的科研态度。一般来说，同学们可能会参与实验设计、数据采集与分析、论文撰写等科研环节，由此可以判断自己是否对科研工作有足够的耐心和兴趣，是否具备从事学术研究的能力和潜力。比如，通过参与一个生物学课题组，同学们可能会发现自己非常喜欢探索微观生物世界，并且在实验操作和数据分析方面得心应手，这就可能增强自己进一步深造、攻读生物学相关专业研究生的决心。再如，同学们可以尽早参与实习，深入感受职场环境。通过参加不同的实习，同学们不仅能够了解不同行业、不同岗位的工作内容、工作节奏及职业发展前景，还可以发现自己是否适应职场的竞争压力，是否对所学专业将来所从事的工作内容有兴趣和热情，以及自身在实际工作中还存在哪些不足需要改进。比如，有的同学在广告公司实习时，可能意识到自己虽然创意十足，但在团队协作和项目管理方面存在欠缺，那么在后续的大学生活中就可以有针对性地培养这些能力，同时也能够根据实习经历判断自己是否适合广告行业的工作，进而影响自己对未来就业方向的选择。

3. 不同目标的准备攻略

选择何种道路，需要同学们结合自身的情况进行思考。早早确立自己的职业规划，朝着自己的目标前进，能让自己的大学生活丰富且有意义。在同学们做出自己的决定后，结合不同的选择，这里为大家提供一些建议，希望同学们都在自己选择的道路上走得更加顺畅。

如果同学们计划在本科毕业后考公、选调，那么保持优异的学习成绩、尽快申请入党是同学们的首要任务。同时，建议同学们在低年级时申请加入院级或校级学生会，并努力成为学生干部。对于选调来说，学生干部经历属于硬性要求，能够大大提升竞争力。此外，学生会的工作不仅能够锻炼同学们的组织协调能力，还能为简历增色不少。在此基础上，同学们还需要尽早规划复习考试内容等相关事宜。

如果同学们的目标是在本科毕业后直接进入职场，建议大家注重实习经历和专业技能的积累。本科寒暑假期间，同学们有充足的时间与精力寻找适合的实习工作。通过实习，同学们不仅可以积累实践经验，也会或多或少地掌握一些办公软件等使用技巧，提升专业技能，为未来的求职打下坚实的基础。在日常学习中，同学们需要积极与专业老师或辅导员交流，了解行业动态，明确自己的职业发展方向，从而有针对性地提升自我。例如，对于一些院校背景较为普通的同学来说，可以考虑着重丰富自己的简历，以此提升竞争力。想要在毕业后进入大型央企或国企的同学，可以考虑加入学生组织，担任学生干部，基本上大型央企和国企都会把这种经历作为硬性要求之一。与此同时，学习成绩同样不能忽视。获得奖学金不仅是对自己努力的肯定，也是用人单位评估学生综合能力的重要标准。因此，如果计划在本科毕业后直接求职，同学们需要在保持优异学习成绩的基础上，积极加入学生组织，担任班干部，积累社会实践经验；同时利用假期时间参与实习，提升自身的实战能力，以便在毕业时能够在竞争激烈的就业市场中脱颖而出。

如果同学们的目标是本科毕业后继续升学，无论是保研、考研还是出国留学，学术成就都是重中之重。在这一路径上，本科成绩（绩点）是基础，除此之外，还可以加入导师的课题组，积累科研经验。通过参与科研项目，同学们不仅可以学习到专业知识，还能够掌握科研方法，培养独立思考和研究的能力。例如，在进入课题组后，可以跟随师哥、师姐学习基础实验的操作，了解研究的原理并开始熟悉一些专业基础软件。随着专业知识的积累，可以在高年级时尝试独立开展课题研究，并力争取得一些研究成果。即使没有显著的成果产出，相关经历在保研或留学申请时，也能在简历上增色不少。需要注意的是，如果同学们决定走学术道路，最好避免过多参与学生组织和社团活动，尤其是长时间的学生会工作，因为一些导师可能会对这种经历有所顾虑，认为同学们在学术上投入不足。此外，对于商科或应用性较强的学科的学生，假期参加相关实习或项目也非常重要，这有助于提升同学们的软实力，在申请阶段可以让自己更加出彩。

结合上述各种选择，不同的目标意味着大学期间的侧重点完全不同，因此尽早明确目标非常关键。然而，大学生活充满不确定性，同学们的兴趣和计划可能会随着时间的推移而发生变化。这时，同学们需要保持开放的心态，及时调整自己的目标和策略。举例来说，同学们可能在入学时打算考研，但在参与科研项目的过程中发现自己更适合直接就业，那么及时调整目标，增加实习经验，将有助于同学们更好地适应变化。但是如果在大学期间不断摇摆不定，可能会导致精力分散，最终错失最佳的发展机会。因此，无论同学们选择哪条道路，都应当保持专注和坚定，持续为自己的目标努力。

大学时期是人生的重要阶段，是从学生迈向职业生涯的重要过渡期。明确目标并为之努力，是在这个阶段取得成功的关键。无论是计划直接就业、继续升学，还是准备考编、考公，同学们都需要根据自己的职业规划，制订切实可行的目标，并在大学期间有针对性地提升自己。只有这样，才能在毕业时站在更高的起点上，迈向更加光明的未来。

1.1.3 大学时期人际关系的处理技巧

高中阶段，人际关系相对简单，平日里接触的大多是老师和同班同学，尤其是座位周围的几位同学。然而，进入大学后，班级的概念相对淡化，每个人都有自己为之忙碌的事项，并且在与同学合作的同时也会存在竞争，这使得大学期间的人际关系变得更加复杂。能够处理好大学期间的人际关系，不仅有助于学业和职业的发展，也能让大学生活更加愉快和充实。

对于大学生而言，需要处理与行政老师、专业老师、同寝室同学、同专业同学、不同专业的同学的关系，以及在大学期间可能涉及的情侣关系。

1. 与行政老师建立良好的关系

与高中相比，大学的行政老师通常拥有更大的权力，他们在评优选先、选调考编推荐等方面发挥着重要的作用，所以同学们要处理好与行政老师的关系。建议初入大学的学生，虽然不必急于担任军训负责人或竞选班长，但对于行政老师如辅导员指派的任务应积极完成。例如，在军训期间，男生可以负责搬运物品，女生可以负责文艺节目策划等。通过这些初期任务，同学们可以在行政老师面前展现积极向上的态度，给行政老师留下良好的第一印象。

2. 与专业老师建立良好的关系

专业老师通常主管专业类课程和学生的具体科研指导，因此和专业类老师建立良好的关系可以使自己的课程学习之路更加顺畅。建议大家在开学上每门专业老师的课程时一定要坐在前排，给老师留下相对较好的印象。另外，针对每门课程作业，一定要认真完成，因为拉开平时成绩关键在于能否高质量、认真地完成作业。此外，专业老师一般都会有科研课题，同学们可以向老师积极表达自己的科研意向，申请加入课题组，幸运的话，老师可能还会带着大家发表论文。即使最终没有顺利进入课题组，但是也会积累一些经验。另外，专业老师通常认识很多外校的同专业导师，有的专业老师的人脉会在一些层级更高的单位，在保研或考研时可以起到推荐作用，同时在保研选择导师或考研调剂的过程中，专业老师也会帮助大家。

因此，无论是行政老师还是专业老师，对于同学们大学阶段的指引都相当关键，同学们要努力维系与老师的关系。逢年过节时可以给老师们发送祝福语，表达自己的关心与敬重，让老师们感受到自己的温暖与贴心,给他们留下良好的印象。

3. 与学长建立良好的关系

学长是“过来人”,比较熟悉各种规则(如评奖学金、保研、参加科研竞赛等),同学们可以从他们身上快速获取相应的经验,少走弯路。建议同学们积极加入各种社团和学生组织,认识更多的学长,尤其要留意一些比较厉害的学长,比如常年绩点第一的、科研竞赛丰富的。通过日常交流如互相帮助,同学们可以与学长建立良好的关系。

4. 与室友建立良好的关系

同室友的关系可能是大学生活中最为复杂的。同学们要把宿舍当作一个安静的休息场所,而不是社交中心。有些宿舍的同学关系可能很好,但也有些宿舍的同学关系相对紧张。同学们不必强迫自己与室友打成一片,各自安好便是。虽然不必与室友成为无话不谈的朋友,但相互尊重是维系宿舍和谐的基础。大家在同一个屋檐下生活,难免会产生摩擦和纠纷。最好能在开学时就和室友一同制定公共区域的一些规则,如不乱用他人东西、保持公共空间的整洁等,这样有助于建立和谐的宿舍关系。另外,在宿舍生活中,不要事事计较,对于一些小事尽量选择包容和忍让。如果对方确实触犯了自己的利益,可以通过友善的方式与其沟通,尽量和平解决,避免主动挑起争端或成立小团体。如果与室友确实难以继续相处,可以远离室友或减少待在宿舍的时间,情节严重的可以与辅导员沟通更换宿舍。

5. 处理好与同专业同学的竞合关系

同专业同学之间的关系比较重要。一方面,课程作业往往需要小组合作完成;另一方面,评奖评优、保研竞争也往往以专业为维度,所以同学们要处理好与同专业同学的竞合关系。同专业之间经常会有共同的任务或问题,一般来说,小组合作作业基本是各专业核心课考核的一个重要因素。同学们要尽早找到志同道合的小伙伴,稳定组队。找到适合自己的队友,不仅对成绩比较重要,也会对整个作业的完成过程产生重大影响。建议先从室友、隔壁宿舍同学寻找,这些是我们接触最多的人,对他们的了解也更加深入,通过观察,找到比较积极的、与自己比较适合的队友。也可以从班级成绩比较优秀的同学中寻找,一般大家都比较欣赏优秀的人。可以先从一次简单的课堂合作展示开始,慢慢变为大作业的合作,在更好地完成作业的同时,让自己也向优秀的同学看齐。如果在小组合作作业过程中遇到了不认真的同学,建议同学们先沟通并确认问题所在,然后再进行合理分工,确保组员都能够适应自己的任务;还可以设置激励和监督机制,确定截止日期等。如果有人不负责任,以后就不再合作,再寻觅其他人以找到固定搭档。这里尤其提出一点,无论是合作的过程,还是平时的相处过程,都要注意表达自己的方式。一方面,不过分展露锋芒,以免引起他人的嫉妒心理;另一方面,要谨言慎行,不要在背后议论他人。

6. 拓展不同专业同学人脉

不同专业的同学在评奖评优、保研竞争等方面没有直接竞争关系,而且优势互补,很适合申请科研课题或组队参加竞赛。比如,在申请"城市可持续发展"科研课题的过程中,环境科学专业的同学可以提供专业的环境监测数据与污染治理分析,城市规划专业的同学可以从空间布局与功能分区的角度进行规划设计,而社会学专业的同学可在深入研究城市居民的生活需求与社会关系对可持续发展的影响的基础上,提供相关的材料,这便是不同学科优势互补的最好体现。参加竞赛也是如此,不同专业的同学可以发挥各自专业专长,更好地完成竞赛任务,助力拿奖。还可以通过朋友的介绍、跨专业选课及加入各种社团组织,广泛认识不同专业的同学,进而拓展关系并一起申请科研课题或参加比赛。

7. 处理好情侣关系

大学期间,许多学生会恋爱,这也是大学生活中不可忽视的问题。尤其对于大部分同学而言,高中之前无论是老师还是家长都对此保持高压态势,初入大学后的过分自由很容易让同学们迷失自我。因此,处理好情侣关系,对个人的情感发展和学业进步都有重要影响。大学恋爱需要注意平衡学业与感情,避免因沉迷恋爱而忽略学习和职业规划,尤其要注意避免做出一些因恋爱而冲动的事情,比如因恋爱打架斗殴等。建议要与男/女朋友保持良好的沟通,明确彼此的期待和未来规划。如果双方的学业和职业目标相近,那么可以相互支持,共同进步。然而,也需要注意保持一定的独立性,避免过度依赖对方,这样可以确保在感情之外,个人也能有足够的发展空间。另外,情侣关系在大学生活中不应成为影响其他人际关系的因素。例如,不要因为恋爱而忽视与朋友的关系,尽量避免在公共场所过度展示亲密,尊重他人的空间和感受。在处理与异性朋友的关系时,也需要谨慎和真诚,以免引发不必要的误会。

8. 维系与父母的良好关系

很多同学读大学都会离开自己的家乡,去往异地他乡。一方面,与高中时期相比,跟父母的见面时间会少很多,甚至只有寒暑假时才会见面。此时,同学们要注意与父母的交流。常言道"儿行千里母担忧",父母时时刻刻都在挂念着我们,所以同学们要注意和父母保持联系,逢年过节更要送上祝福。另一方面,进入大学,同学们和父母在认知上可能会渐渐发生分歧,所以要注重与父母沟通的方式。哪怕认为父母说得不对,也不要产生言语冲突,毕竟怎么做最终还是由自己来选择。父母永远是孩子的后盾,遇到难题也要及时和父母进行沟通,在为人处世方面,父母还是有一些智慧的。

总的来说,大学人际关系的处理技巧不仅要求同学们具备良好的社交能力,还需要敏锐的洞察力和灵活应变的能力。无论是与老师、同学还是对象相处,都要注意把握分寸,做到尊重他人、理解差异。在大学生活中,人际关系的好坏直接影响同学们的学习成绩和生活质量,因此学会处理复杂的人际关系,是大学生涯中一项重要的课题。正所谓多个朋友多条路,同学们可以通过多多赞美他人,快速拉近与他们的关系,也可以从兴趣爱好出发,找到与他们的共同兴趣。当然最重要的还是要保持真诚的态度,让别人感受到自己的诚意,才能更好地处理人际关系。

1.2 大学基础知识讲解

1.2.1 大学注册报到、军训等相关基础知识和注意事项

1. 注册报到

大学注册报到是每位新生正式踏入大学校园的第一步，尤其是在人数众多的情况下，报到当天的场面可能会较为忙乱。因此，同学们和家长在当天一定要特别注意报到材料和个人财物的安全，防止因忙碌或疏忽而造成不必要的损失。

通常，报到的基本流程包括确认录取信息、领取相关材料、领取宿舍钥匙等，最后熟悉校园环境。在这个过程中，家长的陪同可以帮助同学们更快地适应新环境，并对学校有更加全面的了解。报到当天，同学们需要准备一系列的重要材料。具体如下：

➢ 录取通知书：这是每个新生进入大学的最重要凭证，相当于大学报到的“身份证”。报到时需要向相关工作人员展示录取通知书，以确认录取身份。

➢ 身份证：身份证是核实身份的必备材料之一，需要与录取通知书一同出示。如果担心身份证在报到过程中丢失，建议同学们提前准备几份复印件，以备不时之需。

➢ 高考准考证：部分学校可能会要求同学们提供高考准考证作为核查材料，虽然并非所有学校都需要，但建议提前准备几份复印件，以防需要时手忙脚乱。

➢ 学籍档案：新生往往需要携带高中时期的学籍档案到大学所在地。要特别注意，纸质档案不可拆封，且应尽快在报到后交接给学校相关工作人员，避免因档案丢失或损坏而影响日后的学籍管理。也有部分学校要求邮寄，注意相关要求即可。

➢ 证件照：部分学校在报到当天会要求提交一定数量的证件照用于新生入学证件的办理。虽然学校通常有照相馆提供服务，但开学当天可能会排起长队，价格也可能上涨，因此建议提前准备一寸、两寸的证件照，并留存电子版以备不时之需。

➢ 团员转接手续：对于已是团员的同学，入学时需要出示组织关系转出证明，便于团组织关系的顺利接收。团员需携带团员证、团组织关系介绍信等相关材料。

➢ 户口迁移证明：对于计划将户口迁移至学校集体户口的同学，须在入学前到户口所在地派出所办理户口迁移证，并在报到当天提交。办理时，须携带录取通知书、身份证及户口本等材料。

➢ 经济困难证明：对于家庭经济困难的学生，可以到学校迎新网了解认定家庭经济困难所需的材料。一般来说，会有“××大学家庭经济困难学生认定申请表”，需要提前填写并盖

章。如果没有相关文件要求,那么建议准备一份由当地政府、民政部门、村委会加盖公章的家庭经济困难的证明,以便日后申请奖助学金等。

➢ 专项计划相关材料:对于各类专项计划录取的同学,应当准备好报考时提交的材料的纸质版以及相关证明材料。

2. 军训

完成报到后,新生即将迎来大学生活中的第一个集体活动——军训。相比高中时期的军训,大学军训的时间更长,强度也更大。一般而言,军训时间短则半个月,长则一个月,具体时长因学校安排而异。大学军训的内容十分丰富,包括但不限于立正、稍息、停止间转法、行进、齐步、正步、跑步、踏步、立定、下蹲、起立、整理着装、整齐报数、行礼、礼毕、跨立及军体操等。此外,部分学校可能会将军训安排在大一下学期或大二进行,但不管何时开始,都是同学们提高身体素质、培养团队精神、增强纪律性的关键时期。通过军训,新生可以更快地融入大学集体生活,建立起与同学之间的友谊,并初步体验大学生活的独特魅力。

以下是根据经验总结的几项关键建议,可以帮助同学们更好地应对军训中的挑战。

第一,做好装备准备。虽然学校通常会发放军服,但一些常用物品需要自行准备。例如,军训期间的鞋子可能不太合脚,容易磨脚,因此建议同学们提前准备舒适的鞋垫。鞋垫可以有效减少因长时间站立和行走带来的不适感,帮助同学们更好地适应训练。此外,还可以准备一些防护用品,如创可贴,以应对可能出现的擦伤或水泡。

第二,确保充足的饮水。军训通常从早晨持续到中午或下午,因此带足饮用水尤为重要。建议同学们携带容量较大的水壶(如 2 升左右),尽量选择清水或稍微加盐的水,避免饮用碳酸饮料,因为碳酸饮料不仅容易导致口渴,还可能增加身体负担。在训练过程中,尽量采取小口多次饮水的方式,既能有效补充水分,又能避免对肠胃造成负担。

第三,注意饮食营养。军训期间体力消耗较大,为了保持良好的身体状态,建议在每日训练结束后,增加蛋白质和营养的摄入。可以多吃一些富含蛋白质的食物,如肉类和蛋类,同时搭配新鲜蔬菜和汤类,以补充体力和维生素。此外,水果也是不可忽视的营养来源,它有助于增强免疫力和恢复体力。

第四,防晒工作同样不可忽视。军训时间较长且多在户外进行,日晒强度较大,容易晒伤皮肤。建议在出门前半小时涂抹防晒霜,确保其有效吸收和发挥作用。最好选择含有 UVA 防护或标有 PA 值的防晒霜,并在两小时左右重新涂抹一次。如果有可能,可以随身携带防晒喷雾或防晒霜,在训练间隙使用。同学们可随身带上吸油面纸,以便在重新涂抹防晒霜前清洁面部,避免汗水影响防晒效果。

第五,积极融入集体。军训一般持续半个月到一个月,前期跟同班同学一起,后期因为项目不同可能会抽调到不同的方阵,但是大部分人还是跟同班同学一起,这给我们融入集体,尤其是班集体提供了大量的磨合时间。一方面,同学们可以快速观察班上同学的性格情况，了解他们的兴趣爱好，结交好友；另一方面，同学们可以经常参与一些活动，活跃集体的氛围，拥抱集体。有时教官会安排临时负责人，以便更好地管理。临时负责人对于整个集体的凝聚力来说非常关键，这也是最有效的拥抱集体的方式。建议同学们根据自己的性格、领导力等情况，自行决定是否参选。

值得注意的是，对于平时缺乏锻炼的同学，军训可能会是一个较大的挑战。虽然教官会鼓励大家坚持，但如果确实感到身体无法支撑，一定要及时向教官或辅导员提出休息申请，切勿逞强，以免发生意外。如果因健康原因确实无法参加高强度训练，同学们可以提前准备相关证明，向学院申请适当的免训或减轻训练强度。

总的来说，只要提前做好准备、心态建设与应对方案，同学们都可以非常顺利地度过军训时光。军训对于同学们来说是一段非常有意义的经历，大家要趁着军训期间努力融入班集体，努力成长，并努力适应大学节奏。

1.2.2 学分制度与绩点制度

大学与高中的学习方式和评价体系有着显著的不同，其中最关键的一个区别便是学分与成绩评价体系制度。这个制度不仅决定了学生的毕业资格，还直接影响到奖学金、保研、留学及未来就业等方面。因此，深入了解学分制度与绩点制度，并采取适当的学习策略来优化自己的表现，是每个大学生在学业规划中不可忽视的重要环节。

1. 学分制度

学分制度是大学中衡量学生学习量的重要指标。每门课程根据其难度、内容和课时量，设置了相应的学分值。学生修读完课程并通过课程考核，认定为“合格”即可获得该门课程的学分。课程不合格俗称“挂科”，若有补考机会，补考合格后获得学分；若无补考机会，则无法获得学分，此时可以选择不再修读或重新修读。同学们需要在规定的时间内修满一定的学分，才能获得学位。一般而言，课程的学分由课程的理论教学时长、实验实践要求及学生的课外自主学习时间共同决定。例如，武汉大学 1 个学分 16 个课时，高等数学(简称“高数”)5 个学分 80 个课时，大学英语(简称“大英”)2 个学分 32 个课时。一般毕业都会规定修足够的学分，所以学分决定能否顺利毕业。同学们需要注意修学分的节奏，确保在毕业前满足学分要求。学分高的课程尤其要注意，学分高的课程一般说明其更重要，它们不但是总学分的组成，更是后续升学的重要参考。

2. 绩点制度

绩点是学生学业成绩的度量，如果学分是“量”，那么绩点就是“质”。绩点制度是我国长期以来实行的衡量学生学习质量和成绩的一种评价体系，该制度按照百分制成绩将每门课程的成绩转化为相应的绩点。

(1) 绩点换算规则

绩点换算规则不同学校各异，表 1.2 是浙江大学换算规则概览，具体可以查看各个学校的规定。

表 1.2 浙江大学绩点换算规则

百分制	五分制	4.3 分制
95～100	5.0	4.3
92～94	4.8	4.2
89～91	4.5	4.1
86～88	4.2	4.0
83～85	3.9	3.9
80～82	3.6	3.6
77～79	3.3	3.3
74～76	3.0	3.0
71～73	2.7	2.7
68～70	2.4	2.4
65～67	2.1	2.1
62～64	1.8	1.8
60～61	1.5	1.5
0～59	0	0

下面列举一些典型示例。

例如，武汉大学学籍管理规定 90～100 分对应 4.0、85～89 分对应 3.7 等；上海交通大学规定 95～100 分对应 4.3，90～95 分对应 4.0 等，具体可以查看《上海交通大学学分制课程修读管理规定》；南京大学以课程成绩除以 20 作为该课程的绩点；浙江大学规定 95～100 分对应 5.0、92～94 分对应 4.8 等，具体可以查看《浙江大学本科新生指引》。

排位绩点算法，即赋分制，也是百分制成绩与绩点的转换关系。不及格的绩点为 0，大于等于 60 分的按照名次比例(即名次/及格人数×100%)转化为绩点，转化关系为：前 10% 为 4.0，10%～20% 为 3.8，以此类推。

(2) 绩点相关概念

1) 平均绩点

平均绩点(grade point average，GPA)，简称均绩，是衡量学生整体学业成绩的核心指标，直接关系到奖学金、推免资格等。GPA 为学生修读的所有课程(除不计入绩点的特殊课程以外)绩点的加权平均，权重为该课程学分。平均绩点计算公式为

$$\text{课程平均学分绩点} = \sum(\text{绩点} \times \text{学分}) / \sum \text{课程学分}$$

2）正态分布

以浙江大学为例，学生修读的部分课程（如思政类、通识选修类）的成绩须满足正态分布规律，即各门课程总评成绩优秀或 90 分以上的比例一般不宜超过 30%。实际情况视具体课程而定。

3）满绩与卡绩

以浙江大学为例，学生课程绩点为 5.0（95～100 分）称为满绩。百分制分数对应绩点的最高分，差 1 分绩点向上提高一个档次，称为卡绩（如 91 分、88 分）。

3. 特殊制度

目前来说，主流成绩评价体系主要是“百分制 + 绩点制”，还有部分高校在试点等级制。等级制即成绩划分区间不再是以多少分为一个梯度，而是仅区分优秀、优良、合格等各个等级。常见的有五级制，分为 A、B、C、D、F 五个等级，不过多数情况下也和绩点制结合使用。比如，浙江大学 A 等级对应 4.5 绩点，B 等级对应 3.5 绩点，以此类推。也有例外，如北京大学生命科学学院在划分 5 个等级的基础上，用优秀率（A%）和优良率（AB%）替代 GPA。成绩优秀率不超过 40%，不及格率不超过 5%。清华大学使用的则是从 A+ 到 F 的等级制度，A+、A、A- 对应绩点 4.0，B+ 对应绩点 3.6，B 对应绩点 3.3，B- 对应绩点 3.0，以此类推。部分高校也有二级制，一般是认定型课程，不计入绩点计算。目前来看，“绩点制 + 百分制”是运用最多、最广泛的；等级制还在改革，使用并不广泛。

4. 绩点的应用

GPA 制度的意义不仅仅在于记录学生的课程学业成绩，还在多个方面发挥着重要作用。例如，在多数高校的奖学金评选标准中，GPA 是一个重要的衡量因素，成绩排名靠前的学生更有机会获得各种校级奖学金和荣誉称号；GPA 在保研或申请国外高校研究生时同样很关键，很多学校和专业对 GPA 有明确的要求，GPA 越高，申请的成功率就越大。另外，虽然 GPA 并不是所有用人单位的唯一标准，但对于某些行业或岗位，尤其是需要较高学术水平的领域，如科研、技术岗位等，GPA 仍然是考查候选人学术能力的一个重要参考。

虽然学校不同，绩点计算存在差异，但是提高 GPA 的经验是共通的，在后文中我们将单独分章节详细介绍。此处简单概括几点：一是注重选课攻略，注意计入平均绩点的即可选择课程，尽量选择给分友好的课程；二是注重高学分的课程，投入更多的时间提高此类课程的成绩，研究高学分课程的成绩构成来制订策略，比如期末考试成绩占比高，就需要提前留出足够时间复习等；三是关注学习效率，掌握不同课程的学习方法，以此提高成绩，这是最重要的。

1.2.3 培养方案解读

高中时期的课程设置相对简单，主要围绕高考科目展开，大部分学生所修的主要课程不超过6门。然而进入大学后，课程设置变得多样化，而且根据专业的不同设有不同的专业必修课程和选修课程。同时，各高校对毕业生的要求也不局限于学业成绩，因此每个学院都会制定相应的培养方案，明确学生在大学期间的学习路径。要想顺利毕业，我们就要了解本专业的培养方案。

培养方案涵盖相关专业的培养目标、毕业要求、毕业学分、学制、学位、主干课程、修读课程等众多重要信息。同学们可以搜索院系官网，进入“人才培养”版块，即可获取相关专业的培养方案。针对培养方案，同学们应当重点关注以下几个方面。

1. 熟悉课程，合理规划

首先，应对即将修读的课程有一个初步的了解。通过概览培养方案，同学们可以清楚地看到大学四年(一般为四年，部分学制为五年或六年)内将要修读的课程。有些高校允许学生提前选课，因此在低年级时，同学们可以尽量利用空闲时间多选修一些课程，这样可以为高年级的学习和课外活动留出时间。此外，提前了解课程内容还有助于同学们在入学后向高年级的学长了解课程的难易程度，以便合理分配学习时间。例如，对于难度较大的课程，可以提前预习或寻求额外辅导；而对于学分较低、难度适中的课程，则可以适当放松，集中精力在更重要的课程上。

2. 明晰学分，各有侧重

学分直接影响GPA，而GPA是申请保研、奖学金及其他荣誉的重要依据，因此了解不同课程的学分分配非常重要。一般来说，思政课程、高等数学、大学物理及专业必修课的学分较高，这些课程对总绩点的影响也更大。因此，同学们应在这些课程上投入更多时间和精力，以确保在这些关键课程中取得优异成绩。

3. 了解课程性质，熟悉专业框架

在掌握学分信息后，同学们应进一步了解课程的性质，并对课程进行分类。各高校的分类虽不尽相同，但是整体上都相似。以南京大学为例，课程可分为通识课程、通修课程、学科基础课程、专业核心课程、专业选修课程、毕业论文/设计等。其中，专业核心课程的重要性不言而喻，这些课程通常是专业领域内的核心课程，对未来的职业发展和学术研究非常关键。因此，学生在修读这些课程时应高度重视，上课认真听讲、作业认真完成，并尽量在考试中取得优异成绩。而在选择专业选修课程时，要结合未来发展、兴趣及给分情况进行选择。

4. 重视其他毕业要求

除了课程成绩，同学们还需要满足学校或学院规定的其他毕业要求。例如，大学英语四、六级考试的通过，志愿服务时长的完成以及综合测评分数的达标等。这些要求往往被同学们忽视，甚至可能导致无法按时毕业。建议同学们在入学初期就充分了解这些要求，并制订合理的计划，争取在大一或大二期间完成，以免对后期的学业和职业规划产生不利影响。

5. 利用培养方案，制订学习计划

大学课程繁多，要求也各不相同，提前规划自己的时间和资源分配非常重要。建议同学们在每个学期开学时，根据培养方案制订一份详细的学习和活动安排表，包括各个课程的学习计划表、考试时间表以及课外活动的时间安排。此外，利用学校提供的资源，如图书馆、学术辅导中心和实验室等，提高学习效率和学习成绩。最后，辅导员和专业老师在同学们的大学生涯中也扮演着重要角色，他们不仅能提供学业指导，还能帮助同学们理解培养方案的细节，并在同学们遇到困难时给予支持。定期与他们保持沟通，有助于同学们及时调整学习计划，避免走弯路。

总的来说，培养计划是同学们在大学期间的重要指南，充分理解和利用培养计划将有助于同学们更好地规划学习和生活，实现个人的学术和职业目标。通过关注课程内容、学分安排、课程性质及毕业要求，同学们能够有条不紊地度过大学的学习和生活，并为未来的发展打下坚实的基础。

1.3 转专业、专业分流与二次选拔

选择大于努力，这一点在大学专业选择上尤为明显。近些年，越来越多的人认同专业的重要性大于院校的看法，那么对于已经收到录取通知书的同学们来说，除了复读，我们还有二次选择专业的可能性吗？答案显然是肯定的。一般来说，大学会提供多次转专业的机会。比如复旦大学、上海交通大学、武汉大学、华中科技大学等高校都有较为灵活的本科转专业政策，如“专业自由选”“可转多次”“文转理工”“医学类与非医学类打通”等。和以往相比，这些政策可以更充分地满足学生个性化的发展需求。除了常规的转专业，其实还有专业分流、二次选拔等多种调整专业的渠道。比如，同济大学官方宣传的 7 次转专业机会，其中就包含 1 次新生入校二次选拔、1 次类内专业分流和 1 次跨类专业确认，还有大二、大三各 2 次转专业机会。本节将详细介绍转专业、专业分流与二次选拔的相关内容。

1.3.1 常规转专业

专业选择不仅涉及同学们大学期间的时间和精力付出，还关系到同学们的未来职业发展方向。有些同学在高考填报志愿时选择或被调剂到不理想的专业，有些同学则是入校后才发现所选专业与自身预期不符，那么此时各大高校的转专业政策就为同学们提供了重新选择专业方向的机会。如果有转专业意向，那么提前了解转专业的政策能够帮助同学们少走很多弯路。

1. 转专业流程

各大高校的转专业程序大致相似，只是个别细节有所不同。转专业的基本流程如下：

① 学院公布转专业细则，包括转专业流程、转入转出要求、转入转出名额比例、考核方式等。

② 学生查阅各院系转专业细则，符合转出要求的学生向转出学院提交转专业申请。

③ 经转出学院同意和审批后，学生把转专业相关材料提交到转入学院办理转入申请。

④ 通过转入学院初审后，学生参与转入学院组织的转专业考核，包括但不限于笔试、机试、面试等形式。

⑤ 转入学院根据考核情况，确定拟接收转专业学生名单，并上报学校审核。

⑥ 审核通过后，学校/学院在官网或公示栏处公示转专业学生的名单；公示无异议后，学生办理转专业手续，即可成功转专业。

以上为基础环节，不同高校的转专业流程可能有细微差别，审批环节和先后顺序也可能不同。建议同学们提前登录学校官网查看前几届转专业的工作流程。

除了以上常见的转专业政策，也有部分高校比较特殊。比如中国科学技术大学，如果转专业失败，同学们还可以采用个性化修读的方式转专业，即行政院系不变，直接选择修读目标专业的课程，毕业时只要修完目标专业的课程，即可按照目标专业毕业。再如，中国海洋大学采用选课币制度，同学们如果想转专业，直接选择目标专业的课程，只要能够修完目标专业的课程，即可按照目标专业毕业，而风险在于每次选课只有 100 个选课币，如果目标专业过于热门，可能存在选不到课程、四年内无法修满课程而延迟毕业的情况。

2. 转专业攻略

(1) 确定转专业的原因

在决定转专业之前，同学们要明确自己转专业的原因。这包括对个人兴趣、职业规划、专业发展前景等方面的综合考虑。同学们可以通过学校官网、网络平台及学长等各种渠道，了解不同专业的课程设置、教学特点和就业前景等信息，判断自己是否适合转入新专业，不能盲目从众，一味追求当下的热门专业。

转专业不是儿戏，部分高校明文规定只允许转一次专业，且每次只能申请一个转入专业，所以同学们一定要目标明确。在确定自己是否转专业之前，可以先问自己以下 4 个问题：

① 对目标专业的兴趣是否足够强烈？浅而宽泛的兴趣，不足以支撑转专业甚至会在转专业后丧失兴趣。选择自己真正感兴趣和热爱的专业，能够极大地激发自己的学习动力和热情。

② 职业生涯发展规划是否明确？对自身专业认知不清晰，职业生涯发展规划还存在诸多不确定性，很容易盲目跟风转专业。其实，很多专业的就业方向差不多，例如，计算机专业和电子信息类专业的同学们毕业后都可以做前端、后端开发，且保研升学阶段还有机会跨专业保研。建议同学们多向老师、学长等寻求帮助和意见，明确规划后再做打算。

③ 是否受学习经历、家庭和社会影响？很多同学转专业主要是受到先前学习经历的负面影响，或是父母想让自己转专业，或是看到社会新闻焦虑而动摇。转专业并不能解决根本问题，建议先审视自身，慎重选择。

④ 学习能力和抗压能力是否足够？转专业后往往会出现需要补修转入专业课程的情况，有些还会要求降级转专业，同时面对陌生的师生和环境，需要快速适应，对个人的学习和抗压能力无疑是巨大的考验。如果无法快速适应，可能会影响保研升学，甚至导致延迟毕业。

（2）了解转专业的限制及要求

在转专业之前，首先要清楚自己能不能转专业，能转到哪些专业。一般来说，高校对转专业的范围会有以下限制：

① 不同招生批次，如外语类保送生、提前批次、强基计划等，一般不允许转专业或限制转专业范围。比如，复旦大学强基计划可以在强基招生专业范围内转专业，即强基数学可以转到强基物理；上海交通大学外语类保送生可在英语、日语、德语、法语等外语类专业间调整专业。

② 同校不同校区之间转专业会有较多限制。比如，山东大学威海校区和本部校区不允许转专业；大连理工大学盘锦校区可以转入主校区，但是要求学域排名前10%。

③ 中外合办专业和非中外合办专业一般不允许互相转专业，部分可以在中外合办专业内调整专业。也有极少数高校，如上海交通大学巴黎卓越工程师学院、同济大学中德工程学院允许和非中外合办专业互相转专业。

④ 长学制专业一般限制转入，常见于医学类专业。例如，上海交通大学医学院八年一贯制仅接受原本就是八年一贯制专业学生的转入申请；武汉大学四、五年制专业的学生不得转入“5＋3一体化”专业，四、五年制与“5＋3一体化”专业的学生不得转入八年制专业。

⑤ 高考录取分数线显著低于其他专业的，一般不允许转专业或要求高考分数达到一定要求，常见于护理学专业。比如，北京大学医学部转入本部要求高考分数须达到本部同批次专业的录取条件；武汉大学建筑学(中外合作办学)、马克思主义理论、公共卫生与预防医学类、护理学专业等要求高考成绩不低于同省同科类其他专业普通类计划录取的最低分。

⑥ 艺术生、体育生一般不允许转入非艺体类专业。

⑦ 国防生、定向生一般也不允许转专业。

需特别注意，转专业政策每所高校都有各自的特点，每年都可能发生变化，同学们需以院校官方最新发布的政策为准。另外，还有一些前文中未提及的不允许转专业的情况，一般都会在招生简章中注明。同学们如果有转专业的想法，一定要提前研究相关政策文件，并及时联系学校老师了解清楚相关条件与要求。

另外，近些年各高校转专业的转出要求都在逐渐放宽，比如吉林大学、武汉大学、同济大学等高校都官宣转出零门槛,但是转入要求基本上变化不大。一般来说,除了前文提到的转专业限制,可能还会有以下几个方面的要求:

① 对高考选科和分数的要求。比如,中山大学对拟转入中国语言文学系的学生要求高考语文成绩优良,满分 150 分者不低于 115 分,满分 160 分者不低于 122 分;东南大学信息科学与工程学院仅接收高考为理科或选考物理的学生。

② 对成绩排名的要求。对成绩的要求包括三个方面:加权平均成绩排名、指定具体课程的成绩和无不及格记录。比如,东北大学对拟转专业的学生要求学习成绩位于本专业前 20%且无不及格记录;重庆大学对拟转入计算机学院的学生要求无补考记录且绩点不低于 3.2;天津大学对拟转入自动化学院的学生有数学类和英语类课程成绩的要求。

③ 对先修课程和课程等级的要求。比如,南京大学化学化工学院要求申请人已取得大学化学 A、普通生物学(上)课程的学分;上海财经大学经济学院要求数学类课程修读高等数学(工科类)、数学分析 65 分及以上,或者高等数学(经管类)70 分及以上,或者微积分 80 分及以上,英语类课程修读大学英语(A 级)65 分及以上,或者修读大学英语(B 级)、大学英语(C 级)70 分及以上,不接收大学英语 D 级的学生。

④ 对原专业的要求。比如,重庆大学对拟转入生命科学学院的学生要求原专业为理工医科专业;中山大学对拟转入光华口腔医学院的学生要求原专业为医学专业。

⑤ 对转专业次数的要求。比如,重庆大学要求在校学习期间,只能转一次专业;江南大学明文规定在校期间已转过一次专业的学生不允许再次转专业。

⑥ 对转专业时间的要求。比如,南京大学要求转入文学院只能在大一第二学期,不接受大二年级学生的申请;浙江大学按"三位一体"专业录取的考生,进校半年内不允许转专业,半年以后如果申请转专业,高考投档成绩必须不低于转入专业在浙江省普通批次的投档分,且选考科目符合转入专业要求。

⑦ 对转入、转出比例和名额的限制。比如,复旦大学上海医学院要求转专业接收计划数不超过本专业一年级在籍人数(不含留学生、插班生和已转专业学生)的 20%;中国政法大学各专业转出学生不得超过本专业本年级人数的 15%。

虽然不同高校不同专业的转入、转出要求不太一致,但是基本上都会对成绩有所要求。因此,大学期间需要同学们努力提升成绩,这样才能有更多的选择。

3. 准备转专业的考核

在满足上述转专业的要求后,一般转入学院还会组织笔试和面试,部分计算机类专业笔试的形式可能是机试。

➢ 笔试/机试准备:首先,同学们需要了解考试内容,笔试通常考查目标专业的专业课知识,包括基本专业知识点和专业思维,部分还会考核数学和英语。在考核内容方面,同学们可以通过联系往届的学长,查询目标学院官网或相关论坛,了解具体的考试科目和难度。然后,针对考试内容进行复习,根据考试科目,制订详细的复习计划,合理分配时间。如果条件允许,还可以参加一些专业的辅导班或在线课程,提高复习效率。对于不熟悉的知识点,及时查漏补缺,填充到自己的知识框架中。

➢ 面试准备:首先,需要准备一份简洁有力的自我介绍,包括姓名、原专业、兴趣爱好、学习成绩、获奖经历等。自我介绍需要突出自己的优势和特点,与目标专业的契合度。注意时间控制,一般建议在两分钟内完成。然后,需要对目标专业有一定的了解,可以研究目标专业的培养目标、就业前景和主要课程,了解该专业的最新动态和发展趋势,以便在面试中展示自己的专业素养。

常见的面试问题一般有:

为什么要转入该专业?你的兴趣是什么?
你对目标专业有什么认识和理解?
如何平衡学习新课程和补修基础课?
你的未来职业规划是什么?

针对这些问题,同学们最好提前准备答案并反复练习,确保表达流畅、逻辑清晰。另外,在面试过程中,同学们要保持积极向上的态度,避免提及消极、负面的信息,如对原专业的不满等。最后还需要注意细节,着装得体,给面试官留下良好的第一印象,注意礼仪和态度,保持谦虚、诚恳的态度,准备简历和相关证明材料,以便面试官查阅。

总而言之,关于笔试和面试的准备,同学们可以向转专业成功的学长请教经验,也可以向目标专业的老师或辅导员咨询,获取更多的专业信息。如果有条件,还可以找同学或朋友进行模拟面试,提前适应面试环境,提高应对能力。

1.3.2 专业分流

近几年,很多高校尤其是在很多"双一流"高校都开始推行专业"大类招生"的录取和培养模式,也就是多个专业合并为一个高考招生专业大类,入学一段时间后,再根据学生兴趣、成绩、专业容量等因素,综合确定具体专业的制度。相对于常规转专业,专业分流可以选择的范围较窄,一般只能在大类招生专业内选择专业,也有部分高校在类内专业分流后,还有一次跨类专业选择,如同济大学、浙江大学等。跨类其实就等同于常规转专业,这里不重复说明。下文将重点为大家介绍专业分流的相关知识。

1. 高考招生模式

要想了解专业分流,首先需要清楚目前主流的高考招生模式。目前主流的专业招生模式可以分为三种:大类招生模式、专业直招模式和专业任选模式。

1）大类招生模式

即按照大类专业组的模式招生，进入高校学习一段时间后，按照各校的专业分流方案再细分专业。大类招生模式也可以细分为两种类型：一种大类不会跨学院，即只会在一个学院内部进行分流。比如，北京大学、武汉大学、中山大学等都是在学院内部进行分流，这种类型的大类往往只涉及2或3个专业，专业之间的差距不会太大，分流时的竞争一般也不会太大。另一种大类会跨学院，即一个大类包含多个学院。比如，浙江大学的社会科学实验班类2024年可以分流到教育学院、公共管理学院、光华法学院、经济学院、管理学院这5个学院的13个专业；南京大学的理科实验班（地球科学与资源环境类）2024年可以分流到环境学院、地球科学与工程学院、地理与海洋科学学院、大气科学学院这4个学院的16个专业。这种类型的大类可能包含15个专业及以上，专业之间的冷热门差距也会比较大，专业分流时的竞争也相应会非常激烈。

2）专业直招模式

即直接按照具体的专业招生，如南京邮电大学、浙江大学机器人工程（荣誉项目班）等，这类招生模式比较直接，不涉及专业分流。

3）专业任选模式

即按照大类招生，入学后在一定范围内专业任选。比如，南方科技大学入学时不分专业，入学后在全校范围内专业任选；北京大学元培学院全校专业任选；东南大学吴健雄学院四年制理工科专业任选；北京理工大学徐特立英才班全校理工类专业任选；等等。这类招生模式常见于一些名校的特殊学院或项目，一般要求比较高的高考分数。

需要注意的是，一所学校可能会同时包含多种招生模式，每年的招生大类都可能发生变化，同学们需要以学校最新公布的信息为准。

2. 专业分流流程

各所高校的分流程序大致相似，个别细节有所不同。专业分流的基本流程如下：

① 学院公布专业分流细则，包括专业分流流程、专业准入要求、大类内专业名额比例、分流依据和考核方式等。

② 学院组织老师和往届学长进行宣传动员，向同学们介绍分流政策、流程、专业特点等，帮助同学们了解分流的相关信息。

③ 同学们根据自己的兴趣、成绩、职业规划等因素，进行自我评估，明确自己的专业选择方向，按照学校的规定，提交分流志愿表。

④ 学院根据专业容量、学生的兴趣志愿进行第一轮录取，当申请学生低于专业容量时，一般可以直接按照学生的志愿进行录取。

⑤ 如果申请的学生超出专业容量，一般根据学生的成绩（高考成绩/专业成绩/综合成绩等）依次进行录取，也有可能会组织额外的笔试或面试，按照综合成绩和笔试或面试成绩

进行录取,排名靠后的学生会被调剂录取。

⑥ 录取完成后学院向学校提交分流名单,学校审批通过后,在官网或公示栏处公示分流结果。

⑦ 分流结束后,学生分到对应专业,学院将按照新专业新班级对分流学生进行管理,安排相应的专业课程学习和实践活动。

不同高校、不同年份的政策都会有一定差异,建议同学们提前登录学校官网查看前几届的专业分流情况,或是提前向教务老师咨询。

值得注意的是,除了以上常规的专业分流流程,也有少数院校采用类内专业任选模式,这种模式可以完全按照自己的意愿进行选择,不需要考虑其他因素。例如,中国人民大学文学院、劳动人事学院、经济学院、应用经济学院、新闻学院、社会学院、商学院、信息资源管理学院、农业与农村发展学院、信息学院、数学学院、化学与生命资源学院等 12 个学院推行的"四年无时点专业选择"模式,学院内专业完全自主选择,毕业时学生选修过什么课程,就以什么专业毕业。对于这类情况,同学们根据个人兴趣、学科实力、职业发展等进行选择即可。

3. 目标专业选择

在专业分流时选择专业是一个需要综合考虑多方面因素的过程。一般来说,同学们可以主要从个人兴趣、学科实力、职业发展、竞争程度这四个方面综合考虑。

① 个人兴趣:在可能的情况下,尽量选择自己感兴趣的专业。因为兴趣是学习的动力,只有对所学专业有浓厚的兴趣,才能在未来的学习和职业生涯中保持持久的热情和动力。

② 学科实力:每个学校都有自身的优势学科,学科实力比较强的学科往往会有更多的学习资源,选择学校的"王牌"专业,对以后的深造和就业都有好处。

③ 职业发展:不同专业的就业前景和发展趋势不尽相同,尽量选择处于上升趋势的专业,搭上时代发展的便车,同时也要结合自己的职业规划进行选择。

④ 竞争程度:热门专业的竞争比较激烈,如果不想给自己太大压力,由于本科阶段专业间的差异不会太大,同学们可以选择相近的专业,获取更高的成绩排名,在保研深造时更有优势。

最后,由于专业分流存在一定的竞争性和不确定性,学校一般也会允许同学们填写多个专业志愿,所以在填报专业志愿时,除了首选专业,还可以选择几个备选专业。这样即使首选专业无法录取,也能确保自己进入其他适合的专业。

4. 专业分流准备攻略

由于每个专业的容量有限,院校无法完全满足同学们的专业志愿,因此会设置一定的录取标准,按照标准依次录取。这个标准主要包括高考成绩、专业成绩、综合成绩等,也可能会单独组织专业分流笔试或面试考核。比如,同济大学 2023 级理科实验班的录取标准由学生第一学年完整成绩平均绩点(70%)、面试成绩(10%)、特色评测成绩(4 门课程的成绩)

(10%)及“五育”成绩(10%)组成。

➢ 学业成绩：一般来说，学业成绩是最重要的分流依据，而且大一的成绩可以给四年的学习打下基础，可以在未来保研、留学时取得先发优势。而且大一刚入学时，很多同学可能无法快速适应大学的学习模式，这时同学们需要把握先机，比如，上课时认真听讲、多跟老师互动、多与学长交流等，可以很快拉开与同学们的差距。

➢ 专业分流笔试或面试：对于笔试，由于大类包含的专业可能比较多，不同专业的核心基础课程也不一样，同学们在学习时也要有重点，确定目标专业后，可以把重心放在目标专业的核心课程上。对于面试，一般来说，专业分流会在大一、大二进行，这个时候老师的考核要求也不会太高，不会涉及太多专业知识，主要考核个人的综合素质和对专业的理解。这就需要同学们多与学长交流，和老师建立良好的关系，加深自己对专业的理解。

1.3.3　二次选拔

1. 二次选拔概述

二次选拔是指高校在新生入学后，对符合要求的学生进行再次选拔，允许他们重新选择更适合自己的专业或进入特定的培养计划。这种选拔方式主要针对高校的优势学科或特色班级，旨在服务国家的战略需求，培养具有创新能力的人才。随着教育体制的改革和社会对人才需求的日益多元化，二次选拔正逐渐成为高校招生和培养的一种重要趋势。越来越多的高校开始重视二次选拔工作，通过制定科学合理的选拔标准和程序，确保选拔出真正具有潜力和能力的学生进入优质专业或培养计划。

值得注意的是，二次选拔的专业多为本科培养中的“王牌”专业或特色班级，且部分专业仅在新生中进行二次选拔招生。因此，对于希望进入这些特殊项目的学生来说，二次选拔是一个不可多得的机会。通过二次选拔，同学们不仅可以重新选择专业，还有可能获得更优质的教育资源和更高的保研率，为未来的学术和职业发展奠定坚实的基础。

2. 主流二次选拔类型

近年来，高校设置的特殊项目越来越多，主流项目有强基计划、拔尖计划、卓越计划、未来技术学院、双学士学位、学校自设实验班等。

(1) 强基计划

强基计划是教育部在深入总结高校自主招生十六年试点经验，充分借鉴上海等地高考综合改革试点成果的基础上，探索建立的基础学科拔尖创新人才选拔培养的有效机制。

强基计划从 2020 年开始，第一批覆盖 36 所“985”高校(不包含湖南大学、东北大学、西北农林科技大学)，2022 年开始上述 3 所“985”高校也加入强基计划，至此覆盖所有 39 所“985”高校。

强基计划招生专业一般为基础学科，重点在数学、物理、化学、生物及历史、哲学、古文字学等专业招生，也聚焦与基础学科关联度高的专业及新兴交叉学科，服务高端芯片与软件、智能科技、新材料、先进制造和国家安全等关键领域。参加强基计划的高校都拿出了自己的“王牌”专业招生。

强基计划采用“本—硕—博”衔接的培养模式，学生满足要求即可100%推荐免试攻读研究生，这一过程称为强基转段，即学生在完成本科阶段的学习后，转入硕士或博士阶段学习。强基转段类似于我们常说的保研，不同之处在于强基转段只能本校读研，且一般会限制转段专业范围，更有部分高校限制转段层次和比例。比如，同济大学只能直博，中南大学数学强基要求申请直博专业排名不低于80%，比例不高于40%。第一批2020级强基计划生的转段门槛要求整体来说不高，转段率基本在70%以上，但是后续的趋势是越来越严格。比如，哈尔滨工业大学强基转段对成绩的要求从2020级的平均学分绩不低于70分，到2023级的综合考评成绩（学习成绩+优秀加分）不低于75分，再到2024级的综合考评成绩（学习成绩+优秀加分）不低于80分。

强基计划的招生名额是由教育部统一确定分配给各所高校的，因此一般只有在未招满的情况下，才会开放二次选拔进入强基计划的渠道。不过，强基计划在培养阶段都会存在动态进出机制。也就是说，如果有学生不满足要求被淘汰出强基计划，那么其他同学就有等额增补选拔进入强基计划的机会。一般情况下，强基计划的转段门槛要求比获取普通推免资格的要求低一些。如果目标是留在本校读研，那么同学们可以关注所在学校强基计划的动态进出选拔通知。

（2）拔尖计划

拔尖计划1.0于2009年教育部会同中央委员会组织部、财政部启动实施，2018年教育部会同科技部等六部门在前期十年探索的基础上启动实施拔尖计划2.0。基础学科拔尖人才培养计划2.0在数学、物理学、化学、生物科学、计算机科学的基础上，增加了天文学、地理科学、大气科学、海洋科学、地球物理学、地质学、心理学、基础医学、哲学、经济学、中国语言文学、历史学。

拔尖计划基地由教育部统一审批建设，2019年公布第一批104个，2020年公布第二批95个，2021年公布第三批89个。截至2024年，一共建设三批拔尖基地，涉及77所学校，共288个项目。

拔尖计划和强基计划都面向基础学科。对比来看，拔尖计划涉及的学校和专业范围更广，招生模式也更为灵活，部分通过高考直接招生，更多的是通过入校后二次选拔招生。一般来说，拔尖计划也会有动态进出机制，但不会限制外保，也不会限制保研的专业和层次。

值得注意的是，除了上述教育部拔尖计划基地，还有省级拔尖计划基地。比如，东南大学有计算机、物理学、哲学3个教育部拔尖基地和力学、数学、化学3个省级拔尖基地。

(3) 卓越计划

在拔尖计划的基础上,2010 年教育部启动“卓越工程师教育培养计划”。然后在 2018 年,教育部等正式实施“六卓越一拔尖”计划 2.0,将原先的单个计划变成系列计划的组合,由“单兵作战”转向“集体发力”。

“六卓越一拔尖”即卓越工程师教育培养计划 2.0、卓越医生教育培养计划 2.0、卓越农林人才教育培养计划 2.0、卓越教师培养计划 2.0、卓越法治人才教育培养计划 2.0、卓越新闻传播人才教育培养计划 2.0、基础学科拔尖学生培养计划 2.0。

为了深入推进卓越计划,国家统一建设了卓越工程师学院,截至 2024 年底,一共有 32 所大学入选。一般来说,卓越工程师学院主要培养工程硕、博士,但是也有少数学院开始招收本科生。比如,重庆大学国家卓越工程师学院的明月科创实验班面向大一新生进行选拔。

相对于拔尖计划,卓越计划的范围更广,面向文、理、工、农、医、教等六大领域,且更注重实践能力。与拔尖计划类似,卓越计划的招生模式也比较灵活,部分通过高考直接招生,但更多的是通过入校后二次选拔招生。除了升学方面的政策倾斜,部分学校可能还会配套提供额外的实习实践机会。比如,浙江大学材料科学与工程卓越人才班有额外参观企业的机会。

(4) 未来技术学院

为了推进新工科建设,教育部于 2020 年发布《未来技术学院建设指南(试行)》,2021 年公布首批未来技术学院名单,包括北京大学、清华大学、北京航空航天大学、天津大学、东北大学、哈尔滨工业大学、上海交通大学、东南大学、中国科学技术大学、华中科技大学、华南理工大学、西安交通大学等 12 所高校。

未来技术学院的目标明确,着力培养具有前瞻性、能够引领未来发展的技术创新领军人才,专业范围主要是新工科,且会打破传统专业学科壁垒,推动专业学科交叉融合。比如,东南大学未来技术学院的未来机器人专业,属于教育部 2023 年首次成立的“交叉工程专业类”首个专业,该专业是以机械工程、控制科学与工程、仪器科学与技术等强势学科为支撑,融合信息、电子、计算机、材料、生医、医学影像等方向的新兴交叉学科专业。

一般地,未来技术学院也会开放入校二次选拔进入渠道。比如,西安交通大学会在入学新生中选拔储能科学与工程、智能制造工程、医工学 3 个方向各 10 名共计 30 名优秀新生;东南大学未来技术学院未来机器人专业面向碳中和大类的新生选拔。

(5) 双学士学位

2019 年以前围绕着复合型人才培养和优质资源共享,各高校积极探索、积累经验,取得了一定成效。比如,武汉七校联合办学,7 所“985/211”高校可以跨校选择辅修和双学位,但也存在部分做法缺乏政策依据的问题。因此为了规范学士学位授予,推动复合型人才培养,国务院学位委员会印发《学士学位授权与授予管理办法》,该文件提出设置辅修学士学位、双学士学位、联合学士学位3种学士学位类型，且给出3年过渡期，从2022年开始按照办法执行。

辅修学士学位是指学有余力的同学在入学后可以申请辅修其他本科专业，辅修学士学位应与主修学士学位归属不同的本科专业大类，对没有取得主修学士学位的不得授予辅修学士学位。辅修学士学位在主修学士学位证书中予以注明，不单独发放学位证书。

双学士学位通过高考招收学生，所依托的学科专业应具有博士学位授予权，且分属两个不同的学科门类，须报省级学位委员会审批通过后才可以招生。本科毕业并达到学士学位要求的，可授予双学士学位。双学士学位只发放一本学位证书，所授两个学位应在证书中予以注明。

联合学士学位通过高考招收学生并予以说明，联合培养项目所依托的专业应是联合培养单位具有学士学位授权的专业。联合学士学位应根据校际合作办学协议，由合作高等学校共同制定联合培养项目和实施方案，报合作高等学校所在地省级学位委员会审批。授予联合学士学位应符合联合培养单位各自的学位授予标准，学位证书由本科生招生入学时学籍所在的学士学位授予单位颁发，联合培养单位可在证书上予以注明，不再单独发放学位证书。

其中，双学士学位项目影响比较大，审批权限由高校自主设置收紧到省级学位委员会审批。文件规定双学士学位通过高考招收学生，但从实际操作来看，还是有很多学校的双学士学位项目会通过进校后的二次选拔招生。比如，东南大学2024年有“金融工程＋统计学”和“网络空间安全＋法学”等7个双学士学位项目通过二次选拔招生；四川大学有“计算机科学与技术＋金融工程”和“数学与应用数学＋人工智能”等8个双学士学位项目通过二次选拔招生。一般来说，双学士学位项目在保研政策上并不会有太大的倾斜。另外值得注意的是，双学士学位项目由于需要修读2个专业的课程，学分要求比较高，课业压力比较大。比如，北京理工大学“法学＋人工智能”双学士学位培养方案要求修读不低于191学分，普通法学专业只需要不低于144学分。部分项目的学制会相较普通专业延长一年，如山东大学“英语＋国际政治”和“英语＋法学”双学士学位项目的学制均为5年。因此选择双学士学位项目前，同学们需要评估自己的学习能力和抗压能力。

（6）学校自设实验班或荣誉学院

省部级单位统一推进的项目覆盖范围有限，为了进一步探索新型人才培养模式、培养高素质创新人才、强化基础课程教学、拓宽学生国际化视野、促进学科交叉融合，以及优化教育资源配置、吸引优质高中生源，高校还会在以上基础上自主设立一些特色实验班或荣誉学院，这些学院或项目也可以获得学校的资源倾斜，而且大部分会开放二次选拔进入的渠道。比如，上海交通大学致远学院分为致远理科和工科，都可以通过二次选拔进入，100%保研，有专项致远荣誉奖学金，同时毕业时还有机会获得荣誉学位；西安交通大学钱学森学院的“钱学森班”是学校的“王牌”专业，达到要求即可全员保研，“钱学森班”有4个方向，入校后针对新生各选拔15人；武汉大学的“雷军班”有高额经费支持，专项经费支持100%参加国外研修、游学以及国际、国内学术会议，与头部企业深度合作，本硕博自主定制，可100%具备保研资格，“雷军班”面向新生选拔15人。

3. 二次选拔的优劣势

二次选拔，既有其独特的优势，也不可避免地存在一些潜在的劣势。

(1) 优势

1) 转专业机会

二次选拔最明显的好处就是提供了一次转专业的机会，而且二次选拔项目对应的专业一般都是所在学校的优势专业。从大的趋势来看，高校开设的特殊二次选拔项目越来越多，对于有转专业想法的同学来说，二次选拔是一个不可多得的机会。甚至部分高校可以跨校区进行二次选拔，如山东大学威海校区可以通过泰山学堂、尼山学堂和崇新学堂的选拔进入本部校区。

2) 保研政策倾斜

二次选拔具有较强的选拔性质，因此高校在推荐免试研究生的政策上也会有一定的倾斜。比如，四川大学吴玉章学院“拔尖班”达到要求即可全员保研；西安电子科技大学“教改班”的保研率高达50%；浙江大学信息与电子工程学院“香农班”的同学在保研时可以加分。

3) 小班教学

与传统的热门专业动辄上百人的大班授课相比，二次选拔班级的容量有限，一般在30人左右，且单独编班，采用小班化教学模式。这意味着每位学生都能得到更多关注和支持。教师能够更好地了解每位学生的特点和需求，进而实施更有针对性的教学策略，促进学生的个性化发展。

4) 资源倾斜

为了保证二次选拔计划的质量，许多高校会将更多的优质资源投入相关专业或培养计划中，包括但不限于充足的经费、高水平的师资力量、国内外交流学习、头部企业导师等。比如，西安交通大学入选“越杰班”的每位学生均可获得基础奖学金6万元，以及不同额度的国际交流奖学金；武汉大学的“雷军班”可以安排学生到小米等头部企业实习。

5) 荣誉身份

很多二次选拔项目毕业后，还可以颁发荣誉证书。比如，上海交通大学致远学院、浙江大学竺可桢学院、四川大学吴玉章学院的“树人班”等。就算没有荣誉证书，二次选拔项目由于其高门槛，一般都是学校的优秀人才聚集地，可以一定程度上满足自己的荣誉感。而且二次选拔项目的排名含金量会比普通班更高，如果能获得相同的排名比例，那么在申请校外保研(俗称“外保”)时优势也会更大。

(2) 劣势

1) 竞争激烈

二次选拔项目集合了各个专业最优秀的一批人，普通班里的“鸡头”，进入之后可能就成了“凤尾”。这种高强度的竞争环境,虽然能够激发学生的斗志和潜力,但也可能导致部分学生因压力过大而产生焦虑、挫败感等负面情绪。

2) 学业压力

二次选拔项目的培养方案一般都会略有不同,这也意味着更加繁重的学习任务和更高的学业要求。比如,四川大学的“树人班”要求学生必须修读主修学位荣誉课程 3 门(至少 8 学分),且每门荣誉课程成绩大于等于 85 分。

3) 淘汰风险

二次选拔并不是一劳永逸的,很多项目都会存在不同的淘汰机制,高含金量往往对应着高淘汰标准。比如,南开大学“化学伯苓班”规定:必修课和指定选修课挂科,或者平均分低于 80 分,自动退出;一年后,若退出人数不足 5 人,则必修课学分绩点排名靠后者退出,使退出总人数达到 5 人;两年后,根据必修课学分绩点和综合素质考核,只保留 20 人左右;第五学期末,根据参加科研训练和综合面试情况,不合格者退出。一般来说,被动淘汰意味着成绩不达标,跟普通班一起排名也很难获取保研资格,部分项目甚至主动申请退出后也无法保研,如华北电力大学的“电力创新班”。

4) 外保困难

一方面,高校为了留住本校的优质生源,对部分二次选拔项目承诺高保研率的同时,还会限制学生不允许外保。比如,浙江大学的新农科实验班虽然全员保研,但是只能在本校一定专业范围内直博。另一方面,部分项目虽然不限制外保,但是由于班级人数较少且竞争更为激烈,大部分同学的排名百分比较为靠后,且很多项目都是新项目,认可度没有经过时间的考验,难以外保到更好的学校。

4. 二次选拔的选择

近年来,高校开设的二次选拔项目越来越多,有些是精心设计的,有些只是无奈跟风,项目质量参差不齐。面对学校提供的多种二次选拔项目,同学们在选择时可以从以下 4 个方面考虑,找到最适合自己的项目。

(1) 专业优先

透过现象看本质,无论是什么项目,专业本身永远是首要考虑因素,不能被一些表面上的政策倾斜迷惑,不能为了更高的保研率、奖学金等,盲目选择不适合自己的专业。部分二次选拔项目甚至会限制研究生阶段的专业,比如,浙江大学的新农科实验班,符合要求可以 100%直博,但是博士的专业方向限制在农学等相关专业。这意味着未来如果想转换专业,只能通过考研或留学来实现。

(2) 升学政策

一般来说,学校都会给二次选拔项目很多优待政策支持,其中最受关注的应该就是与保研相关的政策倾斜。报名前一般学校都会组织宣讲会,同学们可以从中获取最新、最准确的政策。同时，由于官方宣传可能会有一些“套话”，具体落实方面可以向学长请教，学习他们的经验，参考他们给予的评价。不过需要注意的是，很多项目都是新开设的，老项目的政策也经常会更新，尽量寻找老师确认政策细节问题，最好是有学校官方盖章的政策文件。

(3) 退出机制

退出机制包含主动退出和被动淘汰。一方面，部分同学在参与二次选拔时并没有考虑清楚，入选后由于各种原因想要退出，如果项目允许主动退出且退出后还能跟普通班一起竞争保研资格，那就意味着同学们还有退路。比如，西安电子科技大学的“卓越班”只能保研本校，但是在大二结束时可以选择主动退出，退出后还可以跟普通班一起排名保研到外校。另一方面，部分项目的政策特别好，但是淘汰机制也非常严格，甚至是末位淘汰，每年都要固定淘汰一部分人，且被动淘汰后基本上就与保研无缘了。这种情况下，同学们往往需要面临非常大的竞争和压力，如果自身抗压能力差，就尽量不要选择这类项目。不过需要注意的是，不管退出机制如何，同学们都要慎重考虑，一旦入选，就算允许主动退出，也会消耗同学们的大量时间和精力。

(4) 往届去向

往届毕业生的去向，是判断一个项目优劣的重要依据。从往届去向中，同学们可以看出学校实际的培养质量，以及外界对该项目的认可度。首先，部分项目会直接在官方渠道公布往届毕业生的去向，这种渠道获取的信息最为准确；其次，同学们可以联系往届的学长，他们一般有比较多的经验，这种渠道的信息一般比较真实；最后，同学们还可以通过网络平台，如贴吧、小红书、公众号、知乎等，查看“过来人”的评价，这种渠道获取的信息比较杂乱，需要自行筛选和判断。

5. 二次选拔攻略

(1) 了解二次选拔的要求或优惠政策

为了能够更好地筛选出合适的学生，二次选拔项目都会设置一些参选门槛，符合条件的学生才能报名。一般可能包含以下几个方面的要求：

➢ 高考成绩：即对高考总成绩排名或单科成绩的要求，部分可免笔试。比如，浙江大学竺可桢学院的混合班采用邀请制，高考排名达到一定要求可以收到选拔通知，收到通知才可以报名参与选拔；吉林大学高考统考卷数学单科(满分150分)分数在145分以上(含145分)，在符合高考总分和英语条件的前提下，经资格审核通过后，报考数学、计算机科学拔尖基地时可免笔试而直接进入面试。

➢ 竞赛奖项：即对竞赛学科和奖项的要求，部分可免笔试。比如，华东师范大学计算机科学拔尖基地的免笔试的条件是获得信息学竞赛省一等奖；四川大学物理拔尖基地的报名条件之一是获得全国中学生数学或物理奥林匹克竞赛省级二等奖及以上。

➢ 绩点或排名：即对绩点和排名的要求，比如，上海交通大学的“致远工科荣誉计划”要求核心学积分专业排名前15%，试点班放宽至20%，且无课程不及格记录；电子科技大学英才实验学院的“成电英才计划”要求学业成绩排名在学院同专业的前10%。

一般来说，好的二次选拔项目的报名条件也会比较严苛，对于有学科特长的同学会比较友好。比如，高中时期有竞赛奖项或单科优势的同学，尽量选择自己擅长的项目，可以最大程度地发挥自己的特长。

(2) *准备二次选拔考核*

二次选拔的依据主要有笔试、绩点或排名和面试这三个方面。其中，笔试主要针对大一上学期选拔的项目，大一下学期之后的选拔主要以绩点或排名和面试为主，少数会有笔试。以下为准备攻略：

➢ 笔试：针对大一上学期选拔的项目，笔试科目可以分为专业相关科目、机试和英语。其中，专业相关科目跟报名项目的专业相关，且一般不会超出高中9门主科的范围；机试只会出现在部分计算机相关项目，比如，武汉大学计算机学院的“雷军班”“弘毅班”和“特软班”的选拔有机试环节，主要考查学生的计算机编程能力(C或C++)；英语是基础能力，在大学的科研学习中非常重要，因此很多二次选拔项目也会将英语列为考核项目，比如，西安交通大学钱学森学院规定英语是必考科目。一般来说，专业相关科目主要考查高中所学知识，但是难度比高考更大，跟高中学科竞赛的初赛难度相当。如果没有学科竞赛经历，同学们可以有针对性地选择一些竞赛辅导，熟悉解题思路。机试对于高中时期没有接触过编程的同学来说难度会有点大，可以选择一些入门级的编程教材或在线视频教学课程，然后利用在线编程平台(如LeetCode、牛客网等)进行练习，有条件的同学也可以选择一对一辅导，效果更好。英语的难度一般与四、六级考试相当，难点主要在于跟高考的题型不一致。如果完全没有准备，可能会手足无措，所以同学们可以提前做一些四、六级试卷。针对大一下学期之后选拔的项目，笔试或机试考核的内容主要是大学学过的内容，本质上跟绩点或排名的要求类似，需要在大学期间保持良好的学习习惯。

➢ 绩点或排名：一般情况下，大一下学期之后的选拔项目主要参考绩点或排名，只要绩点或排名够高，面试一般没有问题。大一时提升绩点，不仅有利于二次选拔，也有利于评奖评优，更是为保研、留学打好基础。不同于高中阶段，大学的成绩不仅仅是期末考试成绩，还包括平时表现和作业成绩，所以同学们上课时可以跟老师积极互动，作业需要认真对待，如果有上台汇报展示的机会，也需要多多争取。

➢ 面试：二次选拔的面试类似于转专业面试，大体与前文转专业攻略中提到的面试准备一致。不同的是，二次选拔具有更强的选拔、择优性质，且含金量高的项目往往都会有比较高的选拔门槛，因此竞争也更为激烈。部分项目还会有英语面试环节，比如，山东大学泰山学堂的面试就包含所报考学科的专业课及英语口语。因为高考不考口语，所以大部分同学的口语都是短板，可以提前准备一份英语的自我介绍和个人陈述。此外，日常要注意积累面试中常用的一些问题，如个人经历、兴趣爱好、未来规划等；每日进行口语练习，可以对着镜子自我练习，也可以找英语水平好的朋友一起练习对话。口语面试不需要过多华丽的辞藻和复杂的语法，力求流畅，不出错误。如果有条件，还可以找学长进行模拟面试。

1.4 班委选举、学生组织、入党与信息搜集

1.4.1 班委选举

初入大学，很多同学会纠结是否竞选班委，以及竞选哪个班委。仁者见仁，智者见智，每个人都会有不同的答案。不喜欢被打扰、不喜欢忙碌、不喜欢与人打交道、不喜欢参与“管理”而只想安安静静忙自己事情的同学，可以选择不参与班委竞选；而那些性格外向、热情开朗、乐于助人又想找机会锻炼自己的同学，可以考虑竞选班委。当然，想竞选班委的同学可能也比较疑惑大学班委是否更加忙碌，工作的具体内容有哪些，以及给自己的成长帮助有哪些，等等。本节将对此进行全面的解析。

1. 班委工作

首先，大学班级里一般有以下职位：班长、副班长、团支书、学习委员、宣传委员、心理委员、组织委员、生活委员、文体委员……具体岗位可以参考学校的学生手册。一般来说，班长、团支书和学习委员这三个职位最为重要，工作任务相对较重，综测加分也较其他班委多，所以这里重点介绍班长、团支书和学习委员的主要工作。

班长是全班同学的“领头羊”，肩负着带动全班同学发展进步的重要责任，同时作为老师和同学们之间的沟通桥梁，起到上传下达的作用。作为班长，不仅要落实学院各项政策，保质保量完成各项工作，还要组织协调各班委的工作，定期组织召开班会，组织开展对同学切实有益的各项活动，并及时了解班级同学的思想动态和各种特殊情况，向班主任反映、汇报。总体来讲，班长的任务比较繁杂琐碎，但是最后受益也是最多的。

团支书是支部思想政治工作的第一负责人，首先要在思想上时刻同院党委、团委保持高度一致，严格要求，认真部署，使自己所负责的工作符合院团委及系团总支的要求，严格推荐优秀团员作为党的发展对象。其次，要及时了解同学们的思想动态，把握方向，并配合班长管理班级的各项事务。

学习委员在学习中应起到标兵作用，努力提高自身综合素质。课堂上，负责课堂考勤、组织监督等任务；课后，要起到桥梁作用，向任课老师反映同学们学习中的难点，同时还要向同学们传达任课老师的回复。最重要的是要努力营造班级的学习、学术氛围，组织开展有利

于提高学习能力、专业能力、英语能力的各项活动，配合班长组织参加各种学术讲座，组织班级内部的学习交流，等等。

其他班委的主要工作如下：宣传委员一般负责班级的宣传工作，比如，展示班级风貌和同学风采，提升班级形象和知名度；心理委员则重点关注同学们的心理健康状况，积极宣传心理健康知识，帮助同学们树立正确的心理健康观念；组织委员则负责组织班级各类活动、安排活动流程和人员分工；生活委员则负责管理班级的日常生活事务，关注同学们的生活需求，如定期检查宿舍卫生等；文体委员则需要组织开展各类文化体育活动，丰富同学们的课余文化生活，组建班级文体团队，带领同学们参加学校的各项文体比赛等。

2. 班委可以获得什么

（1）结识同学，提高组织能力

不同于高中时期，大学上课没有固定的教室，同学们都是随机选座，平时见面说话的机会也不多。但是班委会和班级同学保持一定的联系，基本上和每个同学都处于熟络的状态，不至于到毕业了还和班级里的某位同学没有说过话。换言之，班委可以拉近班级同学之间的距离，有机会结识更多同学，认识更多朋友。同时，学校也是一个小型社会，每位同学都是独立的、有想法的个体，个别特立独行的同学会不服从学校的安排，这时就要考验班委如何处理这种情况的能力，一来二去就会在无形中锻炼班委的人际沟通和组织协调能力。

（2）管理班级，接触更多资源

当班委可以让同学们了解更多的班级管理内容，如各种荣誉的颁发、各种活动的组织等。另外，班委还可以了解其他同学所了解不到的事情，接触到他们接触不到的资源。

（3）额外加分，利于入党评优

在年终评奖、评优时，班委会有额外的加分项。如果班委的平时成绩不错，又做了很多学生工作，就会在同学中脱颖而出，这样不仅有利于获得奖学金，还有利于入党评优，提高班委在同学和老师心中的好感度。

（4）增加筹码，丰富自己简历

如果同学们并不清楚未来会做什么，在保证自己学有余力的同时还有其他时间，不妨大胆尝试竞选班委。每年各省都会从高校选调一批应届毕业生到基层工作，作为后备人才进行培养，而其中一个条件就是担任过学生干部且对担任学生干部的任职时间有要求。

有学生干部的经历加持，百利而无一害。

3. 成功竞选班委的攻略

在竞选之前，同学们需要做好充足的准备。首先，需要在班级同学心目中留下一个好印象，如在军训中积极表现、上课时认真听讲、平时乐于助人、积极参与班级事务等，将最好的一面展示给大家。

其次，在竞选过程中，通常需要进行演讲，所以衣着形象、语言表达、演讲内容都是需要精心准备的。另外，演讲前不要紧张，可以将自己想说的写在纸上，提前熟悉演讲内容，演讲时注意语气语速，内容既要言之有物，又要适当幽默，用大家不讨厌的方式帮自己拉票，那么竞选基本上就成功一半了。

最后，在竞选成功后，要进行表态，保证兑现自己竞选中的承诺，用比普通同学更加严格的标准要求自己，从各种活动中吸取经验和教训，让自己做得更好。

下面是竞选班长的演讲示例。

亲爱的同学们：

大家好！我是×××，特别感谢能有这个机会，站在这里参与班长竞选。

高中时期，我曾担任过班长，也积累了一些组织和领导方面的经验。比如，参与班级的一些活动策划，在小组作业里帮忙协调成员分工，等等。在这些过程中，我对怎么凝聚团队力量有了一些自己的感悟。军训期间，我有幸担任临时负责人，主要负责传达教官的指示，同时也会收集大家的想法，反馈给教官，并尝试提出了一些改进办法。很幸运，最后我们班被评为“最佳分队”，这让我明白了沟通的重要性。我努力和不同性格、背景的同学交流，倾听大家的声音，也尽量把同学们的想法准确地传达给老师，把老师的要求清楚地告诉每位同学，但我知道，在沟通方面我还有很多需要学习和提升的地方。

我心里清楚，班长是班级里很重要的一个角色，不仅要有担当，更要有解决各种问题的能力。如果班级里出现矛盾或困难，我会尽我所能，以公正客观的态度进行调解，努力找到最好的解决办法。

学习上，我一直都比较努力，成绩还算可以。如果我能有幸成为班长，可以给大家带个好头，和大家一起营造一个良好的学习氛围。当然，我也会不断向成绩优异的同学学习，让自己变得更优秀。

对于班级未来的规划，我有一些初步的想法。希望能和大家一起推动班级文化建设，组织一些有意思的文体活动，增进同学之间的感情和信任。在班级管理方面，我觉得大家可以一起建立一套完善的班级规章制度，让班级事务能够更规范地进行。另外，我也想积极和其他班级、学校组织交流合作，为我们班争取更多的资源和机会。

我真心希望我们班级能成为一个充满活力、团结友爱、积极向上的集体，让每位同学都能在这里发挥自己的优势，实现自己的价值。我诚恳地希望大家能给我一个机会，我会尽我最大的努力，用实际行动来证明自己。我做得不好的地方，也请大家多多包涵，及时给我指出来，我们一起把班级建设得更好。

谢谢大家！

4. 注意事项与建议

(1) 不可一味地贪图私利与好处

担任班委的核心价值绝非那些寥寥无几的利益，而是大学班级这一广阔平台给予的宝贵锻炼契机。有了两三年的班委经历之后,同学们将发现自己的组织协调和演讲沟通等关键能力均会获得极大的提升。这些能力将伴随我们终生,成为个人长远发展的坚实基石。

(2) 遇到事情要多思考解决方法

作为大学生,已然步入成年行列,要学会主动思考解决方案。面对问题,应当全面、综合地从各个维度加以考量,绝不可仅凭个人主观意愿肆意妄为。在多数情形下,我们的行动与决策将关系到老师与同学们的切身利益,所以必须充分顾及他们的感受与想法。尤其需要注意的是,每项任务都绝非一人之力可以轻松完成,遇到困难时,要多向老师、同学们请教,唯有依靠团队协作与周全考量,才能妥善应对。

(3) 不要抱怨当班委带来的任何负面影响

班委职责起始于满腔热忱,却可能终结于责任担当。既然选择竞选班委,就要竭尽全力将其圆满完成。如果只有短暂的激情,那么往往连一个学期都难以坚持,所以强烈的责任心不可或缺。在担任班委的过程中,可能会得不到同学们的支持,可能会受委屈,也可能会被班级事务缠身无法做自己的事情……这一切都是可以预见的,同学们需要做的就是用自己的担当去面对各种可能的困难。一切难题都解决之后,一定会见到彩虹。

1.4.2 学生组织

大学里有各种各样的学生组织,对于大学生来说,主要分为校级组织和院级组织。校级组织可以分为校学生会、青协、社团联合会、校级社团等,院级组织包括院学生会、院级社团等。其简介与主要职责见表 1.3。

表 1.3 各组织的简介与主要职责

名称	组织类型	简介	主要职责
校学生会	校级组织	学校党委领导、团委指导的学生群众组织	权益维护、组织校园文化活动、协助学生自我管理
青协	校级组织	由在校学生组成的非营利性社会组织,秉持奉献、友爱、互助、进步的宗旨	组织志愿服务活动、招募和培训志愿者
社团联合会	校级组织	管理学校社团的学生组织	管理监督社团、整合社团资源
校级社团	校级组织	面向全校学生招募成员的社团组织	开展社团特色活动
院学生会	院级组织	学院党委领导和团委指导下服务本学院学生的组织	组织学院活动、搭建师生沟通桥梁
院级社团	院级组织	主要面向本学院学生招募成员的社团组织	开展与专业相关的活动

下面将重点介绍学生会与社团的相关攻略。

1. 学生会

初入大学，同学们一定对自己的大学生活有所期待和憧憬。不同于高中时期，大学时期的个人发展路线是相对自由的，虽然成绩依然重要，但是也可以在其他方面进行尝试，丰富校园生活。

学生会是大学期间的重要学生组织，主要为在校学生和老师提供服务，引导学生全面发展，其职位一般有工作人员、副部长、部长、主席等。加入学生会有诸多好处，如丰富简历、结交朋友等。然而，近年来针对大学学生会的批评之声不断，这也给很多同学带来困扰：究竟是否应该在大一入学时就加入学生会？

(1) 新生加入学生会的优势与劣势

1) 加入学生会的优势

① 锻炼自身能力。学生会工作繁多且复杂，经常需要在短时间内完成各种不同的工作内容，因此加入学生会可以锻炼个人的应变能力、交流能力、临场发挥能力等。从这个方面来看，参加学生会确实能够很好地锻炼自身的组织统筹能力，不断突破、提升自己。

② 拓宽信息渠道，获得更多机会。学生会作为全校或全院性的学生团体组织，将不同年级的同学汇聚在一起，新生加入学生会后，能够在最短的时间里认识学长，获取第一手资讯，如不同课程的难度、不同老师的考试风格等。

另外，学生会成员负责的学生工作，通常需要与老师进行密切的交流，尤其是负责行政的老师，这部分老师通常负责评优、选先的打分，和他们建立良好的关系也十分重要。

③ 结交朋友，方便跨院系组队申请科研项目、参加比赛。一般地，学生会的同学都来自不同的专业，与他们熟悉，了解他们的行事风格，相互了解后可以邀请他们一起参与科研项目申请、参加相关比赛等。同学们可以发挥各自的专业特长，最大化地凝聚团队的力量，更好地做出成果。

④ 获得更多的就业机会。如今很多央企、国企、公务员、事业单位等招聘时，都会明确要求具有干部经历，参加学生会并成为学生会干部能够从众多竞争者中脱颖而出。

如果没有学生干部的经历，很多时候如定向选调、央企和国企的招聘等都将不具备报名的资格。对于想从事相关工作的同学来说，将会错失一个非常好的机会。

2) 加入学生会的劣势

① 可自由支配的时间变少。学生会的任务通常都要求短时间内完成，而且任务繁重，在这种情况下，学生会的成员可自由支配的时间就会变少，有的甚至会占用正常上课时间。

一个负面的案例是：有位学生会成员连续缺课多节，只为完成学院交办的任务，其间也并未和任课老师请假，这导致任课老师非常生气，最终给这位同学打了低分。可以说是捡了芝麻,丢了西瓜。

其实,更多的情况是学生会成员会利用大量的课余时间完成工作,这样就导致个人可以自由支配的时间显著减少,常常给人一种“我很忙,但是不知道在忙什么”的感觉。

② 较早沾染官僚气息。目前,大家诟病较多的就是学生会成员的官僚气息。很多人认为“学生官”在大学中越来越普遍。

从部分高校的学生会来看,情况也的确如此。例如,很多高年级的学生会成员会将任务一股脑地扔给低年级的同学来做,还有各种开不完的会议。这些都可能会让大学生沾染官僚主义、形式主义的恶习。一旦将这些恶习带到日后的科研和学习中,会极大地影响自己未来的发展。

(2) 如何选择学生会?

首先,学生会没有大家想象得那么光鲜,不管是否加入,都不要对学生会有过高的期望或要求。如果同学们想尝试,那就大胆尝试;如果不想尝试,那也无所谓,不用纠结。

其次,学生会一般有校学生会和院学生会两种。校学生会规模更大,关系也更复杂。院学生会都是自己学院的学长,彼此之间一般也更熟悉。如果同学们想深耕学生工作,并且想尝试支教保研、行政保研等,那么可能校学生会的机会多一点;如果想多认识学院里面的人,想要环境简单一点,那就优先考虑院学生会。

最后,校学生会和院学生会都有很多部门,每个部门的风格差异也会比较大。有些部门的工作偏日常、较为琐碎,如秘书处、组织部和权益部等;有些部门的工作偏向于某些具体的事务或活动,如艺术部、学术部等。

(3) 如何应对学生会的面试选拔?

学生会的面试选拔,一般都会提出一些常见问题,大家可以参考并提前准备。

① 你为什么想加入学生会×××部?

② 你进学生会的目的是什么?

③ 谈谈你对学生会的理解和认知。

④ 如何处理学生活动与日常学习的关系?

⑤ 用三个形容词来描述自己的性格。

⑥ 你觉得你有什么优势?

⑦ 之前有没有学生工作或学生活动相关的经验?

⑧ 如果你不同意你的副部长或学长的意见,你会怎么办?

⑨ 你有什么兴趣爱好?

⑩ 加入我们部门(×××部)之后,你会做什么来帮助我们部门更好地发展?

⑪ 如果策划一个活动,你的其他队友不积极配合,你该怎么办?

⑫ 有时候会让你做苦力，你有什么想法？

⑬ 你觉得在咱们这个部门（组织部/权益部……），你可以负责哪方面的工作？

⑭ 如果你通过了这次面试，但工作一段时间后你发现自己不适合在学生会工作，你该怎么办？

⑮ 在学生会有不喜欢的人怎么办？

（4）学生会的生存攻略

① 多认识优秀的学长，多向优秀的同学们学习，自己也会变得更优秀。一般来说，学长在学生会工作了一段时间，他们如何行事、如何积累经验，都是值得同学们借鉴的。要向他们看齐，努力提升自己。

② 防人之心不可无。学生会相当于一个小型社会，大学分工明确，各司其职。虽然很多时候大家都是友好合作的，但是学生会中的各种事务始终围绕人际互动展开，建议在参与过程中保持适度的审慎态度，以确保沟通效率与个人利益的双重保障。

③ 不要勉强自己融入。学生会里的人形形色色，总会有一些同学融不进去，对于合不来的人，要看开一点。有舒适的圈子，也有不舒适的圈子，找到合适自己的圈子融入进去即可。

④ 跟随自己的感受，做自己喜欢的事情，远离不喜欢的事情。不用把学生会看得太重，学生会只是增加同学们经历的一种方式，同学们还可以通过其他渠道丰富自己，不必执拗于学生会。

学生会既不能让同学们平步青云，也不是“万恶之源”。同学们应当正确认识加入学生会的利弊。如果同学们未来希望进入党政机关工作，或者毕业后进入央企、国企等工作，那么可以考虑尽早加入学生会，让自己得到充分的锻炼。如果未来希望从事技术岗位或科研，那么尽早加入专业老师的课题组可能是更好的选择。总而言之，加入学生会对于同学们来说是一把双刃剑，应充分考虑自身情况，做出适合自己的选择。

2. 社团

社团经历是大学生活中必不可少的一部分，参与社团能让大学生活丰富多彩。社团大致分为以下几类：艺术类（舞蹈声乐、书法美术社团）、体育类（各种球类运动、搏击格斗、骑行社团）、文学类（诗歌、小说、推理社团）、娱乐类（动漫、电子竞技社团）等。社团虽然是一群兴趣相同的人聚在一起交流分享，但其中也包含了社交、利益分配等现实问题。

（1）参加社团的意义

要想清楚参加社团的意义，需要先了解大学生在社团的成长路径。当同学们刚刚加入社团时，作为一名新成员，需要做的就是广交朋友来扩展自己的社交圈，和学长或同一届的同学多交流。参加社团活动，大致了解社团的主要活动类型。之后从参与者变成组织者，负责一些社团事务，如写文案、做海报宣传、布置活动现场、策划活动等。进入大二时，可以在社团各部门担任一定的职务，同时负责纳新。再往后，可以根据个人规划，决定离开社团还是继续留在社团工作。

参加社团的意义有以下几点：

① 让大学生活更加充实。如果大学里只有学习，那么是比较枯燥的。社团能给同学们带来另一种体验，无论是作为参与者，还是作为举办方，都能让自己的大学生活变得更加有意义。

② 结交朋友。在社团活动中，同学们能遇见各色各样的人，性格上接近或互补的都可能成为朋友，大学里的朋友将是一生中重要的人脉资源。

③ 锻炼能力。在社团活动中，同学们不仅可以学到一些办公软件的使用技巧，也能培养自己的沟通能力、合作解决问题的能力等，这些能力能让大家受益终身。

④ 社团能够增加同学们在综合成绩加分、奖助评优、升学求职等方面的优势。

(2) 如何选择社团？

1) 先撒网、后收网

社团的选择在精不在多，同学们的精力是有限的，不可能同时参加多个社团。但刚接触社团的新生并不能确定哪些社团是适合自己的，因此建议同学们先广撒网，最后留下一两个精挑细选的社团。新生入学时，最壮观的场面就是“百团大战”，各大社团都会在此期间纳新，同学们可以多参加几个不同类别的社团，如艺术、体育、娱乐类等，广泛挖掘自己的兴趣。体验感是最后选择的重要标准。建议同学们首先选择自己喜欢的社团，因为人很难对自己不感兴趣的事物投入太多时间和精力。其次，根据自身的情况考虑一些现实问题，例如，这个社团的活动是不是非常频繁，严重占用了自己的其他时间？在这个社团里有没有进步空间？做的工作是创新性的还是浪费时间的杂活？这个社团的发展前景怎么样？在社团任职的可能性大不大？等等。选择适合自己的社团后，要全身心投入自己的社团工作，争取担任社团干部。

2) 体量大、名声响

建议选择体量大、名声响的社团。体量越大、名声越响的社团带给同学们的资源和成长机会就越多。体量大的社团人数多，同学们有更多认识新朋友的机会；经费充足，举办的活动质量高，平时也不缺福利；办公条件好，能够提供更好的硬件设备和技能培训。名声响的社团就像是同学们的名片，如果同学们在“校十佳社团”里担任了重要职务，在社交时会让别人刮目相看，留下非常好的印象；名声响的社团也能得到学校的关注，无论是经费支持还是举办活动时场地提供，都非常方便。

3) 带着目的找社团

社团五花八门，同学们要明白自己的核心诉求，然后进行选择。如果同学们想通过社团减轻学习的压力,认识更多朋友、扩展人脉,那就可以参加一些偏娱乐性和运动性的社团,如电竞社、篮球社等;如果想通过社团学习新的技能,如街舞,那就报名街舞社;如果想通过社团认识一些“学霸”,那就参加一些具有学术或竞赛性质的社团,如科技社、航模社等。带着目的,往往能做出对自己有利的决定,更快地实现目标。

(3) 选择社团是否应该功利?

如果在社团中同学们能结交朋友、学会技能,通过社团活动的加分越多,那么社团生活也就更加有意义。从这一点来看,适当的功利心是有好处的。同学们可以从以下几点考虑:

① 适当功利可以帮助同学们做出正确的选择。大学里的社团种类复杂多样,质量良莠不齐。如果不幸选择了一个不适合自己的社团不仅对成长毫无帮助,反而会浪费时间和精力。而适当的功利心可以让同学们在筛选社团时就做好充足的准备和未来规划。

② 大学的时间很多也很少,要忙着学习、科研、实习等。适当的功利心能让同学们明确目标,合理利用时间,实现社团活动的最大价值。

③ 适当的功利心能够让同学们更加投入,获得更多的成长。为了结交朋友,同学们要主动认识他人并和他们建立联系;为了担任社团干部,同学们要承担更多责任,在别人坚持不下去时继续坚守;为了在评奖、评优时加更多分,同学们就要多承担一些事务,做出成就;等等。所以在选择社团时,适当的功利心并不是什么坏事。

把握好尺度,适当的功利心能够帮助同学们选择到更适合自己的社团,也能够让自己在社团中得到更好的成长!祝同学们选到自己满意的社团。

1.4.3 入党

截至2023年底,中国共产党党员总数为9918.5万名,基层党组织有517.6万个。那么作为一名大学生,到底该不该入党?要如何入党呢?以下内容希望能对同学们有所帮助。

1. 入党的优势

(1) 身份上的认可,荣誉感的增强

中国共产党是中国工人阶级的先锋队,同时是中国人民和中华民族的先锋队,是中国特色社会主义事业的领导核心,代表中国先进生产力的发展要求,代表中国先进文化的前进方向,代表中国最广大人民的根本利益。所以成为一名光荣的共产党员,会是倍感自豪的。

(2) 政治理论水平和个人修养的不断提高

不管是在申请入党的过程中,还是在入党后,同学们都会接触很多党的理论知识。要认真学习贯彻马克思列宁主义、毛泽东思想、邓小平理论、“三个代表”重要思想、科学发展观和习近平新时代中国特色社会主义思想;在党组织的"三会一课"中要不断学习先进理念、先进文化,学习党史、新中国史、改革开放史、社会主义发展史。通过学习,同学们的思想境界和道德水平将得到不断提升。

(3) 有利于未来发展

未来想要进入党政机关工作,党员身份是非常重要的条件之一。在公务员考试中,热门的职位往往都要求政治面貌是党员。而且在参加选调生考试时,党员的优势会更加突出(选调生的竞争压力比公务员小得多,选调生通常要求:学生干部 + 党员身份 + 应届毕业生,在报名时就能淘汰不少人)。除了党政机关,在很多民营企业中党员也会有更大优势,毕竟党员的背景、人品、能力及道德是由党组织审核把关的,这些学生往往更为优秀。

入党的挑战也是显然的:名额少、门槛高、难度大、周期长、责任重。一般来说,入党的名额非常少,分到一个班级的名额可能也就几个,由此可见门槛之高、难度之大,这就带来了极大的挑战。这里,建议未来考虑选择公务员、选调、国企、央企、事业单位等这些方向的同学,一定要准备入党。

2. 入党的流程

在大学期间,如果想要成为一名光荣的共产党员,是非常不容易的。除了要面对较大的竞争压力,也要经得住时间和政治觉悟的考验。一般情况下,需要两年以上才能成为正式党员,这就意味着,如果同学们从大一上学期就开始递交入党申请书,到确认成为入党积极分子,再到转为正式党员,可能都要到大二下学期甚至是大三上学期了。入党过程非常漫长,这也考验着很多大学生的耐心。能够在大学期间成为一名共产党员的,都是对自己有高标准、严要求的大学生。为了同学们能够更为直观地了解入党过程中的事项,下面对入党的流程做一总结,供各位同学参考。

按照《中国共产党章程》和《中国共产党发展党员工作细则》等有关规定,发展党员工作总体流程可分为 5 个阶段、25 个步骤。

(1) 申请入党

包括 2 个步骤,依次是:① 递交入党申请书;② 党组织派人谈话。

(2) 入党积极分子的确定和培养教育

包括 4 个步骤,依次是:① 推荐和确定入党积极分子;② 上级党委备案;③ 指定培养联系人;④ 培养教育考察。

(3) 发展对象的确定和考察

包括 5 个步骤,依次是:① 确定发展对象;② 报上级党委备案;③ 确定入党介绍人;④ 进行政治审查;⑤ 开展集中培训。

(4) 预备党员的接收

包括 7 个步骤,依次是:① 支委会审查;② 上级党委预审;③ 填写入党志愿书;④ 支部大会讨论;⑤ 上级党委派人谈话;⑥ 上级党委审批;⑦ 再上一级党委组织部门备案。

(5) 预备党员的教育考察和转正

包括7个步骤,依次是:① 编入党支部和党小组;② 入党宣誓;③ 继续教育考察;④ 提出转正申请;⑤ 支部大会讨论;⑥ 上级党委审批;⑦ 材料归档。

3. 入党需要做的准备

(1) 了解入党流程

如果想在大学入党,同学们要做的第一步便是深入了解入党流程。因此同学们要仔细阅读学校党委或学生工作部发布的入党指南,了解入党的基本条件、申请流程和考察标准等。

同学们可以通过学校官网、党务工作网站或咨询辅导员、高年级学生党员等方式获取准确信息。知道什么时候应该申请,以及满足哪些条件可以优先申请,千万别错过入党机会。

(2) 成绩很重要

绩点是能否被推荐入党的重要条件之一。想要入党,成绩一定要排在班级或专业的前列,并且不能有挂科等记录。千万不要认为在大学中所谓的办事能力、综合技能比成绩更重要,实际上成绩依然是第一位的,能够被推优入党的学生,成绩一定不能差。所以,想要入党的同学首先一定要把自己的成绩提升上去。

(3) 参与学生工作、社会实践和志愿服务

除了学习成绩,一些必要的经历同样是不可或缺的关键性因素。在大学班级中担任班长、团支书,或是在院级、校级学生会或团委等部门担任相关工作的学生,往往具有优势。因为这些职位不仅是学生个人能力和实力的直观体现,而且也能从侧面反映出学生具有一定的工作经验,这在处理人际关系、办事能力上更加占据优势。此外,积极参与社会实践与志愿服务能够展现出责任心和奉献精神,也有利于向党组织靠拢。

(4) 态度和能力很关键

由于入党的程序很多,不仅要不断提交各类申请材料、报告和思想总结,还要参加不少相关的会议和培训、接受谈话等。从提交入党申请书到成为正式党员,其间有非常长的一段路要走,在同等情况下谁会被优先推荐,态度和能力起到关键作用。一些表现出强烈入党意愿、积极参与各类培训会议和谈话、认真完成思想报告和汇总的同学,往往更被看好,被优先推荐的概率也就更大。如果对入党事项表现得漫不经心,则会被认为态度不端正、入党动机不够强烈,那么就会比其他同学缺少不少优势。

总的来说,在申请入党时,不仅要在行动上入党,更要在思想上入党。要做到在思想上入党、在行动上入党进而实现真正的组织上入党。简单来说,就是要“心中有信仰,肩上有担当,脚下有力量”。党的二十大报告提出,从现在起,中国共产党的中心任务就是团结带领全

国各族人民全面建成社会主义现代化强国、实现第二个百年奋斗目标，以中国式现代化全面推进中华民族伟大复兴。作为青年学子，同学们要能够真正爱党、爱祖国、爱人民，积极向党组织靠拢，不断锤炼自身党性修养，树立共产主义理想信念，树立全心全意为人民服务的思想，努力学习，为成为真正的共产党人、实现中华民族伟大复兴的中国梦而努力奋斗！

1.4.4　信息搜集

在信息化时代，信息差几乎无处不在，大学里也是如此。从大学毕业后目标的树立（包括考公、选调、求职、保研、考研、留学）到具体的基础准备（如科研竞赛、班委、社团、入党等），以及奖学金等都跟信息差紧密相关，这也充分说明信息搜集的重要性。

下面用一张表格（表1.4），带领同学们快速掌握大学期间六大获取信息的有效渠道。

表1.4　大学期间获取信息的六大有效渠道

信息渠道	如何接触	详细说明
学长	① 主动接触，入学前加入学院新生群； ② 通过参加各种社团和学生组织招新群，认识更多的学长	① 学长是“过来人”，比较熟悉各种规则（如奖学金评定、保研、参加课题竞赛等），可以从他们身上快速获取对应的经验，让自己少走弯路； ② 留意一些比较厉害的学长，如获得过高额奖学金、参加过重要比赛或项目、发表过核心论文等的学长； ③ 礼貌询问，可以请喝奶茶或吃饭； ④ 每次询问明确重点
辅导员、教学秘书、教务处老师、班级导师等	① 主动添加微信或QQ，尤其是辅导员和班级导师的； ② 多到学院走动，可以快速认识学院的各类教学和行政老师	① 辅导员、教务处老师和班级导师一般跟同学们的奖学金评定、入党、保研资格评定、勤工俭学岗位等活动和事项有关； ② 平时先建立良好关系，留下良好印象，等到关键时刻再详细询问关键的信息和问题
教学老师、科研老师	① 课堂上课； ② 积极主动联系	① 教学或科研老师跟同学们的专业学习、科研项目、论文竞赛、保研或留学推荐信等息息相关； ② 好好上课，保持良好印象，如果有比较感兴趣的老师，深入请教和联系； ③ 在了解学院老师风格的基础上，可以考虑选择进入老师的课题组，尝试做项目

续表

信息渠道	如何接触	详细说明
各种官方和非官方组织	① 一般都是微信公众号，直接关注； ② 类别比较多样，官方组织包括学生会、学习部等，非官方组织包括吃喝玩乐、选课信息、学习资料分享、匿名吐槽等平台	① 明确不同类别的组织和微信公众号的性质与作用； ② 养成“工具思维”，多发现那些能够在选课、期末突击等方面提供帮助的平台； ③ 筛选信息，明确自己的重点关注信息，过滤无关信息
学校、学院官网	① 直接浏览学校、学院等不同层级和类别的官网； ② 部分学校会有一些特定功能的网站，如研招网、教学网、行政服务网、就业信息网等，此类网站也非常重要	① 养成定期浏览各类重要网站的习惯，如每两周集中投入半小时翻阅各类官方网站； ② 从官网中发掘各类宝贵信息，如学校或学院的境外交流项目、奖学金评定结果、全国大学生创新创业训练计划项目（简称“大创”）的立项信息、重要学术竞赛信息、保研评定和去向结果等
各类社群	① 直接添加 QQ 或微信群； ② 每所学校一般会有具备各种特定功能的群，这些群的名字可能叫：二手群、跳蚤群、供需群、互助群、福利群、家教信息群、兼职群、实习信息群、求职群、比赛组队群、资料分享群、留学交流群、考公交流群等	① 此类社群比较多，也比较杂，需要主动询问学长和同班同学； ② 根据自己的规划，重点寻找对口社群，如打算求职就多进实习求职类社群，打算保研就多进学习类和资料分享类社群； ③ 要有“支点”意识，通过各种社群接触各类优秀的同学，并获取自己所需的资源和帮助

总的来说，学长作为“过来人”，在保研策略、奖学金申请、科研竞赛等方面积累了丰富的实战经验，建议同学们通过适度交流，如组织学术沙龙、经验分享会等方式，系统获取其宝贵经验。辅导员、教学秘书等行政管理人员，在奖学金评定、入党流程、保研资格审核等重要事务中发挥关键作用，建议同学们日常保持礼貌沟通，在遵守制度的前提下获取政策信息。专业教师是学术指导的核心资源，建议同学们通过优异的课程表现建立学术信任，进而争取参与导师科研项目的机会，系统提升学术能力并获取推荐资源。校、院官方网站是权威信息发布平台，建议同学们定期浏览，及时下载、保存关键信息。线上社群是获取实习招聘、学术交流等专项资源的重要渠道，建议同学们按需加入，在获取精准信息的同时，拓展人脉资源。在大学阶段，信息获取能力对学业发展和个人成长至关重要，同学们应树立主动获取意识，系统整合各方资源，充分发挥信息效能，为个人发展创造有利条件。

第2章 学习提升

进入大学其实并不是老师、家长们口中的“到了大学,你就轻松了”,学习依然是大学的主旋律。几乎大学的一切资源都与学习深度绑定,无论是奖学金评选、班级推优,还是最重要的保研或留学,学习成绩都是占比极高的。为了让同学们有更多选择,拥有更多资源,本章将详细讲解学习提升的攻略,帮助大家提升成绩。

2.1 英语学习攻略

2.1.1 英语学习的重要性

进入大学后英语仍然占据一席之地。首先,大学英语几乎是所有高校都设置的必修课,英语对学分绩点的影响不容忽视。不仅如此,英语还是全球广泛使用的语言之一,大多数科学、技术和学术资料都是用英语撰写的,比如最新研究一般是发表在 CNS[生命科学和自然科学领域中三本顶级期刊的简称,分别是《细胞》(*Cell*)、《自然》(*Nature*)、《科学》(*Science*)]等顶级期刊,掌握英语能够帮助同学们更直接、准确地获取这些信息,了解科研进展,提高学习效率。

以更长远的眼光来看,无论是升学还是就业,英语学习都举足轻重。

从保研来看,在获取保研资格时,一般院校都会对四、六级成绩有规定。例如,武汉大学要求所有推免生的英语六级成绩需要达到 425 分及以上。在保研申请时,部分院校或项目会对英语设定一个极为明确的要求,并将其作为申请的基本门槛。例如北京大学燕京学堂,在其招生简章中对英语成绩的要求为英语六级总分不低于 600 分。一般来说,根据专业、地域、申请类型和学校档次的区别,对英语六级成绩的隐性要求也存在差异。热门社科类如经管、法学等要求较高,六级成绩最好达到 550 分以上,计算机、电气等理工科相对来说要求低一些,六级成绩达到 500 分以上即可。在地域方面,江浙沪、珠三角及北京地区的六级成绩要求普遍高于其他北方高校,若要申请这些地方的高校,同学们最好能使六级成绩达到 500

分以上。在申请类型方面,直博要求一般最高,六级成绩最好能达到480分以上,550分以上是比较有优势的,其次是学硕,再次是专硕。在学校档次上,档次越高的高校对六级成绩要求一般也就越高,从高到低是:头部"985"高校→中上游"985"高校、头部"211"高校→末流"985"高校→大部分"211"高校→"双非"高校。

从留学来看,英语的重要性就更毋庸置疑了。留学时,语言成绩是必需项。在留学申请中,语言成绩(托福/雅思等)和入学考试成绩(GRE/GMAT)是非常重要的筹码,毕竟沟通交流是学习或生活的前提,所以分数越高越好。不同专业对语言成绩和入学考试成绩的要求及偏好不同,可以参照以下标准:

> 对于语言成绩,人文社科、法学等相关专业总体上要求更高,理工科相关专业总体上要求更低;申请英联邦地区的院校时,雅思成绩优先;而申请美国院校时,大多是托福成绩优先(不过大部分的美国院校也接受雅思成绩)。
>
> 对于入学考试成绩,一些院校强制要求有GRE/GMAT,一些院校则"建议"带有GRE/GMAT成绩。一般来说,建议申请非商科的同学选考GRE,申请商科的同学选考GMAT,但一些金融相关的专业更倾向于GRE高分的申请者。

对于考研来说,除了少数非英语外语专业,几乎所有的专业都要考英语。总分一般为100分,占比不可谓不大,直接关系到同学们能否进入考研复试阶段。一般来说,在复试划线时对英语也有要求,总有一部分同学考研总分是达标的,但是因为英语分数不高,导致单科线没过,最后悲剧收场,实在令人惋惜。在考研复试的过程中,英语也是很重要的考查内容,如英语口语、文献翻译等。英语在考研中的重要性可见一斑。

对于本科就业的同学来说,英语学习也比较重要。在全球化的今天,英语已成为许多行业的必备技能。无论是外企、跨国公司还是国内企业,英语能力往往是求职者的重要加分项。良好的英语沟通能力可以帮助个人在职场中脱颖而出,获得更多的工作机会和职业晋升空间。

综上所述,无论是本科完成学业,还是后续的升学(保研、留学、考研)或就业,英语学习都非常重要。同学们必须足够重视英语学习,方能为自己的后续发展奠定良好的基础。

2.1.2 四、六级学习攻略

1. 四、六级考试简介

全国大学英语四、六级考试(national college English test band 4 and 6,CET 4和6),是由中华人民共和国教育部主办,教育部教育考试院(原教育部考试中心)主持和实施的大规模的为教学服务的标准化考试,是全国性的教学考试,其目的是促进我国大学英语教学工作,对大学生的英语能力进行客观、准确地测量,为提高我国大学英语课程的教学质量提供服务。四级考试和六级考试,每年各举行两次,分别在同一天的上午和下午进行,具体情况见表 2.1。

表 2.1 全国大学英语四、六级考试时间

	考试类型	笔试考试时间	口试考试时间
正常年度考试时间	英语四级	每年 6 月和 12 月第三个星期六 9:00—11:20	每年 5 月和 11 月各一次
	英语六级	每年 6 月和 12 月第三个星期六 15:00—17:25	每年 5 月和 11 月各一次

2013 年 12 月起,全国大学英语四、六级考试委员会对四、六级考试的试卷结构和测试题型作局部调整。调整后,四级和六级的试卷结构和测试题型相同。2016 年 6 月起,全国大学英语四、六级考试委员会对四、六级考试的听力试题做局部调整,调整后,听力部分占比为 35%;阅读理解部分占比为 35%,其中词汇理解(选词填空)占 5%,仔细阅读部分占 20%,长篇阅读占 10%;翻译和写作占比为 30%。四、六级考试各部分测试内容、题型和所占分值比例与考试时间见表 2.2。

表 2.2 全国大学英语四、六级考试各部分测试内容、题型和所占分值比例与考试时间

试卷结构	测试内容		测试题型	分值比例		考试时间
写作	写作		短文写作	15%		30 分钟
听力	四级	六级	—	四级	六级	25 分钟
	短篇新闻 3 段	长对话 2 篇	选择题(单选)	7%	8%	
	长对话 2 篇	听力篇章 2 篇	选择题(单选)	8%	7%	
	听力篇章 3 篇	讲座/讲话 3 篇	选择题(单选)	20%	20%	
阅读理解	词汇理解		选词填空	5%		40 分钟
	长篇阅读		匹配	10%		
	仔细阅读		选择题(单选题)	20%		
翻译	段落汉译英		段落翻译	15%		30 分钟
总计				100%		125 分钟

四、六级成绩为赋分制,四、六级的卷面分不等于报道分。根据官网(中国教育考试网)上的分数解释,四、六级考试的报道总分为 710 分,考试等值后的卷面分都将参照下面这个常模公式转换为报道分:

$$\text{TotSco} = \frac{X - \text{Mean}}{\text{SD}} \times 70 + 500$$

公式中，TotSco 表示最后显示在成绩单上的分数；X 表示每位考生常模转换前的原始总分；Mean 表示常模均值；SD 表示常模标准差。

四、六级考试单项成绩有四个部分，这四个部分及其所占的分值比例分别为：听力占 35%，阅读占 35%，翻译和写作共占 30%。各单项报道分的满分分别为：听力 249 分，阅读 249 分，翻译和写作 212 分。各单项报道分之和等于报道总分。

根据公式来看，每位考生的分数并不会因为试卷难度产生太大影响，因为是按照排名来划分报道分数的。通俗来讲，四、六级的分数不是由每位考生答对的题目决定的，而是由每位考生在抽样学生中的排名所决定的。四级考试的常模群体选自全国 16 所高校约 30000 名非英语专业的考生，六级常模群体选自全国 5 所重点大学约 5000 名非英语专业的考生。每次考试等值后的卷面分都参照常模转换为报道分。每位考生的报道分在常模群体中都有一个相应的百分位位置。官方网站也给出了排名的百分比，见表 2.3 和表 2.4。

表 2.3　大学英语四级考试报道分的常模百分位对照表

听力（35%，满分 249）		阅读（35%，满分 249）		翻译和写作（30%，满分 212）		总分（满分 710）	
报道分	百分位(%)	报道分	百分位(%)	报道分	百分位(%)	报道分	百分位(%)
100	1	100	1	95	1	330	1
110	2	110	2	103	2	350	2
120	3	120	4	111	4	370	4
130	7	130	9	119	8	390	7
140	12	140	17	127	16	410	11
150	18	150	26	135	27	430	17
160	26	160	37	143	42	450	25
170	37	170	48	151	58	470	34
180	48	180	62	159	72	490	44
190	59	190	72	167	88	510	55
200	70	200	82	175	94	530	65
210	82	210	90	193	98	550	74
220	91	220	96	191	99	570	83
230	97	230	98			590	90
240	99	240	99			610	95
						630	98
						650	99

表 2.4 大学英语六级考试报道分的常模百分位对照表

听力（35%，满分 249）		阅读（35%，满分 249）		翻译和写作（30%，满分 212）		总分（满分 710）	
报道分	百分位(%)	报道分	百分位(%)	报道分	百分位(%)	报道分	百分位(%)
100	2	100		85	1	330	1
110	5	110	1	93	3	350	2
120	9	120	2	101	6	370	4
130	13	130	3	109	14	390	6
140	19	140	5	117	24	410	10
150	26	150	9	125	38	430	16
160	37	160	14	133	51	450	23
170	47	170	22	141	66	470	33
180	59	180	28	149	79	490	42
190	69	190	40	157	88	510	53
200	78	200	54	165	93	530	66
210	86	210	69	173	97	550	76
220	92	220	83	181	99	570	84
230	97	230	93			590	90
240	99	240	98			610	95
						630	98
						650	99

2. 四、六级考试攻略

了解前文的常识有助于同学们更好地备考四、六级。下面分享一些通用的备考攻略，以帮助同学们提高四、六级成绩。

(1) 如何准备四、六级写作

写作可能是很多同学在备考过程中容易忽略的地方，有的同学可能在备考过程中都没有撰写过几篇文章，但是写作部分又比较重要，所以本小节将着重介绍写作攻略，以帮助同学们冲刺高分。

1) 卷面分值和考查内容

英语四、六级写作的卷面分值均占总分的 15%，即各为 106.5 分。

英语四级考试写作部分要求考生达到教育部高等教育司《大学英语课程教学要求》(教学大纲)中的一般要求，即

> 能完成一般性写作任务；能描述个人经历、观感、情感和发生的事件等；能写常见的应用文；能在半小时内就一般性话题或提纲写出不少于120词的短文，内容基本完整，中心思想明确，用词恰当，语意连贯；能掌握基本的写作技能。

英语六级考试的写作部分则要求考生达到教育部高等教育司《大学英语课程教学要求》(教学大纲)中的较高要求，即

> 能就所读一般主题的文章写出其摘要或大纲；能阐述自己对某一焦点问题的观点，并能基本陈述赞成或反对的理由；能写出所学专业论文的摘要；能写出日常的应用文章，结构与表达符合应用文体规范；能借助参考资料写出专业小论文，结构基本清晰；能就一般性主题在半小时内写出不少于160词的记叙文、说明文或议论文，内容完整、观点明确、条理清楚、文理通顺。

根据教学大纲，四、六级写作主要从以下三个方面进行考查：

① 语言。四、六级英语主要考查语言的运用能力，无论是写作还是翻译，阅卷教师最重视的部分是考生的语言水平，而考生最薄弱的也是语言水平。语言有两大评分标准：一是基本正确(用词和句型没有太多严重错误)；二是丰富多变(用词和句型富于变化)。如果考生做到用词与句型基本正确，那么可取得写作及格分；如果考生做到用词与句型丰富多变，那么可取得写作高分。

② 结构。结构即文章的逻辑性。由于语言文化之间的差异，中文写作不太讲究逻辑的严谨性，但英文写作却十分注重这一点。四、六级写作的逻辑性一般体现在两个方面：一是段落结构；二是评分标准。段落结构一般为“总—分—总”，每段的首句为主题句，其次为2句或3句描述或论证(一般，首段为图表或图画的描述，第二、三两段为观点的论证)，最后为小结，概括论证，总结本段。(如不写小结，即为“总—分”结构)对于四、六级写作，结构方面一般有三大评分标准：一是关联词，即过渡性词语，使用5～7个即可，注意适可而止；二是同义替换，用词和句型丰富多变；三是代词替换，适当地使用代词，尤其是用it、that、they等代词替换名词、词组或句子。

③ 内容。内容即观点或思维。四、六级写作一般为议论文，内容方面有三大要素：论点、论据和论证。其中，论点即文章的中心思想，一般放在第二段首句或第三段首句；原因、例证等具体论据，及因果、分类、正反等论证手法出现在第二、三两段。

综上所述，四、六级写作的高分作文基本都具有以下三大特点：语言精彩(基本正确+丰富多变)、结构严谨(段落结构+评分标准)、论证充分(论点+论据+论证手法)。考生只要从语言、结构和内容三大层面仔细研究并学以致用，必将获得写作高分！

2）答题方法与写作建议

写作时的具体步骤是：

第一步，仔细审题。明确要写什么话题，这个话题的背景是什么，可以从哪些角度考虑。

第二步，列出提纲。一般分为三段，明确每段要写什么，分论点怎么分类。

第三步，扩充论据。书写工整，写错的词语用一两根直线划掉，尽量不要反复涂改。

另外，写作时可以多注意以下几个方面：

① 句式多变。同学们需要避免全篇文章只用简单句或复合句，要注意句式的灵活多变。一句话不只有主谓宾，还需要有定状补；不只有主句，还需要有从句；等等。

② 巧用从句。英语中的从句包括名词性从句、定语从句、状语从句、表语从句等，同学们需要根据实际情况灵活使用，并记忆一些固定搭配，如 only in this way can we…, when it comes to…, last but not least 等。应注重平时积累。

③ 化动为静或化静为动。英、汉两种语言在表述某一动作概念时均有一个共同的特点：既可选择静态的表述方式，也可选择动态的表述方式。前者在英语中多以“(be) + 名词/形容词/副词/介词短语”句式为主，在汉语中多以“是 + 名词/形容词”句式为主；后者则多是“动作动词/动态动词 + 其他句子成分”这类句式，在英、汉两种语言中均十分常见。英语由于其词法和句法体系有别于汉语（如英语中名词、介词占优势），因此在选择表述动作意义的方式时常常是静态表述方式多于动态表述方式。这种“以静表动”的方式使英语行文显得更为精练和多样化。汉语因为有多用动词的固有习惯（汉语中常常出现大量兼动式和连动式的说法），所以重动能描写，在选择表述动作意义的方式时常常是动态表述方式多于静态表述方式。这一差别在写作时必须妥善处理。

3）备考攻略

提高英文写作水平无非三大方法：多读、多背、多写。

① 多读。多读可以提高英语水平，但前提是需要用心读。如果阅读英文文章的同时准备一个笔记本，记下文中的精彩词汇、词组和句型，同时在英文写作和翻译的过程中注意运用这些表达，写作和翻译水平自然会得以提高。但遗憾的是，大部分同学多年来只知阅读，不知用心积累使用，其结果是经过多年阅读，同学们的实际运用能力依然比较薄弱。多写、多练对提升写作与翻译水平也有帮助，但前提是周围有英语水平较好的老师、外教或同学进行批改点评，否则即使练习的数量很多，但遣词造句的水平有限，错误不断重犯，水平也很难提高。

② 多背。背诵是提高英语实力和四、六级分数较好的方法。通过背诵，同学们不但可以提高英文写作水平，还可以真正提高英语的综合实力。背诵时，切忌死记硬背，务必结合中文译文，理解之后再进行背诵。基础薄弱的同学可先背诵中文译文，然后根据译文背诵英语文章；或者将译文与英语原文逐句抄写下来，彻底明白每个词汇、词组、句子结构之后再进

行背诵。同学们的背诵速度因人而异,记忆力较好的同学可能半小时之内就能背诵一篇范文,而基础薄弱的同学可能需要两三天甚至一周的时间才能背诵下来。但背诵速度可以逐渐提高,有的同学甚至最终爱上了背诵。很多同学背诵过无数篇文章,但考场上却不知如何使用,其原因有二:一是背诵不够熟练;二是从未主动运用。建议考试前每天抽出半小时以上的时间用来背诵四、六级写作和翻译的范文,时间可安排在早上刚起床(没有前摄干扰,有助于短期记忆)或晚上临睡前(没有后摄干扰,有助于长期记忆)。

③ 多写。学会仿写,例如使用刚刚背诵的一篇范文,完成一道主题相近的作文题或翻译题,尽量使用刚刚背诵过的词汇、词组和句型。基础薄弱的同学刚开始可能不会仿写,但通过不断地背诵和默写,英语实力及运用水平在不断提高,逐渐就会仿写一些主题相似的题目。只要功夫深,铁杵磨成针,功到自然成。将书中的范文进行排列组合、融会贯通,考场上有意识或无意识地使用从范文中习得的精彩词汇、词组、句型及语法,现场发挥,即可获得高分。

4) 书籍推荐

几乎所有人都知道英文写作的重要性,但具体到如何训练,很多同学却不得章法,即使是在英语课堂上也很少有专门针对英文写作进行系统讲解的内容。因此,一本全面介绍如何学习英文写作的书籍就显得很有必要。这里介绍几本优秀的写作指导书籍,供同学们参考学习。

《英语写作手册》

本书是由外研社出版的一本写作指导手册,曾是北京外国语大学的英文写作教材。这本书对英文写作入门者很友好,因为它事无巨细地介绍了英文写作的各种细节,包括标点符号使用、如何造句、如何写段落、怎样使用词典,以及如何使用修辞等。把整本书的内容学习一遍,同学们会对英文写作有更加系统的了解。

《美国大学英语写作》

本书的作者 John Langan 目前在美国大学任教,他有 20 多年阅读和写作课的教学经验,长期致力于探索能够生动有趣地教授学生语言技能的方法。这本教材初版是在 1985 年,到今天已经更新到了第 9 版(一般情况下,一本书的再版次数越多,说明其越受欢迎)。这是一本厚达 616 页的全英文著作,不过作者写得非常简明易懂,文风也非常亲切,只要有四、六级英语水平完全可以读懂。

《葛传椝英语写作》

本书的作者葛传椝是复旦大学教授,在 20 世纪 50 年代被称为复旦外文系的"三巨头"之一,同时他也是中国研究英语惯用法的先驱,著有《葛传椝英语惯用法词典》。葛传椝的英语学习经历颇具传奇,他于 1906 年出生于上海,没有读过大学,也基本没有接受过正规的学校教育,但他通过勤奋自学摸索出一条英语学习的有效途径,最终成为一代语言大家。本书也是葛传槼对英文写作的毕生心得总结。

《牛津简明英语指南》

很多国外知名作家都建议读者要写平实易懂的英语(plain English),那么,怎样才能做到这一点呢?《牛津简明英语指南》(*Oxford Guide to Plain English*)对此有很详细的阐述。

高水平的学术英语写作不是简单的,但四、六级考试的写作却是有迹可循的。希望同学们能够好好准备各类话题,保持卷面工整、字体美观,取得优异成绩!

(2) 如何准备四、六级听力

在备考四、六级时,很多同学做了一定量的真题后还是对一些题型感到迷惑和茫然。尤其是听力部分,很多同学反馈没听到什么就结束了,节奏难以适应。下面将为同学们解密四、六级听力。

1) 卷面分值和考查内容

四级听力的卷面分值占总分的35%,为248.5分。题型一般分为三类:短篇新闻、长对话和听力篇。其中,短篇新闻占总分的7%,共7小题,每小题7.1分;长对话占总分的8%,共8小题,每小题7.1分;听力篇占总分的20%,共10小题,每小题14.2分。

六级听力的卷面分值占总分的35%,为248.5分。题型一般分为三类:长对话、听力篇和讲话/报道/讲座。其中,长对话占总分8%,共8小题每小题7.1分;听力篇占总分7%,共7小题,每小题7.1分;讲话/报道/讲座占总分20% ,共10小题,每小题14.2分。

四、六级的听力部分对长对话和听力篇的考查是一致的,因此存在通用的攻略。但在了解通用攻略时,同学们也不能忽视四、六级听力两者的不同:四级对新闻的考查是Section A的短篇新闻,六级对新闻的考查主要集中于Section C。新闻听力在四、六级中出现的板块不同,难度自然也不同,四级的短篇新闻比六级Section C新闻的难度低得多,因此关于这部分备考的侧重点也不同。

在了解卷面分值和考查内容后,下面将介绍四、六级听力考试的必备技巧和做题锦囊,供同学们参考。

2) 考试贴士

① 通读题干。四、六级考试都是先写作文,作文时间是30分钟。作文时间结束后,开始听力考试。听力考试开始之前,无论同学们是否已经写完作文,都不允许查看听力试题,因此在听力考试开始后,同学们应该迅速通读一遍题干。若阅读速度较快,可以在通读题干时,找到题干中的重点内容;若阅读速度有限,应该先看前面题目的题干,剩下的题干可以等到录音播放具体大题时迅速浏览。

② 标记重点。做每道题之前，迅速标记出每个选项中 1 或 2 个关键词。这一点之所以十分重要，是因为要从那么多的信息中找到答案实在是令人无从下手。而勾画出重点就可以帮助同学们迅速定位，不必让那些不重要的信息浪费自己的精力。

③ 巧记笔记。对于一部分同学来说，记笔记可以帮助他们抓住关键词，以便在长对话的选择中回忆起内容脉络；但有些同学认为做笔记会顾此失彼，导致其他有用信息丢失。因此，同学们根据自己的实际情况而定，不可一概而论。

④ 注意语气。需要注意的是，听力中的短文理解或长对话中的语气表达是比较明显的，高兴还是低落，听语气就能知道。选择说话人心情的题或带有情感色彩的题，可以部分依靠语气而做出选择。

3）备考指南

备考听力时可以主要从以下三个方面进行：

① 坚持精听历年真题材料。所谓精听，就是把一段听力材料反复听，边听边写，听一句写一句，直到自己可以消化吸收。建议选择解析比较详细的真题书，以便能看懂解析，理解文章。例如，巨微英语《四级真题逐句精解》《六级真题逐句精解》，其中的解析是一句一句讲解的，重点词汇单独标注释义和用法，每个句子也都有语法分析，适合英语基础较弱的同学使用。做听力真题时，一般先不看文本或字幕，完完整整地静心听 1 遍，把答案选出来，校对之后，再开始练习精听。精听时，边听边写，把听到的关键词或一些句子写在练习册上，卡壳时，先停下来反复听这一部分内容，如果实在听不出来，再翻看文本。基本上反复听 2 或 3 次，就可以写完大部分内容了。最后对答案，整体听 1 遍原文，看看正确答案是在哪里出现的。做一套听力真题总共也就花费 1.5 小时左右，稍微难一点时可能需要 2 小时，但许多同学反映这样的练习效果都特别好。

② 积累词汇，纠正发音。总结起来，其实听不懂的原因无非有两个：① 单词不熟；② 不习惯朗读者的发音。所以建议同学们可以先花费一些时间背诵单词，使用词汇书、背诵单词的 APP 都可以，把真题里的重点单词记下来是最好的，它们都是高频常考的单词。单词的发音，可以通过跟读和模仿朗读者录音来实现。也就是说，很有必要每天都朗读一定的单词，学会准确的发音。下面给同学们推荐几款可以用来背诵单词、纠正发音的 APP（图 2.1 和图 2.2），也可以练习口语和听力。

③ 休息时泛听英文材料。泛听材料可以是英文歌曲或美剧等。不需要什么都记下来，目的只是熟悉英语发音、语速、语调等。在泛听的过程中，有些场景化的单词也可以记忆一下，这样也能学习一些新单词。吃饭、上课的路上及睡前都可以进行泛听训练。

图 2.1 学习英语的常用 APP

图 2.2 零基础英语学习 APP

4）新闻听力训练法

① 了解新闻的内容语境。新闻的基本属性之一是时效性，因此同学们可以先就相关的新闻内容进行搜索，以熟悉语言、了解大致内容，并感受文化语境，然后再利用听力材料进行练习。入门阶段十分建议这样训练，不要一上来就听新闻，否则可能会因为陌生而导致困惑，并且难以坚持。按照此方法练习几次后，再直接进行新闻听力材料的训练。下面推荐几款练习新闻听力的常用 APP，如图 2.3 所示。

图 2.3 练习新闻听力的常用 APP

② 形成良好的听力素养。不要因为一个词语或一句话没有听懂而自乱阵脚、中断后续的听力，如果总是抱着这样的心态会导致整体内容的混乱与丢失。错失一个词语或一句话，有时候并不会影响整个段落或篇章的大意，切记不要在没有听懂的地方过于纠结与停留，也不要第一遍就停下来重新去听。同学们要学会抓大放小，学会放弃，把握整体。订正答案时，听不懂的地方等全部听完后再回去反复听，要厘清没有听懂的原因，是特定某个单词不

认识、某个专业术语的理解偏差或某个语法不明白导致无法理解整个句子的意思,还是语速过快导致的连读问题,又或是自己的注意力不集中。

③ 忽略晦涩难懂的人名和地名。新闻中往往涉及很多人名和地名,同学们在平时练习时不用过多识记,在考试中也不用被这些次要词语妨碍。比如,在某国家某小镇发生的爆炸事件,其中关键性的内容是爆炸事件,而发生的地点不影响内容,在题目中也很少涉及关于国家地点的问题。

④ 尽快锁定新闻的主要内容。新闻的主旨往往在首句,因此前面的内容要认真听清楚,往往是一句话概括,后面都是细节介绍。要尽快抓住文章主旨。主旨句往往含有内容关键词,如 bus explosion、US election race 等。当然也会有 Now in sports(现在进入体育新闻)、Turn to the Middle East(现在转向中东地区)等简单的呈现方式。

以上攻略通用于四、六级听力,但备考新闻听力部分时,四、六级可以有不同的侧重点。四级的短篇新闻听力侧重训练抓关键词、抓重点的能力,而六级的新闻听力训练要在掌握技巧的同时,基于通用攻略培养良好的听力素养,如此方可游刃有余。四、六级听力的训练不是一朝一夕的工夫,同学们要勤加练习精听和泛听、积累词汇和一些相关新闻,考试时注意技巧的把握,调整好心态,勿因小失大。希望同学们都能考出理想的成绩!

(3) 如何准备四、六级阅读

四、六级阅读一直是广大考生心中的一道难关。无论是选词填空、长篇阅读还是仔细阅读,都充满着挑战和陷阱。下面将通过以下内容带领同学们突破四、六级阅读。

1) 卷面分值和考查内容

英语四、六级阅读部分的卷面分值均为 248.5 分,占总分的 35%。阅读部分一共有三类题型,分别是选词填空、长篇阅读和仔细阅读。每类题型的题数和分值都相同。其中,选词填空 35.5 分,共 10 小题,每小题 3.55 分;长篇阅读 71 分,共 10 小题,每小题 7.1 分;仔细阅读 142 分,共 10 小题,2 篇文章,每篇 5 个小题,每小题 14.2 分。答题时间为 40 分钟,须达到 149 分及以上才为及格,即至少答对 18 道题。

英语六级的阅读难度比四级高很多,很多考生存在读不懂的困难,主要原因就是单词看不懂,因此相比于四级,六级阅读备考提出了更高的要求。

2) 各题型的答题技巧

下面具体介绍选词填空、长篇阅读和仔细阅读的特点与答题步骤。

① 选词填空的特点与各题步骤如下:

➢ 特点:考验词汇、得分率低。

➢ 答题步骤:第一步,标注词性,预先分组;第二步,浏览全文,判断词性;第三步,同性比较,精确定位;第四步,代入选项,通读检查。

先对原文空缺处的单词进行词性预判,对 15 个选项进行词性归类后,可以将选择范围逐渐缩小为 4 选 1、3 选 1,甚至 2 选 1,这是选词填空解题的关键步骤。浏览全文,可以通过空格的词性筛选单词填空,建议 5 分钟内完成。常见词性后缀如图 2.4 所示。

- **一、词根词缀记忆单词**
  - 六大动词反缀
    - -ate：create，celebrate
    - -en/en-：widen，enlighten，enable
    - -ish：finish
    - -ize/-ise：realize
    - -e：make，take，receive
  - 常见形容词反缀
    - -y：sunny，cloudy，milky way
    - -al：normal，formal，official
    - -tive/sive：active，passive
    - -ble：sensible
    - -ary：primary，secondary
    - -ate：accurate，considerate
    - -ly：friendly，orderly，manly，womanly
    - -ful：graceful，plentiful
    - -atic：systematic，socratic
  - 常见副词反缀：-ly
  - 常见名词后缀
    - -tion：station
    - -sion：passion
    - -ment：movement
    - -ness：kindness
    - -ology：biology，methodology，psychology
    - -ics：physics，mathematics
    - -ure：mixture
    - -ism：heroism，individualism
    - -ty：loyalty
    - -th：death，birth
    - -ship：friendship
    - -ity：ability，identity
    - -hood：brotherhood，neighbourhood
    - -dom：freedom，kingdom
    - -cy：accuracy
    - -age：shortage

图 2.4 常见词性后缀

② 长篇阅读(段落匹配)的特点与答题步骤如下:

- 特点:长篇幅、多段落、难应对。
- 答题步骤:第一步,浏览题目,找出关键词。建议采取先看题后看文章的策略。在浏览题目时,要注意画出关键词,通过快速阅读题干中的若干条细节信息,可以迅速了解文章的主旨大意,从而在回头阅读文章时可以加快速度,节省定位时间。

第二步,回到原文,由易到难。一些题目中会有数字、时间、特殊字体(如大写字母、斜体等)等明显特征的定位词,这些题目较容易,同学们只要在文中找出含有相应明显特征的段落,即可迅速选出正确答案。

第三步,关注同义转述,做余下的题目。有些题目是没有明显特征关键词的,这就考查同学们对同义转述的敏感度。通常同义转述的途径有改变词性、使用近反义词、变换句式等,同学们可以根据第一步划出的关键词,在第二步选择后剩余的段落中寻找相应的同义转述对应点,完成所有题目。

③ 仔细阅读(快速阅读)的特点与答题步骤如下:

➢ 特点:细节性,也是阅读部分分值比例最大的一项。阅读部分所有类型的题目一共占总分的35%,而仔细阅读就占据了20%,可见仔细阅读的重要性。而且在整场考试中,同学们大部分的时间也都用在做仔细阅读的题型上。即便是这样,还是有很多同学反映:做不完、看不懂、纯靠蒙。

➢ 答题步骤:第一步,扫读题干。明白每道题在问什么,找到5道题的共性和联系,了解文章的主题和结构。也就是说,拿到一篇阅读不要先看文章,要先看下面的5个题干。然后通过做每道题,顺便找到对应的文章信息。这样按顺序做题目,也能按顺序读完文章。

在读题干时需要注意以下三点:

(1) 不必仔细阅读选项。仔细阅读选项一方面浪费时间,另一方面阅读选项时一定会读到混淆选项,会对接下来的做题有影响。

(2) 尝试找到文章的主题词。并不是每篇阅读文章都能在题目中找到主题词,但如果能发现某个词在5个题干中反复出现,那么它肯定就是文章的主题词了。接下来做题、读文章时,注意包含主题词的句子,这种句子十分重要,可能会和正确答案有关。

(3) 注意每道题目的定位词。先读完5个题干,这会对题目的定位有重要帮助。比如,同学们做第二道题时始终无法定位,但是如果能先对第三道题进行定位,那么对第二题进行空位就更加容易了。

第二步,处理文章,把握主题和结构。找到每道题在文章中的出处(即定位),重点看考点句。

定位时需要注意以下事项:

(1) 定位词。尽量优先选择题干中的名词定位,形容词和动词更容易被改写或忽略。

(2) 多个定位词定位。谨记:不仅正确选项对应原文,绝大多数题干的信息其实也一一对应原文信息。所以尽量带着题干所有的信息,准确地定位题干对应的原文信息。

(3) 顺序原则定位。2006年四级改革以来,四级阅读几乎没出现过信息乱序的情况。也就是说,第一道题的信息区间一定在第二道题的前面,第三道题的信息区间一定在第二道题的后面。

(4) 信息区间。找到题干对应的原文信息后,继续向下阅读,(在阅读到下道题的信息出现之前)一般就可以找到正确选项对应的信息。只有两种情况需要向上寻找信息:一种是定位到的信息为数字串或举例说明部分;另一种是出现了逻辑关系词(如 therefore、so、as a result 等)或代词(如 that is、these are)。

(5) 考点句。考点句就是原文中考官设计正确答案的句子。一般来说,这些句子就是文章中提示重要内容的一些信息。

第三步,对比作答。将原文信息和选项进行一一对应,对文章做精确改写的选项就是正确答案。

另外,做仔细阅读时还需要注意以下事项:

(1) 若针对举例子、名人言论、特殊符号后的内容出题,只读例子、名人言论、特殊符号前后句的内容,即可选出正确答案。

(2) 如果只是针对某一段的内容提出问题,只看该段内容即可选出正确答案,而不必看完全文才作答。

(3) 选项中同义词替换的一般是正确答案,而与原文相同或极其相似的选项一般不是正确答案。

(4) 选项中有绝对语气词的一般不是正确答案。这些语气词有:always、the most、never、all、only、no、none、exclusively、hardly 等。选项中含有不十分肯定的语气词一般是正确选项,这些语气词有:may、often、usually、might、could、more or less、possible、not necessarily 等。

(5) 在议论文中,符合一般常识的选项富有深刻哲理,符合一般规律的选项常常是正确答案。

3) 备考指南

备考长篇阅读时可以主要从以下方面进行:

① 词汇记忆。任选一本四、六级词汇书(推荐《六级词汇词根+联想记忆法》),制订20～30天的背词计划。争取在考试前三个月把词汇书至少看一遍。特别提示:第一遍只求识别,不求拼写,因为同学们不可能一遍既记住一词多义又记住拼写,要心态平和。背词时,边听边读,记忆效果最好。另外,若想提高记忆效果,请遵循"短时多次"原则,即短时间内多

次重复,在当天至少背3遍。

② 语法梳理。语法较弱的同学,需要及时补习常考的语法知识,掌握必考的三大语法:三大从句、虚拟语气和非谓语动词等语法点,积极应用语法知识,清理语法死角。多次考试且成绩长期处于420分以下的同学务必尽早学习语法(包括四级成绩为500分以下并准备备考六级的同学)。此分数段的同学英语学习方法存在重大问题,通过听课来改进学习方法比自己学习可能效果好很多。

③ 真题训练。具体步骤如下:

第一步,完成前五年的阅读真题,按照"仔细阅读—段落信息匹配—选词"的顺序完成,每次用时在45分钟左右。扫清题目及选项中的生词短语,将题干、选项及对应的句子进行英译汉练习。确认答案,计算分数。35分为满分,选词每题0.5分,匹配每题1分,精读每题2分,22分以下为不及格。分析所有错题和不确定的题目(此环节可能需要查看真题解析或询问"高手"或老师),一定要了解错误的原因,在原文中标注并加以改正。

第二步,再做一遍前五年的阅读真题,并使用目标考试上一场的第一套真题完成第一次模拟考试。总结阅读中的同义词替换,做到看到某个单词能够及时想到其同义替换词。在认识单词的情况下,阅读做题速度总是提上不来,其中的一个重要原因就是对同义替换辨识度不够强,需要加强此方面的训练。

第三步,真题词汇整理。四、六级考试阅读部分一个明显的特点就是真题词汇的复现,很多词汇都是往年阅读真题考过的词汇,所以在考试前建议同学们将前五年内的真题词汇进行再次梳理,做到五年真题无生词。将这些单词复习2或3遍,直至考试。

无论是选词填空、长篇阅读还是仔细阅读,词汇量都是一个很大的挑战。四、六级对于词汇掌握的要求不同,四级的考纲词汇为4500词左右,六级的考纲词汇为5500词左右,六级的词汇量要求比四级高。

《全国大学英语四、六级考试大纲》(2016年修订版)指出:

> 四级词汇理解的篇章长度为200~250词;长篇阅读的篇章长度约1000词;仔细阅读的每篇长度为300~350词。六级词汇理解的篇章长度为250~300词;长篇阅读的篇章长度约1200词;仔细阅读的每篇长度为400~450词。

和四级相比,六级阅读部分的各个题型词汇都更多,篇幅也都更长,而实际的考试时间是相同的,因此六级对考生的词汇量和阅读速度都提出了更高的挑战。所以在备考六级阅读时,同学们应主动积累更多的考纲词汇和真题词汇,并且通过不断地练习与技巧的掌握来提高阅读速度。

以上就是为同学们整理的四、六级阅读攻略,希望能对大家的备考有所帮助,多阅读、多训练,活学活用,祝同学们在考试中获得高分!

(4) 如何准备四、六级翻译

四、六级翻译,对于大多数考生来说是一件比较头疼的事情,虽然很少出现完全译不出的情况,但却经常碰见专业术语、长难句、复杂结构无法应对的情况。下面将介绍四、六级翻译的备考要点。

1) 卷面分值和考查内容

四、六级翻译汉译英的分数均占总分的15%,即各为106.5分。

《全国大学英语四、六级考试大纲》(2016年修订版)对四级翻译考核的要求是:

> 要求考生能将题材熟悉、语言难度较低的汉语段落译成英语。段落的内容涉及中国的文化、历史及社会发展。译文基本准确地表达原文的意思,语句通顺,句式和用词较为恰当。能运用基本的翻译策略。能在半小时内将长度为140～160个汉字的段落译成英语。

《全国大学英语四、六级考试大纲》(2016年修订版)对六级翻译考核的要求是:

> 要求考生能将题材熟悉、语言难度中等的汉语段落译成英语。段落的内容涉及中国的文化、历史及社会发展。译文基本准确地表达原文的意思,语言流畅,句式运用恰当,用词贴切。能较好地运用翻译策略。能在半小时内将长度为180～200个汉字的段落译成英语。

根据考试大纲,对四、六级翻译的考查主要有以下基本点:

① 词汇。因为词汇是组成文段的基本元素,所以具有一定的词汇量在四、六级翻译中的重要性是不言而喻的。然而,四、六级考试大纲已经限定了翻译中的内容,因此词汇方面的准备已经为考生减轻了很大的负担(考试大纲中也提到,不含生僻的专业词汇或习语)。

若同学们在翻译的过程中,经常在动词、形容词和副词上遇到障碍,那么说明对四、六级词汇不够熟练,建议同学们熟练记背单词。若在名词上遇到障碍,那么说明对相关的专业名词不够熟悉。这个问题的解决方法:一方面,在网上搜索与我国文化、历史与社会发展相关的专业名词表;另一方面,多关注相关公众号,多浏览国内新闻报道,积累专业词汇。

② 句型。句型是将词汇串起来的线,没有句型,词汇并不能表达出真正的意思。四、六级考试大纲中要求"句式运用恰当",而真正能做到这六个字很不容易,因此积累句型的唯一方式就是多看多背。无论是翻译模拟题,还是平时的阅读材料、作文范文甚至是听力原文,都是积累句型的好资料。如果同学们仍在苦恼如何连词成句,那就拿起身边的任何一篇真题文章,研究其中值得借鉴的表达方式,背诵记忆之后,灵活运用在翻译中。

③ 连贯性。四、六级考试大纲中的"语句通顺"(四级)和"语言流畅"(六级),说的就是翻译的连贯性问题。在语言表达的过程中,连贯性是让读者清晰把握文章思路脉络的关键,

因此在翻译过程中，一定要将汉语中出现的连接词准确巧妙地翻译出来，使翻译的段落前后不脱节，富有逻辑性。

连接词积累不够的同学，建议在网络上寻找一些关于连接词的归纳表。一般惯用的连接词不是很多，记忆也并不困难。

④ 语法。任何语言都有其语法，这是语言表达的准则，因此翻译中切忌出现语法错误，如单复数、第三人称、时态、从句等方面的错误。建议语法仍有问题的同学，一定要在平时练习时多总结自己容易犯错的语法，训练和考试时都要做到十分仔细。

以上关于四、六级翻译考查的基本点具有共性，但是由考试大纲可知，六级翻译对于词汇运用的准确性和句式使用的恰当性有着更高的要求。因此相比于四级备考，在六级备考中，同学们应该在词汇的准确性和句式的恰当性方面更加严格要求自己。

如果这些基本点都没有问题，那么要想达到更高的翻译水平，就需要多练多看，勤动笔，勤背诵。不通过多篇翻译文章的训练，翻译能力永远只能停留在萌芽阶段。

2) 四、六级翻译中的五大技巧

① 分句法。即把原文中的一个单词或短语翻译成句子，使原文的一个句子分译成两个或两个以上的句子，或把原文的一个句子拆开，译成两个或两个以上的句子。

> 例如：八月中旬，修理组人员在骄阳下工作。
>
> 译文：It was in mid-August, and the repair section operated under the blazing sun.(一个单句拆分成一个并列复合句)

② 合句法。即把原文中两个或两个以上的简单句、主从复合句或并列复合句等译成一个单句。

> 例如：她已试了好几次，要帮他们另找一间出租的房子，结果并未成功。
>
> 译文：She had made several attempts to help them find other rental quarters without success.(多个简单句合成一个单句)

③ 正译法。就汉译英而言，正译法是把句子按照与汉语相同的语序或表达方式译成英语。

> 例如：我们强烈反对公司的新政策。
>
> 译文：We strongly object the company's new policy.

④ 反译法。就汉译英而言，反译法是把句子按照与汉语相反的语序或表达方式译成英语。

例如:酒吧间只有五个顾客还没有走。

译文:Only five consumers remained in the bar.

⑤ 顺序法。即翻译不改变原文的表达语序,不会影响对原文内容的理解。

例如:即使在我们关掉床头灯甜甜地进入梦乡时,电仍然为我们工作:开动电冰箱,把水加热或使室内空调机继续运转。

译文:Even when we turn off the bedside lamp and are fast asleep, electricity is working for us, driving our refrigerators,heating our water,or keeping our rooms air-conditioned.

在上句中,前半部分是一个让步状语从句,后半句的“开动”“加热”“使……运转”都是“电在为我们工作”的具体内容。因而在译文中,译者将这三个并行动作处理成动词 ing 形式,补充说明 working 的内容。译文按照原句的语序完全传达了原文的意思,采用顺序法翻译,达到了“精确、通顺”的目的。

以上五大技巧通用于四、六级翻译,但由于六级对于句式的恰当性要求更加严格,因此同学们在六级备考中应该更加注意,要将以上五大技巧烂熟于心,并且要在练习中不断运用。

3) 备考指南

备考翻译时可以主要从以下方面进行:

① 多背单词。其实翻译部分的本质还是考查同学们的词汇量,因此第一步也是非常关键的一步便是记忆单词,为积累语素库做准备。每天花费 1 小时,其中 40 分钟背诵新单词,20 分钟复习前两天背诵的单词。这个阶段至少要背诵 2 遍单词,最后达到滚瓜烂熟并熟知单词用法和词组的程度。六级对于单词的准确性有着更高的要求,这一准确性包含两个层面:一是表情达意上的准确;二是用法上的准确。因此在备考时,可以适当地背诵一些典型例句,以了解单词的使用语境和用法。

② 吃透真题。一般来说,翻译的做题时间应该控制在 15 分钟之内。如果对单词不太熟悉,可以先尝试在 20 分钟内完成一篇。准备一个练习册,专门做翻译真题。做翻译真题的具体步骤如下:

第一,在规定时间内尽自己最大的可能完成翻译。可以在翻译过程中有所修改,但建议同学们逐渐减少修改的次数,在心中打好草稿再写在练习册上,不要过于随意。

第二,对照答案,进行修改。如果某句话的表达方式和答案完全不同,那就将这句话标记出来,并将答案抄写一遍;如果某句话只是其中的一些词组或细节和答案有差异,那就直接在原答案上修改。对于这一步骤,不要降低对自己的要求,虽然有时自己的翻译不是错误的,但答案提供的结构和用词用法,对于考试而言是比较好的表达。

③ 积累相应的文化术语。同学们可以发现往年六级翻译常会考查与文化相关的词汇,因此平时做好积累、关注时事热点十分重要。下面整理了一份关于节日的表达词汇,其他类型的词汇还需要同学们自己慢慢积累。

节日篇

春节 the Spring Festival / Chinese Lunar New Year

农历正月初一 the first day of the first lunar month

农历 lunar calendar

年终大扫除 year-end household cleaning

春联 Spring Festival couplets

年画 New Year pictures

剪纸 paper-cuts

团圆饭 family reunion dinner

饺子 jiaozi / dumplings

春晚 Spring Festival Gala

守岁 stay up late on the New Year's Eve

除夕 eve of Chinese New Year

辞旧迎新 ring out the old year and ring in the new

拜年 pay a New Year visit

红包 red packets

压岁钱 lucky money

放爆竹 let off firecrackers

庙会 temple fair

禁忌 taboo

元宵节 the Lantern Festival

农历正月十五 the 15th day of the first lunar month

元宵 rice dumplings

花灯 festival lantern

灯谜 lantern riddle

灯会 exhibit of lanterns

烟花 fireworks

端午节 the Dragon Boat Festival

农历五月初五 the 5th day of the fifth lunar month
粽子 zongzi
糯米 sticky rice
粽叶 bamboo leaves
舞龙 dragon dance
舞狮 lion dance
踩高跷 stilt walking
赛龙舟 dragon-boat racing
纪念 in memory of
屈原 Qu Yuan
诗人 poet
忠臣 loyal minister
清明节 Tomb-sweeping Day
寒食节 Cold Food Festival
祭拜祖先 offer sacrifices to one's ancestors
扫墓 sweep graves of one's ancestors or loved ones
踏青 go for a spring outing
中秋节 Mid-Autumn Day / Moon Festival
农历八月十五 the 15th day of the eighth lunar month
月饼 moon cake
赏月 appreciate the glorious full moon
中国神话故事 Chinese mythology
嫦娥 Chang'e
后羿 Hou Yi
长生不老 be immortal
重阳节 Double Ninth Day
赏菊 admire the beauty of chrysanthemum
登高 climb a height

3. 四、六级复习计划

在英语四、六级的备考过程中，明晰考试技巧和攻略固然重要，但科学的四、六级备考复习计划也很重要，有助于同学们有条不紊地备考。接下来，将分享实用的“40天复习法”。

前30天可以进行专题训练，包括听力、阅读、写作和翻译，后10天完整做题。具体时间线和复习内容见表 2.5。

表 2.5　40 天复习法的具体时间线和复习内容

1～18 天	
听力	每天一篇听力真题
阅读	两天一套真题阅读
作文	两天一篇真题作文
翻译	两天一篇真题翻译
19～30 天	
听力	每天一篇听力真题，泛听、精听相结合
阅读	每天一套真题阅读
作文	每天一篇真题作文
翻译	每天一篇真题翻译
31～40 天	
全套真题训练	按考试时长(130 分钟)严格要求自己 作文:30 分钟 听力:30 分钟 阅读:40 分钟 翻译:30 分钟

(1) 1～18 天

1) 听力

在 1～18 天，每天一篇听力真题。听力训练应该遵循以下步骤：

➢ 听：把一篇听力从头到尾听 3 遍，明白大概意思，然后再以一句话为单位进行单句循环，尽可能听清楚每个句子、每个单词并明白它们的意思。

➢ 对：完成第一步后，可能仍会有听不清、听不懂的地方，这时候可以对照听力原文，检查自己听到的是否正确，找到自己当时没有听懂的单词和词组，不认识的单词可以查找字典。在完全理解听力原文后，再听 3 遍。

➢ 读：以上两个步骤结束后，采用影子跟读法，即每听一句，重复一句，尽量模仿播音人的发音、语调和气息，连贯地说出每句话，中间不卡壳。不断跟读，一直达到背诵的程度。

2) 阅读

两天一套真题阅读，每套真题做两遍。

➢ 第一遍：以正常考试时间为标准进行计时，遇到暂时读不懂的地方或不会做的题目，先标记出来，并跳过去继续做后面的题目。全部做完之后再对答案，计算自己的正确率。

➢ 第二遍：重新研究读不懂的地方，找到原因：是单词不认识，还是语法没搞懂。如果是单词不认识，就查找字典，并把这些单词积累起来，可以记到笔记本上，因为真题单词的复现率超高。如果是语法没搞懂,就查找相应的句式,然后理解记忆,并且记到笔记本上,以后碰到但想不起来时方便查看。特别是基础不好的同学,这一遍才是同学们提升词汇量、扎根补基础的过程。

3）作文

两天一篇真题作文,每篇作文做两遍。

➢ 第一遍:参照真题作文给出的模板,提炼模板范文中的写作框架,揣摩写作思路。

➢ 第二遍:根据作文话题以及列出的框架,自己独立仿写一篇。框架好比骨骼,词汇、句式等具体内容好比血肉,这时候同学们可以自由发挥,在骨架里填充血肉。其实,作文框架和写作思路具有一定的共性,同学们可以通过这样的训练提取总结出自己的一套写作方法。

4）翻译

两天一篇真题翻译,每篇翻译做两遍。

➢ 第一遍:逐句进行翻译。先翻译句子的主干部分,最常见的就是主语、谓语和宾语,这相当于该句子的框架。然后将需要翻译的其他成分,比如状语、定语等,补充到这个框架中。

➢ 第二遍:对照答案的翻译范例,积累特定的表达,比如副词、专有名词、成语表达等,这些是考试中容易复现的内容。然后按照第一遍的思路,用这些表达再做一遍。

（2）19～30 天

1）听力

每天一篇真题听力,具体步骤同 1～18 天。

2）阅读

每天一套阅读真题。每做完一套阅读真题后,对照书里的“逐题解析”部分,逐题学习解题技巧。所以选对英语四、六级真题资料也很重要,要选有详细解析的,不是仅仅给出一个答案而解题思路和技巧一笔带过的。命题人出题时是有一定规律的,同学们先摸清他们的出题规律,然后总结出技巧,见招拆招,速度会越来越快,正确率会越来越高。

3）作文

每天一篇真题作文,独立撰写,并对照模板查漏补缺。

4）翻译

每天一篇真题翻译,独立撰写,并对照模板查漏补缺。

（3）31～40 天

最后 10 天进行全套真题训练,最好严格按照英语四、六级的考试时间和流程进行训练,这样可以提前适应考试时间。英语四、六级的考试时间和流程见表 2.6。

表 2.6 英语四、六级的考试时间和流程

考试级别	时间	流程
大学英语四级	8:40	考生入场,核对听力调频并试音
	9:00	下发试题册
	9:10	考试正式开始,考生开始作答作文
	9:35	监考老师口头提醒 5 分钟后开始听力考试
	9:40	听力考试开始,考生注意及时填涂答题卡 1
	10:05	听力考试结束,监考老师收回答题卡 1
	10:10	考试继续进行,考生完成阅读理解和翻译部分
	11:10	监考老师口头提示考生 10 分钟后结束考试
	11:20	考试结束,监考老师收回试题册及答题卡 2
大学英语六级	14:40	考生入场,核对听力调频并试音
	15:00	下发试题册
	15:10	考试正式开始,考生开始作答作文
	15:35	监考老师口头提醒 5 分钟后开始听力考试
	15:40	听力考试开始,考生注意及时填涂答题卡 1
	16:10	听力考试结束,监考老师收回答题卡 1
	16:15	考试继续进行,考生完成阅读理解和翻译部分
	17:15	监考老师口头提示考生 10 分钟后结束考试
	17:25	考试结束,监考老师收回试题册及答题卡 2

此阶段要完全按照英语四、六级考试的总时长计时。130 分钟里,看看完成率能有多少。另外,每种题型的答题时间也要控制好,比如作文 30 分钟、听力 30 分钟、阅读 40 分钟、翻译 30 分钟。这样的训练一方面有助于同学们提前适应考试的时间段,另一方面可以提高做题的时间效率。不少同学反映题目做不完,就是因为没有提前进行有针对性的训练。只有进行严格的时间训练,才能有效把握做题时间,提高做题效率。

英语四、六级考试,不仅是一次对同学们英语能力的全面检验,也是同学们成长道路上的一个重要里程碑。它教会同学们坚持与努力,让同学们在挑战中不断突破自我。无论同学们的目标是高分通过,还是希望提高自己的英语水平,每一步努力都不会白费。无论同学们未来是在学术的殿堂里深造,还是在职场的舞台上驰骋,英语都将是你们最得力的助手和最闪耀的名片。

2.1.3 雅思学习攻略

1. 雅思考试的简介

雅思考试,全称为国际英语测试系统(international English language testing system),简称雅思(IELTS),是著名的国际性英语标准化水平测试之一。雅思考试目前分为机考和笔试两种形式。笔试通常在周六上午举行,全年共 48 场考试,成绩大约在考试后两周发布。机考时间不定,需要用指定计算机系统答题,72 小时内发布成绩。同学们可以根据自己的作答习惯选择考试方式。雅思考试总共分为听力、阅读、写作和口语四部分。每部分的总分都为 9 分,雅思考试的总成绩为四部分得分的平均值。但仅设置 0.5 分档和 1 分档。例如,雅思考试由高到低可以分为 9、8.5、8、7.5 等分值。一般而言,雅思成绩 6.5 分以上为大部分境外院校的入学门槛,学校排名越高,所要求的分数越高。此外,国内保研升学也可以使用雅思成绩。如北京大学燕京学堂要求:英语六级分数不低于 600 分,或雅思成绩不低于 7.0 分。因为雅思考试机会多,对于一些英语六级没达标的同学,可以通过雅思考试来替代,从而实现保研升学。二者具体的替代关系见表 2.7。

表 2.7 雅思成绩与英语六级成绩的替代关系(仅供参考)

档 次	六级分数区间	雅思分数区间	说 明	在保研中的认可度
第一档	580 以上	7.0 以上	在初筛中占据绝对优势,几乎能达到所有夏令营项目的语言成绩要求	非常高
第二档	520～579	雅思 6.5	语言成绩审核时基本不会被淘汰,大多英语笔试或面试稍作准备都可以较好应对	较高
第三档	460～519	雅思 6.0	符合大部分夏令营的基本要求,但是可能达不到 top 高校的潜在英语门槛	一般
第四档	425～459	雅思 5.5	刚好达到及格水平,达不到部分院校的基本要求,最好能够再次考试提高分数	较低
第五档	未过六级	雅思 5.5 以下	很多夏令营不能报名;可选择一些对英语要求较低的院校;入营率比较低,报名时需要有策略性地选择院校;最好能在加强自己的长处之余多多练习英语口语,在面试时尽量不拖后腿	较低

雅思考试分为 A 类和 G 类。所谓 A 类,是指学术类雅思,难度更大,题目更加贴近课堂或学术研讨。G 类考试为移民类雅思考试,难度较小,题目贴近生活。一般而言,同学们

备考的大部分为A类,且A类雅思包含G类雅思,因此下面主要介绍学术类雅思考试。

2. 雅思考试的详细攻略

(1) 听力

共40道题,分为4个部分,难度依次增加,每部分大约10分钟。

第一部分通常为日常对话,内容涉及日常生活,如预订酒店、问路等。难度较大时可能会考查地图题,但总体来说难度适中。每空填入1~3个单词。需要考生根据听到的内容将题目填写完整。雅思考试的第一部分通常会让很多考生措手不及,例如答案已经放完但是考生并未听到。因此,在准备第一部分时,同学们可以通过练习剑桥大学出版社出版的雅思考试真题系列书籍的第4册到第17册,或是选择生活化较强的英文纪录片、vlog(视频)等"磨耳朵",增强语感。

第二部分通常为单人讲解,涉及社会服务或生活信息,如导游讲解或说明会。第二部分的考查形式包括但不限于填空题、选择题、匹配题等。第二部分通常要求考生提前阅读题干,至少做到心中有数。对于选择题、匹配题等难度较大的题型,要将关键词圈出来,进行同义词替换,捕捉其中的重要信息。第二部分最好的提分方式是多加练习,主要在于培养答题的感觉。

第三部分通常为多人对话,内容较为复杂,如学术讨论或研究小组会议等。第三部分的题目以选择题等高难度题型居多,并且涉及很多专业词汇。该部分对于听力词汇量的考查要求较高。同学们可以通过多听TED演讲或参与国外真实课堂录播的方式来熟悉语境,在积累词汇量的同时熟悉发音规律。

第四部分通常为单人讲座,内容多为学术性或专业性话题,如大学讲座或报告。第四部分对于大部分考生而言可能相对简单,因为第四部分多以填空题为主,试卷会提供一个课堂记录的半成品,要求考生根据听到的内容将其补充完整。该部分可能会存在一些生词,遇到时不要慌张,沉下心来根据单词进行自然拼读,再代入文中捕捉相关信息。

总的来说,雅思听力语速一般,但以英式发音为主。与托福听力相比,生活色彩更加突出,因此准备的总体难度一般,我国考生也普遍在听力部分得分较高。

(2) 阅读

共40道题,分为3个部分,时间共计60分钟。

第一部分的体裁大多是科普性质的说明文,常考题型为填空题和判断题。内容相对简单,是主要拿分的部分,对于考生的词汇量要求不高。但需要注意的是,判断题主要是对文章逻辑的理解,因此不要仅局限于读懂文章,更重要的是把握出题人的深层含义。建议备考时多看剑桥大学出版社出版的雅思真题系列书籍或《九分达人》,练习对于第一部分的答题感觉。另外,由于时间限制和题目难度分配,第一部分建议在10分钟左右完成。

第二部分的体裁依然是说明文居多,但是题型的多样性和词汇量考查方面较第一部分有所加强。考查题型常见于多选题、匹配题、单选题、填空题、找核心主旨题等。在答题时,建议先通读所有题干,在读文章时带着问题找答案。要注意平行阅读,读到关键信息后立刻作答,并且根据题目之间的顺序能够定位关键信息的位置。总的来说,第二部分可能需要花费 15~20 分钟进行作答。有时第二部分的难度会最高,因而在答题时如果遇到困难可以适当跳过。

第三部分的体裁主要以议论文为主,文章主要表达作者的核心思想或观点,或是引用不同作者的观点来讨论某一特定话题。常考题型包括判断题、填空题、匹配题和选择题等。一般而言,第三部分同样建议先读题干,之后根据题干的信息在原文中找到对应位置。需要注意的是,文章中可能出现很多观点,因此要求考生必须做到人名和观点的对应。在备考时,建议同学们多积累词汇,并且培养对于特定题型的答题敏感度。第三部分大概需要花费20~25分钟,具体根据题型而定。

总的来说,阅读主要考查考生的词汇量和对文章的总体理解。我国考生在该部分表现一直优异。但要切记,再好的技巧也是建立在有足够词汇量的基础上的。因此,认真背诵单词、多理解文章主旨才是提升阅读分数的核心。

(3) 写作

写作是雅思考试中最难的部分。时间为 60 分钟,总共有 2 个部分。第一部分难度较小,一般花费 20 分钟,题目可以概括为看图说话。第二部分难度较大,一般花费 40 分钟,题目可以概括为针对某一论题进行观点阐述。

第一部分通常称为 Task1(俗称"小作文"),即根据文中提供的各类图表进行看图说话,类似于学术论文中的结论部分。一般而言,常见题型包括线形图、柱状图、饼状图、表格、流程图、地图、混合图等。混合图和地图的难度较大,其他难度一般。考查的要点在于准确的语法表达,以及对图中信息的全面描述。第一部分准备的关键在于对一些常用词的同义词替换,如上升可以表述为 increase、rise、grow 等,下降可以表示为 fall、drop 和 decrease 等。在明确同义词替换的基础上,可以让文章增色不少。

第二部分通常称为 Task2(俗称"大作文"),即根据文中所提供的话题撰写议论文,类似于学术论文中的讨论部分。第二部分的话题非常广泛,因此想要在短时间内突击准备难度较大。此外,第二部分非常注重逻辑的考查,并不是单纯的长难句或华丽辞藻的堆砌。所以该部分也被誉为所有英语考试中难度最大的部分,因为准备的关键在于逻辑上的转换而非词汇的积累。同学们在日常练习真题的同时也可以多寻求其他渠道的帮助,明晰答题技巧,做到事半功倍。

总的来说,雅思的写作部分主要难点集中在大作文。如果计划参加雅思考试,那么可以优先开始大作文的准备。

(4) 口语

雅思的口语部分无论是 A 类还是 G 类均偏向于生活化,并且采用人人对话的方式。每年的1、5、9月进行换题，因此建议同学们避免选择在这三个月的月初参加考试。口语共分为3个部分，每个部分的侧重点有所不同。

第一部分以日常问答为主，要求考生对考官的问题进行快速回答。通常回答3或4句，不宜过长或过短。第一部分主要是口语考试的热身，尽量给考官留下好印象。需要注意的是，应保证语句的通顺以及无明显语法错误。

第二部分为命题式作文。考官给考生出示相关题目，并提供一分钟左右的准备时间。考生需要对问题进行相应作答，且作答时间不得低于两分钟。该部分的难点在于无话可说。所以建议同学们在拿到新一季度的题目时自行准备详稿，以确保在拿到题目第一时间可以明确要讲的内容，但切忌考试时露出背诵的痕迹，否则很有可能被判为低分。

第三部分是针对第二部分的延续。考官会针对第二部分考生的作答提出更加详细的问题。第三部分较难准备，考验考生的临场应变及口语的真实能力。并且随着话题的深入，可能会面临词穷的现象，因而积累更多的口语高级词汇在第三部分显得尤为重要。

总的来说，雅思口语的生活性和实用性较强。但考官打分较为主观，经常会出现压分的现象。针对口语，建议同学们平常多说多练，要敢于开口，不怕出错。

雅思考试的实质是检测英语能力和水平。但实际上，雅思考试也更多考查考生的应试技巧。建议同学们集中一段时间准备雅思考试，不要将战线拉得太长，避免疲劳备考。相信在科学和正确的备考之中，一定能够取得满意的成绩！

2.1.4 托福学习攻略

1. 托福考试简介

托福考试是由ETS(美国教育考试服务中心)测评研发的学术英语语言测试，通过考查听、说、读、写这4个方面，以体现测试者在学术语言任务环境下的真实学术语言能力。托福考试共分为3种，分别为托福网考、家庭版托福[iBT考试(internet-based test，基于互联网的考试)]和托福纸笔考试。从认可度来说，家庭版托福略低一些。托福考试的总分为120分，考试时间为2小时，分为阅读、听力、口语和写作4个部分，每个部分30分。托福考试在留学申请中认可度极高，其范围包括美国、加拿大、澳大利亚及整个欧洲等。同样，国内保研升学也可以使用托福成绩，还是以北京大学燕京学堂为例，托福成绩100分及以上也可以满足英语要求。可以看到托福、雅思成绩都具有一定的作用，在保研时都可以替代英语四、六级的成绩，在申请留学时也有较大作用，各高校也会明确英语种类和成绩要求，二者的对比见表2.8。注意，因为雅思考试的入门难度较低一些，使用度更广一些，特别是考雅思成绩6.5、7.0比考托福90、100相对容易一些，所以国内保研更多使用雅思成绩。

表 2.8 托福考试与雅思考试的对比

比较项目	托福考试	雅思考试
考试主办方	美国教育考试服务中心(ETS)	英国文化协会、剑桥大学考试委员会和澳大利亚教育国际开发署联合开发
适用范围	主要适用于北美国家,如美国、加拿大等,部分欧洲、亚洲国家及地区也认可	主要适用于英联邦国家,如英国、澳大利亚、新西兰等,也被全球众多院校及移民机构接受
考试形式	托福网考、家庭版托福、托福纸笔考试,总时长约为 2 小时	有纸笔考和机考两种选择,笔试约为 3 小时,口语考试根据考点安排在其他时间进行,总时长约为 3 小时
考试内容	内容多来源于讲座(lecture)等偏学术性内容,涉及美国历史、文化、政治、地理等,词汇量要求约 1.2 万	内容更偏向日常生活应用类,涉及学校、医院、银行等,词汇量要求约 8000
阅读	一般是 2 篇文章,每篇 10 道题,考试时间共 36 分钟	学术类阅读有 3 篇文章,文章长度为 700～1500 字不等,题型多样,包括选择题、判断题、填空题等,考试时间共约 60 分钟
听力	一般 2 个对话和 3 个讲座,每个对话 5 个问题,每个讲座 6 个问题,考试时间共 36 分钟	4 段录音,难度递增,一般为日常对话、单人讲解、多人对话及单人讲座,包含不同口音和方言,录音只能听一遍,留有时间阅读问题并记录答案;每部分约 10 分钟,总共 40 分钟
口语	1 道独立口语,考生根据个人观点、经历等进行表达;3 道综合口语,通过听一段录音或阅读一段文章,回答相关问题,考试时间共 16 分钟	一对一面试的形式,分为 3 个部分,与考官互动交流,考试时间为 11～14 分钟
写作	2 道题:综合写作要求考生阅读一篇文章并听一段讲座,然后总结、比较两者的观点;独立写作要求考生根据给定话题表达个人观点并论证;考试时间约 30 分钟	2 部分:第一部分根据图表写 150 字左右文章,第二部分针对问题或观点写 250 字左右短文;考试时间共 60 分钟
分数构成	总分 120 分,听、说、读、写每项各 30 分,最终成绩为 4 项分数之和	总分 9 分,听、说、读、写每项满分各 9 分,最终成绩为 4 项分数的平均分
常用分数线	有效分为 85～90,较高分数为 100 以上	有效分为 6.5,较高分数为 7.0
考试费用	一般为 2100 元	一般为 2170 元,UKVI 雅思为 2220 元

2. 托福考试的详细攻略

虽然托福考试获得高分更难一些,但是笔者通过总结多位前辈备考托福的经验,并根据备考时间的不同总结出"短期出分"与"长期高分"两个思路供同学们参考。

(1) 短期出分

首先要强调的是,短期出分只适合具有一定基础的同学。如果同学们英语六级都未考过,却想凭借短期冲刺和做题技巧冲击95分甚至100分,基本上是天方夜谭。基础薄弱的同学一定要给自己留有充裕的备考时间,否则就是浪费精力和金钱。

制订详细的学习计划,落实每日的任务,如第一个月专注强化基础、第二个月突击弱项、第三个月进行高强度模拟考试等。每周至少进行5次完整的模拟考试,每天分配一个集中练习的主题,薄弱项多做安排,周末进行综合练习和复习。

利用高效的学习资源。TPO(ETS提供的官方模拟题)是最好的学习材料;单词背诵选择高频类、核心类每日循环背诵。但对于短期冲刺者,无须浪费过多的时间在背诵单词上,练习的过程同样会有大量的单词积累。

做好积累和反馈。错题、不认识的单词要记录,并且以周为时间维度再次测试,直到不出错为止。口语和写作不要一个人独自埋头练习,一定要找到具有一定权威性的人给予反馈,帮助自己找到问题,改进自己的逻辑和表达方式。

做题技巧和多做TPO。首先是模块时间控制。模拟考试一定要严格按照真实的考试时间限制,不能放宽时间,这样有利于更加适应真正考试的节奏。这里分享一些应试技巧,比如,听力有一些重点词汇,听到后接下来的一句会很重要;写作、口语有很多万能模板可以使用。这些对于短期出分来说,其作用是值得肯定的,同学们可以找到适合自己的一些技巧进行反复练习。但是根据笔者的经验,再多的技巧还是比不过大量、重复、深入地多做TPO,同学们对TPO熟悉到一定程度,考试时一定会觉得题目都"似曾相识"。

(2) 长期高分

对于时间充裕的同学,同样要先确定自己的具体水平和强弱项,这样才能更有针对性地制订备考计划。建议先通过不限时做一套完整的TPO,再限时做一套完整的TPO,之后结合两个分数得到最后的成绩。其次,长期备考的同学一定要有高分意识,而不是一边想着"到了100分就行",一边备考。

接下来,分别从阅读、听力、口语和写作(各30分)四个方面给出备考的一些思路和方法,同学们可以结合自己的水平和强弱项,再合理地进行调整,进而得到最适合自己的备考安排。

(1) 阅读

共2篇文章,20道题,答题时间为35分钟。主要考查考生对文章的理解、推理,以及对细节的把握能力。

1) 备考前期

注意词汇的积累。首先,找到适合自己的记忆方法,有的同学精通词根词缀法,有的同学擅长图片联想,有的同学习惯抄写记忆,并不一定热门流行的方法就适合自己。这里推荐语境记忆法，即阅读文章时通过记录新词并标注其在文章中的用法，利用上、下文的语境帮助理解记忆。其次，推荐用纸质材料背诵单词，学习软件在通勤等碎片时间里将学习软件作为辅助。

注重阅读材料的选择。托福考试的阅读内容涉及天文、历史、经济、生物、地质等众多学科，除了用托福考试真题熟悉各种题型和文章风格，各类权威杂志、媒体如《哈佛商业评论》《经济学人》和《心理牙线》(*Mental Floss*)等都很适合精读和训练对学术英语的理解能力。

2）备考中期

系统性复习不可缺少。每天至少泛读一篇文章，每周至少精读两篇文章，保持阅读的感觉和速度。每周至少进行一次完整的阅读模拟考试。设置时间限制，模拟真实考试环境，锻炼时间管理能力，每篇文章控制在 15 分钟以内。

熟练应用做题技巧。虽然掌握很多做题技巧，但如果不在平时反复练习，考试时是用不上的。做题顺序方面，先快速浏览问题并标记关键信息，再全篇阅读，阅读时随时定位文章中可能涉及答案的相关段落。理解题型方面，主旨大意题的答案一般出现在文章或段落的开头或结尾；细节题抓住关键词找到对应段落，务必对照原文确认答案；推理题要理解文章的隐含意思，注意作者的语气、态度和写作意图。

（2）听力

一般包括 2 个对话和 3 个讲座，每个对话 5 个问题，每个讲座 6 个问题，考试时长共 36 分钟。考查考生对主旨的理解、细节的把握、人物观点和态度的识别，以及对对话中相关推理和暗示的理解。

1）备考前期

掌握短语搭配，密切注意短语的前后内容：关注常见的听力表达方式，如 on the other hand、as a result 等，一方面帮助理解语境，另一方面这些短语的前后内容经常连接着答案。

选择合适的材料，对美剧等材料的使用尤其要注意。官方材料用于熟悉考试题型和语速；TED 演讲、BBC 新闻以及各类播客用来“磨耳朵”，提升对不同口音和表达方式的适应能力。这里要注意的是，很多同学用美剧来练习听力，这种方法有效的前提是关掉所有字幕听完一遍后，再开字幕听一遍，带着学习的态度确认自己是否有遗漏。单纯看美剧对听力的提升作用并不大。

2）备考中期

系统复习，尤其注重听力的方式。精听与泛听结合，精听时注意培养理解句子、抓重点的能力，以及理解结构的能力和主动寻找信息的意识，泛听时也要专注，每听完一篇文章要知道文章的主旨是什么，而不是一边跑步一边听，听完一篇不知所云。每周进行至少两次完整的听力模拟测试，严格按照考试时间进行，提升对时间的把握能力。

巩固听力做题策略。听前快速浏览题目,预测可能涉及的内容。听力笔记其实一直是一个比较有争议的方法,结合笔者及周围同学的反馈,对于有充裕时间备考的同学,边听边记的策略不是必需的。

(3) 口语

共4道题:1道独立口语,考生根据个人观点、经历等进行表述;3道综合口语,通过听一段录音或阅读一段文章,回答相关问题。考试时间共16分钟。

1) 备考前期

积累必不可少,要多积累常用单词和句型。掌握一些实用、加分的单词和句型,如表示重要的词组:important、significant、vital、crucial、essential等。考试时,不要从头用到尾都用important,要适当替换,如用“On one hand..., On the other hand...”或“Moreover, I believe...”等过渡性短语帮助组织思路。

前期,同学们一定要注重形成自己的故事库和模板。可以先用笔记下来,然后在不同的题目中反复练习,精细打磨,让自己对于各个话题都有话可说,并且能够深度交流。

2) 备考中期

每天讲英语,练习中不断提升口语水平。口语要每天练习并定期找权威人士反馈。在自己练习时录音回听,分析自己的发音、流利度和语法错误。遇到好的回答、优秀的文章时,可以流利背诵。

注意一些比较关键的练习技巧。在听音频或阅读文章时,记录关键信息帮助结构化回答。切记:说得“清楚”比说得“流利”重要,说得“错误少”比说得“内容多”重要,说得“自信”比说得“犹豫”重要。

(4) 写作

共2道题。其中,综合写作要求考生阅读一篇文章并听一段讲座,然后总结、比较两者的观点;独立写作要求考生根据给定话题表达个人观点并论证。

1) 备考前期

注意形成自己的故事库和模板。掌握复杂句和多样化句式,避免简单句的重复使用,使文章更具深度,在大量练习中反复打磨并能够熟练使用自己的模板。

一定要分析高分范文。定期阅读官方高分范文,分析其结构、论点和使用的语言表达,学习优秀写作的技巧,背诵优秀段落。

2) 备考中期

一定要不断练习。定期、定时练习,找同学或老师进行批改,提供反馈以便不断改进。另外,还要注重反复修改打磨。不断修改自己的优秀作文,提高文章质量,打磨出自己的“万能作文”,以在考试时稍作改动就能使用。

最后,对于所有项目,考试时的策略是一致的:

时间管理是复习的永恒主题。合理分配时间，切勿在某些甚至某道题上花费过多时间。阅读每篇文章留出2或3分钟检查，写作留出3分钟左右的时间检查拼写和语法错误。

考试过程中一定要注重调整心态，发挥出自己最佳的水平。如果遇到比较难的题目，那么要保持心态平稳，牢记后面还有没做完的题目。几道题甚至是一篇文章并不一定会完全决定此次考试的分数。考试后通过总结分析，调整备考策略，以强化薄弱环节。

在备考托福考试的过程中，真正的进步来自实际的练习与长期的努力。此外，攻略和答题技巧固然能够带来令人惊喜的短期效益，但千万别让自己只停留于此。在真实的语境中不断练习，才能感受到语言的魅力，培养出自信和流利的口语表达能力。同学们要认识到，这不仅仅是为通过考试，更是为未来的求学之路做好准备，为抓住每个机会奠定基础。

2.2 主要课程学习攻略

本节将围绕大学中的四大课程类别——数学类课程、思政类课程、英语类课程及专业类课程，系统地介绍各类课程的学习经验和提升策略，以期帮助同学们高效掌握各类课程内容，全面提升综合能力，助力学业与未来发展。

2.2.1 数学类课程学习攻略

数学类课程可以为学生提供分析问题、解决问题的工具和方法，无论是理工科专业的学生还是人文社科专业的学生，都需要学习数学类课程。但数学类课程的难度较大，往往需要同学们具有较强的逻辑推理能力、计算能力和抽象思维能力。本小节将介绍数学类课程的学习攻略。

1. 数学课程简介

人文社科专业的同学通常接触的数学课程包括高等数学、概率论与数理统计、线性代数等，这些课程是经济学、管理学、统计学等专业的重要基石，能够帮助同学们更好地进行数据分析和模型建立。理工科专业的同学要学习的内容则更复杂且深入，如物理学、工程学、计算机科学等专业需要学习微分方程、复变函数、离散数学、数值分析等课程，涉及更加复杂的理论推导和数学模型的构建。

数学课程的难度因学生背景和专业需求的不同而有所差异。根据常见的反馈和学习经验，数学类课程的难度可以大致按表2.9所示的顺序排列，但具体难度可能因学校和课程设计而异。

表 2.9　数学类课程的难度排列

难度指数	课程名称	学分设置
1	概率论与数理统计	2～4
2	线性代数Ⅰ、Ⅱ	2～8
3	高等数学	2～6
4	离散数学	3
5	微分方程	3～4
6	数值分析	3～4
7	复变函数	3～4
8	微分几何	3～4
9	高等代数Ⅰ、Ⅱ	3－9
10	数学分析Ⅰ、Ⅱ、Ⅲ	4～16

下面将详细介绍各课程的学习内容与重难点。

(1) 概率论与数理统计

1) 主要内容

概率论与数理统计是一门研究随机现象和统计推断的基础课程，内容涵盖概率论的基础知识、随机变量及其分布、数学期望与方差、大数定律与中心极限定理等重要概念。概率论与数理统计广泛应用于工程、金融、经济、生物学、数据科学等多个领域，为学生提供分析随机现象及其规律的方法。

概率论的核心知识包括：

① 概率与条件概率：用于研究事件发生的可能性，条件概率常见于医学诊断和系统评估中；概率与条件概率、随机变量及其分布，尤其是正态分布、泊松分布、指数分布等，广泛应用于自然科学、社会科学和工程领域。

② 数学期望与方差：反映随机变量的平均水平和波动性，在金融、经济等领域用于风险评估和预测。

③ 协方差与相关系数：衡量变量间的线性关系，在数据分析和投资组合中尤为重要。

④ 大数定律与中心极限定理：为统计推断提供理论基础，帮助理解抽样误差和风险评估。

⑤ 统计推断：用于根据样本数据对总体作出推断，涵盖点估计、区间估计和假设检验，广泛应用于科学研究和市场调查。

2) 重点与难点

概率论与数理统计的重点和难点主要体现在大数定律与中心极限定理的理解与应用

上。大数定律可以帮助同学们理解样本平均值是如何随着样本量的增加而逼近总体平均值的，特别是在实验和数据分析中具有重要意义。中心极限定理作为统计推断的基础定理，其抽象性和广泛应用性使得同学们在掌握其理论推导和实际应用时可能感到困难。理解这两个定理对于进一步进行统计推断、估计和假设检验至关重要，特别是在样本数据量有限的情况下能够作出有效推断。此外，随机变量的分布函数(如正态分布、泊松分布)及其在实际问题中的应用也是学习中的难点，特别是在概率密度函数和分布函数的计算和推导上，需要较强的数学基础和逻辑推理能力。

3) 推荐教材

高等教育出版社出版的《概率论与数理统计》(第五版)，如图 2.5 所示。

图 2.5 《概率论与数理统计》(第五版)

(2) 线性代数

1) 主要内容

线性代数是一门研究向量空间、线性变换和矩阵运算的数学基础课程，广泛应用于工程学、物理学、计算机科学、经济学和数据科学等多个领域。它不仅为解决实际问题提供了重要工具，也为进一步学习微分方程、最优化理论、信号处理和机器学习等课程奠定了理论基础。内容涵盖矩阵、行列式、向量空间、线性方程组、特征值与特征向量等多个关键概念，要求掌握矩阵的运算方法及其在实际问题中的应用。

线性代数中的重要知识点包括：矩阵与行列式，矩阵是线性变换的核心工具，行列式用于判断矩阵的可逆性，在几何和物理问题中有着广泛的应用；线性方程组，通过矩阵方法求解线性系统，广泛应用于工程和统计分析等领域；向量空间与基研究向量的线性组合、基与维数，帮助简化线性变换的表示；特征值与特征向量，反映矩阵的变换特性，广泛用于物理学、机器学习等领域；正交矩阵与对称矩阵，具有特殊性质，在信号处理和工程问题中简化计算;奇异值分解(singular value decomposition,SVD),揭示矩阵内部结构的核心工具,常用于数据压缩、图像处理等领域。

2) 重点与难点

线性代数的重点与难点主要集中在特征值与特征向量的解法和应用上,特别是在高维空间中理解它们的几何意义及其在实际问题中的应用。例如,如何通过对角化矩阵简化复杂的线性变换,以及如何利用特征向量进行数据降维和系统稳定性分析。

另一个难点是理解线性方程组解的几何意义,包括线性无关性、解的存在性和唯一性问题。在高维空间中,解决这些问题不仅需要较强的逻辑推理能力,还需要扎实的数学基础。此外,矩阵的奇异值分解、正交化方法(如 Gram-Schmidt 正交化)等复杂算法也需要反复练习,才能准确掌握并应用到具体问题中。

3) 推荐教材

高等教育出版社出版的《线性代数》(第六版),如图 2.6 所示。

图 2.6 《线性代数》(第六版)

(3) 高等数学

1) 主要内容

高等数学是大学理工科专业的基础课程,内容丰富、理论深入,涵盖从基础概念到复杂应用的广泛领域。高等数学不仅为后续的物理、工程、经济等学科提供数学基础,也是培养逻辑思维和分析能力的重要途径。其核心内容包括函数、极限、导数、积分、微分方程、无穷级数和向量分析等数学工具,适用于解决科学、工程及实际生活中的问题。

高等数学涵盖广泛的核心内容,包括:

① 函数与基本初等函数:用于描述变量间的依赖关系,是微积分学习的基础。

② 极限与连续性:是微积分的基石,其中极限用于逼近函数行为,连续性用于描述函数的平滑性。

③ 导数与微分：用于刻画变化率，应用于几何与物理中的运动和优化问题。

④ 积分与微积分的基本定理：用于计算曲线下的面积、质量和能量，揭示导数与积分的互逆关系。

⑤ 多重积分与曲线积分：可以扩展到多维空间，应用于体积和流量的计算。

⑥ 无穷级数：为数值近似提供工具，幂级数和傅里叶级数广泛应用于物理和工程中。

⑦ 常微分方程：是描述系统动态变化的工具，应用于物理和化学等领域。

⑧ 向量分析：用于处理三维空间中的物理现象，格林公式等定理为电磁学和流体力学的分析提供重要工具。

2）重点与难点：

高等数学的重点与难点主要体现在抽象概念的理解和应用能力的培养上。极限的 ε-δ 语言、导数的几何与物理意义、多重积分的坐标转换与计算、无穷级数的收敛性等是学习中的难点。此外，微分方程的实际应用及向量分析中的空间几何问题也是重点。在掌握这些理论的同时，同学们还需要不断将其应用到实际问题中，逐步培养解决复杂问题的能力。

3）难度划分

根据不同专业的要求，高等数学的课程内容和深度有所不同。通常，它可以分为四个层次：A 类、B 类、C 类和 D 类。不同学校的分类标准可能有所差异，这种分类能够帮助同学们根据自己的专业需求选择合适的学习深度和方向。

A 类：适用于数学、物理等对数学理论有高要求的专业，课程内容包括微积分的严密理论，广泛应用的微分方程求解技巧，以及较高层次的向量分析。A 类课程对同学们的推导能力、逻辑思维要求极高，适合培养数学研究型人才。

B 类：适用于理工科专业，如机械工程、电子信息、自动化等，课程内容主要包括微积分与微分方程的应用，特别是多重积分、傅里叶分析等工具在工程问题中的使用。B 类课程要求同学们有较强的实际应用能力和解决复杂问题的能力。

C 类：适用于经济、管理类专业，侧重于微积分在经济学中的应用，如最优化问题、增长率分析等。课程难度适中，内容更注重实际问题的建模与求解，适合培养应用型人才。

D 类：适用于文科类专业，内容相对基础，注重数学工具的直观理解和简单应用，也适用于分析统计数据、理解经济现象等。课程难度较低，更强调实际应用。

总的来说，根据不同专业的需求与学科特点，高等数学的课程内容和难度有所不同。A 类要求较高的理论与推导能力，D 类则更强调对数学应用的直观理解。

4）推荐教材

高等教育出版社出版的《高等数学》（第八版），如图 2.7 所示。

图 2.7 《高等数学》(第八版)

(4) 离散数学

1) 主要内容

离散数学是计算机科学的基础课程,涵盖命题逻辑、集合论、关系与函数、图论、组合数学等内容。离散数学的主要内容包括命题逻辑与证明方法、集合与关系、图论和组合数学等。

2) 重点与难点

图论与组合数学的复杂性较高,理解图的各种性质及其在算法中的应用是学习中的重点与难点。

3) 推荐教材

高等教育出版社出版的《离散数学》(第 2 版),如图 2.8 所示。

图 2.8 《离散数学》(第 2 版)

(5) 微分方程

1) 主要内容

微分方程主要研究动态系统的数学模型,课程内容包括常微分方程、偏微分方程及微分方程组的解法等。

2) 重点与难点

微分方程组和偏微分方程的解法及其实际应用是学习中的重点与难点。

3) 推荐教材

高等教育出版社出版的《常微分方程》(第四版),如图 2.9 所示。

图 2.9 《常微分方程》(第四版)

(6) 数值分析

1) 主要内容

数值分析主要研究如何通过计算机进行数学问题的数值解法,涉及非线性方程的求解、数值积分与数值微分、差分方法等。数值分析的主要内容包括非线性方程求解、数值积分与微分及微分方程的数值解法等。

2) 重点与难点

数值方法的收敛性和稳定性是数值分析中的重点与难点,需要理解这些数值方法背后的理论基础及其实际应用。

3) 推荐教材

华中科技大学出版社出版的《数值分析》(第 5 版),如图 2.10 所示。

图 2.10 《数值分析》(第 5 版)

(7) 复变函数

1) 主要内容

复变函数主要研究复数域上的函数,课程内容包括解析函数、复变积分和留数定理等。复变函数在电磁场理论、流体力学等领域具有广泛的应用,特别是在解决工程和物理中的复杂问题时,提供了有效的数学工具。

2) 重点与难点

解析函数和复变积分的理解与应用是复变函数中的重点与难点。

3) 推荐教材

高等教育出版社出版的《复变函数与积分变换》(第五版),如图 2.11 所示。

图 2.11 《复变函数与积分变换》(第五版)

(8) 微分几何

1) 主要内容

微分几何主要研究曲面、流形的几何结构,涉及微分方程、曲率、联络等概念。微分几何的主要内容包括流形与切空间、曲率与联络及微分几何的应用等。

2) 重点与难点

流形与曲率的理解是微分几何中的重点与难点,特别是应用到高维空间时的抽象思维。

3) 推荐教材

高等教育出版社出版的《微分几何》(第五版),如图 2.12 所示。

图 2.12 《微分几何》(第五版)

(9) 高等代数

1) 主要内容

① 矩阵与行列式:矩阵是线性代数的基本结构,用于表示线性变换;行列式是矩阵的重要工具,用于求解线性方程组和特征值。

② 向量空间与线性变换:研究向量之间的线性关系,向量空间是代数结构的核心概念。

③ 特征值与特征向量:用于描述线性变换的本质特性,通过特征值分解,可以大大简化复杂线性变换的计算。

④ 线性方程组的解法:利用矩阵变换和高斯消去法,求解线性方程组的通解与特解。

⑤ 二次型与酉变换:二次型是代数中的高级应用,酉变换用于复杂数域的运算。

2) 重点与难点

① 矩阵的初等变换与行列式计算:特别是高维矩阵的运算和通过初等变换将矩阵化简的过程。

② 特征值与特征向量:如何通过矩阵特征方程求解特征值与特征向量是高等代数中的难点。

③ 线性方程组的解的唯一性与存在性:通过矩阵秩的分析判断解的情况,需要较强的逻辑推理能力。

3) 与线性代数的联系与区别

高等代数与线性代数有着密切的联系,二者的核心内容都是线性方程组和向量空间。线性代数更多关注应用性和解题技巧,而高等代数则更强调理论的严密性和数学结构的深入分析。一般,只有数学专业学习此门课程,其他理工科专业均学习线性代数。

4) 推荐教材

高等教育出版社出版的《高等代数》(第五版),如图 2.13 所示。

图 2.13　《高等代数》(第五版)

(10) 数学分析

1) 主要内容

① 极限与连续性:极限是数学分析的核心概念,定义函数在趋向某一特定值时的行为;连续性是基于极限的概念定义函数是否"平滑"的关键。

② 导数与微分:导数用于描述函数的变化率,在物理、经济等领域有着广泛的应用;微分是导数的扩展,研究函数在某点的线性近似。

③ 积分:导数的逆运算,主要分为定积分与不定积分,用于计算面积、体积和物理量如力学中的功等。

④ 无穷级数:包括泰勒级数与傅里叶级数,研究函数通过无穷项的和来进行逼近。

⑤ 多重积分:多维空间中区域的体积或面积的计算工具。

⑥ 微分方程:研究如何通过已知的导数关系推导出函数的形式。

2) 重点与难点

① ε-δ 语言的理解与应用:极限的严格定义往往让初学者感到困惑,理解 ε-δ 语言对于证明函数的极限与连续性至关重要。

② 多重积分的计算与应用：三重积分与极坐标系、柱坐标系的转换是同学们经常遇到的难点。

③ 无穷级数的收敛性问题：级数的收敛性判断方法繁多，需要掌握不同情形下的判别方法，如比较法、根值法、比值法等。

3）与高等数学的联系与区别

数学分析和高等数学有一定的相似之处，特别是在涉及函数的分析和微积分的运用时。不同之处在于，高等数学更注重应用；而数学分析更加偏向理论性和严谨性，强调概念的精确定义和证明。一般高校只有数学专业会学习此门课程，其他理工科专业均学习高等数学。

4）推荐教材

高等教育出版社出版的《数学分析》（第三版），以及中国科学技术大学出版社出版的《数学分析教程》（第3版），分别如图2.14和图2.15所示。

图2.14　《数学分析》（第三版）

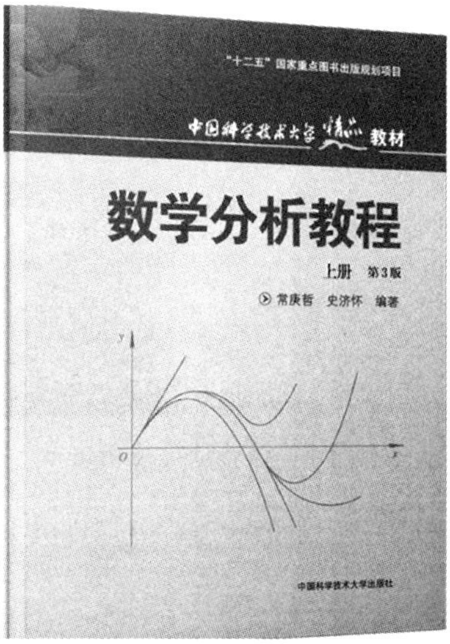

图2.15　《数学分析教程》（第3版）

2. 学习方法与复习策略

（1）学习方法

1）概念理解

数学的核心在于概念的掌握。在学习每个新概念时，同学们不能只停留在记住公式的层面，而要深入理解每个概念背后的含义。例如，在高等数学课程中，极限、导数、积分等概念不仅是计算工具，还蕴含着丰富的几何意义和实际应用。在概率论课程中，随机变量和概率密度函数是许多统计问题的基础，只有理解它们的现实意义，才能更好地解决实际问题。这些概念不像高中阶段学习的概念简单易理解，也不是每个同学都能一次性理解的。对于不能很好理解的内容，同学们可以跳过概念的理解，先进行相关例题的学习，通过例题再反过来对概念进行全新的思考，这样会帮助大家更好地理解概念、公式和定理等。

以导数为例,从文字解释上,导数是用来描述函数变化率的工具,表示函数在某点的变化速度,也就是曲线的斜率。从图形上,导数的几何意义是曲线在某点的切线斜率,如果该点的斜率大,说明曲线陡峭,反之则平缓。另外,导数也可以通过一些基本公式计算得到,例如,幂函数 $f(x)=x^2$ 的导数是 $2x$。理解一个数学概念,同学们除了看文字解释以外,也可以像导数一样从它的图形、公式运用上理解。只有理解了某个数学概念,才能在实际应用中用好这个概念。

当然,对于课本上出现的概念、公式和定理,同学们也并不是要完全掌握,理解概念不等于钻牛角尖。如果同学们能够从例题的学习过程中,知道这一内容和什么公式或定理主要相关,这就已经可以满足常规的学习任务了,至于其证明过程是如何的,不一定要完全清楚。如果遇到难以理解的证明或推导过程,同学们要勇敢地学会跳过,过后再回顾学习,可能会有意想不到的收获。

2) 数形结合

在学习数学类课程时,数形结合是非常有效的学习工具。尤其是在学习抽象的数学概念时,同学们可以通过图形和几何模型来辅助理解。例如:

① 高等数学中的极限:极限的定义可以通过观察函数图像在某一点附近的行为来辅助理解。

极限允许我们处理函数在某些点的不连续性,甚至是函数在这些点未定义的情况。例如图 2.16,考虑函数 $f(x)=1/x$,在 x 趋近于 0 时,该函数的值变得非常大,但它并没有在 0 点定义一个确切的值。然而,我们可以用函数图像来讨论 x 接近 0 时 $f(x)$ 的行为,这就是极限的魅力所在。

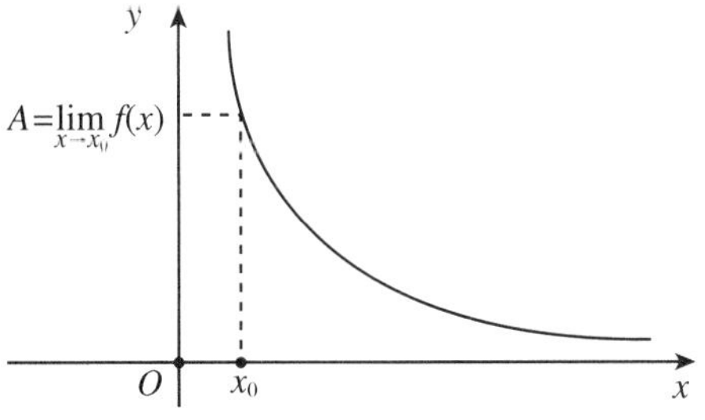

图 2.16 $f(x)=1/x$ 的图像

② 线性代数中的向量空间:利用三维空间中的向量图形来理解向量的线性相关性和正交性秩。

假设 $\boldsymbol{A}$、$\boldsymbol{B}$、$\boldsymbol{C}$ 三个矩阵分别为

$$\boldsymbol{A}=\begin{bmatrix}1&0&0\\0&1&0\\0&0&1\end{bmatrix},\quad \boldsymbol{B}=\begin{bmatrix}1&0&0\\0&1&-1\\0&0&0\end{bmatrix},\quad \boldsymbol{C}=\begin{bmatrix}1&2&-1\\0&0&0\\0&0&0\end{bmatrix}$$

我们可以通过对应的图像更好地了解它们的秩,如图 2.17 所示。

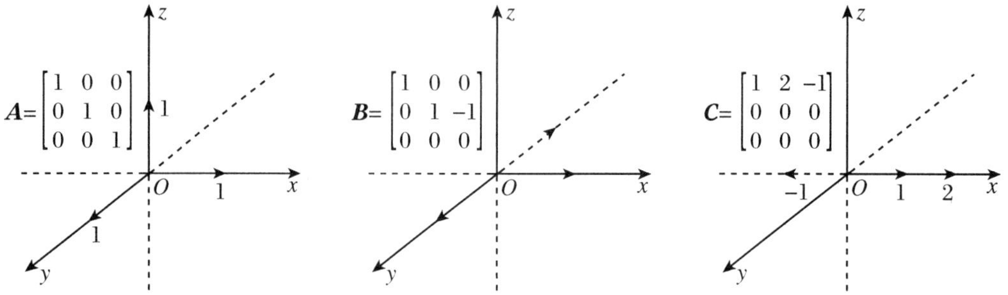

图 2.17 **A**、**B**、**C** 三个矩阵的图像

从图看到,秩为 3 的矩阵向量构成一个三维立体图像,秩为 2 的矩阵向量在二维平面上,而秩为 1 的矩阵,向量在一条直线上。

③ 离散数学中的图论:通过绘制图的节点和边来直观理解图的性质,如路径、回路及图的连通性。

3) 掌握推理的逻辑

证明题是数学学习中的难点之一,在面对证明题时,同学们常常感到无从下手。解决证明题的关键在于掌握推理的逻辑顺序和方法。

① 结合几何意义记住基本定理:重要的定理主要包括零点存在定理、介值定理、微分中值定理、泰勒公式,以及极限存在的两个准则等基本原理,要明白这些定理及其公式条件和结论。例如,对于零点存在定理,通过几何意义,同学们就能很容易记住对应条件的结论:若一函数在某一区间内存在零点,那么这一函数的图像必定与 x 轴有交点,即将区间两端的值代入函数中,就可以得到这两个值对应相乘小于 0。类似地,利用几何意义进行反记,会给我们带来不少的便利。

② 选择合适的方法:选择适当的定义,可以将相关定义结合自己的理解默写出来,并用已知条件和结论进行对比,在补全这个条件的过程中需要一些通用的技巧和方法,如直接证明法、反证法、归纳法等。多加练习,自然熟能生巧。

③ 多问多学:证明题主要考查解题思路,而培养解题思路的过程是比较困难的,对于某道题,如果 15～20 分钟仍然没有思路,就要学会主动向其他同学求助或通过答案整理思路。当然,同学们也可以利用网络进行学习,比如武忠祥、李林、李永乐等一系列老师的课程也都会讲解他们的解题思路,同学们可以对应课程进行学习。笔者的个人看法是(仅供参考):高等数学选武忠祥,线性代数选李永乐,做题选李林。

(2) 复习策略

数学类课程的复习需要系统的规划和策略性的方法。以下是一些有效的复习方法:

1) 定期回顾

数学知识具有很强的延续性,前面的概念和定理往往是后续学习的基础,因此应该养成定期回顾先前知识点的习惯。同学们可以每周抽出时间复习这一周学习的内容,特别是难度较大的概念和定理。而在完成一个章节或模块的学习后,可以进行全面复习,整理出重点和难点。

2）多做练习与分析错题

数学学习的另一个关键在于多做题,通过大量的练习题巩固概念并掌握解题技巧,同学们可以通过做课后习题或往年考试的真题甚至是考研真题,熟悉考试题型,并发现自己的薄弱环节。可以将错题整理成错题本,复习时重点突破易错点,逐步提高解题能力。

3）知识结构梳理

在复习过程中,同学们可以对每个知识点进行结构化梳理。例如,绘制知识点的思维导图,将零散的知识点串联起来,帮助自己厘清知识脉络。另外,也可以整理出每章的知识框架图,将重要的定理、公式和概念进行总结和归纳(图2.18)。

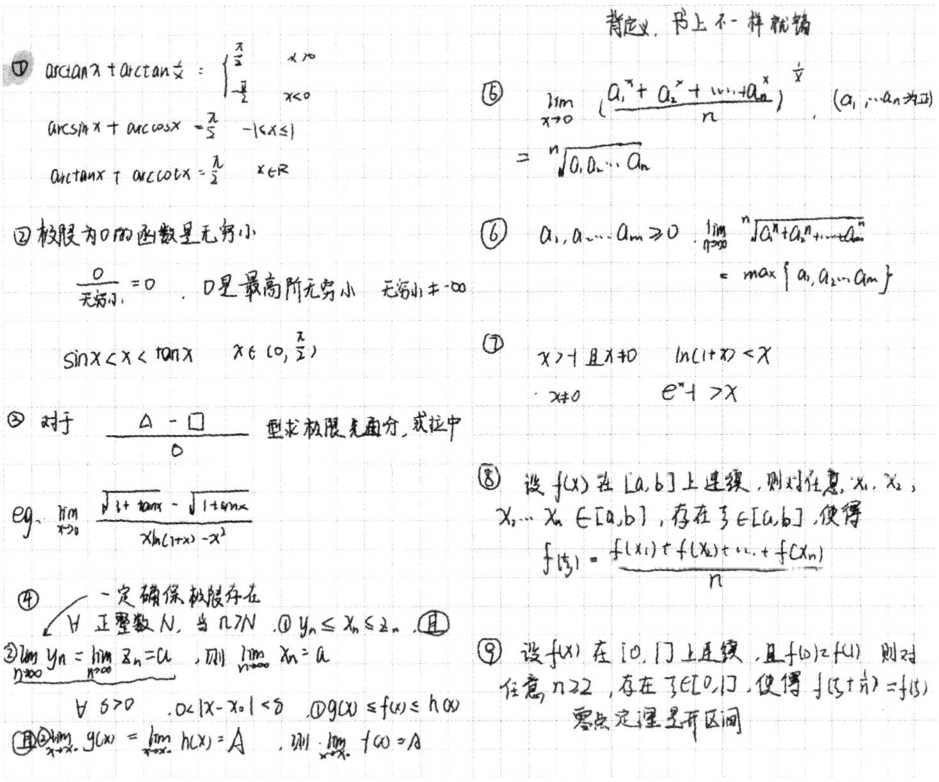

图2.18　知识框架图

3. 注意事项

（1）学会自学

大学是一个自学的过程,大学老师授课不会像高中老师那样事无巨细,要想学好数学类课程,关键还是靠自己。在上课之前,同学们可以提前进行预习,先尝试理解例题及其涉及的公式和定理,记录不懂的问题,待老师讲解时重点关注这部分内容。

(2) 保持耐心

数学学习需要时间和积累,遇到难题时要保持耐心,不要轻易放弃。许多数学问题在初次接触时可能难以理解,但通过多次的思考和练习,逐步拆解问题,最终可以找到解决办法。在这个过程中,同学们一定要学会给自己正向的反馈,长时间的负反馈会增加挫败感、降低学习积极性。

(3) 小组讨论

同学们可以组建学习小组,通过小组讨论和集体学习,提高对知识的掌握程度。例如,与同学们一起讨论难题、分享各自的解题方法,或是输出知识给他人讲解都可以帮助自己更好地学习数学课程。不过,要注意并不是题目越难越好,不要一味地钻研难题、怪题,毕竟不论是期末考试还是考研考试,难题的占比都不会很大。相比之下,同学们更要重视对基础知识的理解和掌握。

(4) 及时向老师求助

遇到实在解决不了的问题时,不要拖延,及时向老师或助教求助。同学们可以在老师办公期间多向他们请教疑难问题。部分学校会组织答疑课程,同学们可以充分利用课堂时间,获得更多的指导和帮助。

(5) 善用网络资源

在信息化时代,同学们可以充分利用各种资源辅助学习高等数学类课程。比如,网络上有很多优质的教学视频、课件和习题资源,它们可以帮助我们更好地理解和掌握知识点。

通过以上学习方法和复习策略,相信同学们可以更有效地应对大学数学类课程的挑战。在学习过程中,保持积极的态度和合理的规划,定能在数学类课程中取得优异的成绩。数学不仅是一门学科,更是一种思维方式,要相信通过不断地学习和实践,肯定能在数学类课程的学习中取得更大的进步。

2.2.2 英语类课程学习攻略

大学英语课程是所有专业的必修科目。尤其在全球化日益加深的今天,英语在获取信息和进行国际交流方面都非常重要,所以同学们要对英语类课程予以重视。本小节将介绍英语类课程的学习攻略。

1. 大学英语课程简介

大学英语课程通常设置为 6~12 学分,学分分配主要集中于大一和大二两个学年,部分高校会延续至大三,总计 2~6 个学期完成。例如,中国传媒大学要求本科生修读 10 学分的大学英语课程:大一学年修读 8 学分的必修课程,大二修读 2 学分的选修课程。

在具体课程设置上,根据学校教学目标和学生需求,课程一般分为基础英语课程、进阶英语课程和特色选修课程。基础英语课程通常为大学英语1、大学英语2、大学英语3和大学英语4,旨在夯实语言基础,全面提升听、说、读、写能力。进阶课程如学术英语、专业英语、跨文化交际课程等,旨在培养学生在学术研究、专业领域与跨文化环境中的语言应用能力。特色选修课程主要针对有更高语言需求的学生,着重培养听、说、写、译等实用技能,选修内容丰富,如英语演讲、应用翻译课程、英美戏剧等。

由于同学们的英语基础不同,一般来说各高校会在本科新生入学时进行英语能力测试,并根据测试成绩将学生分入不同起点的班级,以遵循分级教学原则。例如,武汉大学根据新生的英语测试成绩将同学们分到基础级别、提高级别和发展级别,三个级别分别以大学交际英语1、大学交际英语3和高级交际英语为起点,修读2个学期共6学分的英语课程。具体见表2.10。

表2.10　武汉大学的大学英语课程安排

课程性质	课程名称	学分(分)	学时(个)	修读学期	备注
公共基础必修课程	大学交际英语1	3	48	第一学年第1学期	基础级别
	大学交际英语2	3	48	第一学年第2学期	
	大学交际英语3	3	48	第一学年第1学期	提高级别
	大学交际英语4	3	48	第一学年第2学期	
	高级交际英语	3	48	第一学年第1学期	发展级别
	文化与思辨	3	48	第一学年第2学期	

部分高校还会根据高考英语成绩直接划分层级。例如,东南大学根据生源所在省份或直辖市,分别对本科新生的高考英语成绩进行排序,按比例划分学生所修英语课程的起点级别:各省的前60%为Ⅳ级起点,61%～90%为Ⅲ级起点,91%～100%为Ⅱ级起点,具体见表2.11。如有同学认为分级结果与本人的实际水平不符,那么可以提出分级调整申请。

表2.11　东南大学的大学英语课程安排

级	大一秋学期	大一春学期	大二秋学期
Ⅱ级起点	大学英语2	大学英语3	大学英语4
Ⅲ级起点	大学英语3	大学英语4	高级课程1
Ⅳ级起点	大学英语4	高级课程1	高级课程2

此外,也有高校第一学期不分班,后续根据当年年底参加的英语四级考试成绩进行分班。例如,东北大学第一学期不实施分类教学,所有学生均学习大学英语1(4学分);第二、三学期,根据全国大学英语四级考试成绩划分为三个层次,基础层次是425分以下的学生,将在基础班学习(每班60人左右),完成大学英语2、大学英语3两门课程共计6学分的学习,提高层次是425～539分的学生,将在提高班学习(每班50人左右),完成大学英语3和

学术英语 1 两门课程共计 6 学分的学习,发展层次是 540 分及以上的学生,将进入发展班学习,实行小班授课(每班 30 人左右),完成学术英语 2 和学术英语 3 两门课程共计 6 学分的学习。成绩高于 540 分(含 540 分)的学生,可自愿选择进入发展班或提高班学习;成绩介于 425～539 的学生,可自愿选择进入提高班或基础班学习。如果选择到低一层次的班级学习,那么需签署大学英语转类学习申请承诺书。

总的来说,高级班或快班更适合英语基础较好的同学,课程安排通常直接跳过大学英语 1 和大学英语 2,进入更高难度的课程如大学英语 3、大学英语 4,或进入学术英语、跨文化交际模块。基础班或慢班则针对英语基础薄弱的学生,课程安排通常从大学英语 1、大学英语 2 开始,专注词汇、语法和基础技能训练。一般来说,快班与慢班仅在学习难度和课程设置上有所区别,同学们根据自身英语水平进入合适的班级学习即可。但部分学校的快班给分更高,或是在英语四、六级考试限制方面较慢班更加宽松,例如东北大学英语发展班的期末考试卷面成绩会进行加权处理,计算公式为:卷面成绩 × (1.7 − 0.007 × 卷面成绩),这种加权方式使得发展班的同学在相同卷面成绩下,得分更高。此外,快班同学在英语六级考试的报考限制上也更为宽松。例如,武汉大学所有英语快班的本科生、普通班本科生一年级的第一学期大学英语考试成绩在 80 分以上(含 80 分)可在大一下学期报考英语四级,其他本科生可在大二上学期报考四级。对于这种情况,同学们可以根据自身情况评估是否要在新生英语测试中冲刺快班。

2. 学习方法与提升策略

(1) 学习方法

1) 培养学习兴趣

兴趣是最好的老师,同学们可以通过制作个性化“学习地图”,围绕兴趣点(如文化、历史、科学)探索语言知识,并利用书籍和网络资源构建自己学习英语的“秘密花园”。此外,同学们还可以通过观看英文电影、英剧、美剧或阅读英文小说,体验语言背后的文化魅力,逐步激发学习兴趣,让英语学习更加生动有趣。另外在学习过程中,同学们还可以有意识地注重英语思维与表达习惯的培养,比如用英语记录日常计划或总结,将兴趣与实际应用结合起来,深化语言理解。

2) 输入与输出相结合

英语是一门语言,而语言的学习需要大量的输入和输出。输入包括听和读两大方面,建议同学们每天收听 VOA 或 BBC 等英语广播,熟悉不同口音和语速;另外,同学们还可以选择适合自身水平的原版书籍或新闻报道,循序渐进地扩大词汇量。例如,从初级阶段的简易读物开始,选择生词较少的文章提高流畅度,而在高级阶段则可以阅读学术文章。输出方面,通过说和写将语言融入实际应用,如复述听到的新闻稿、电影台词,或是参加英语角、演讲比赛或写作比赛,或定期撰写英文日记和文章总结学习成果,从而实现语言能力的综合提升。

3）了解语言背后的文化知识

交际的过程是运用语言知识和社会文化知识传递信息的过程，所以学习语言与了解语言所反映的文化背景知识是分不开的。了解英语的文化知识，有助于交际畅通并有效地进行。相反，缺乏文化背景知识必然导致交际障碍、冲突和误解，也就是我们所说的语用失误。所以在学习英语的同时，也要学习中西文化差异，其中涉及社会价值观、礼仪和非语言表达。例如，可以用英语讲述中国故事，在跨文化交流中增强文化自信，培养自身跨文化的交际能力。

4）善用新媒体资源

网络平台拥有众多英语学习资源，同学们可以利用“每日英语听力”“扇贝阅读”等 APP 见缝插针地学习，借助 MOOC、Coursera 等平台学习英语课程，观看哈佛大学或斯坦福大学的公开课。此外，通过英语学习类公众号和播客，拓宽知识面并丰富学习渠道。通过网络资源强化学习策略，比如，观看 TED 演讲和纪录片既能感受语言的文化深度，又能提升英语表达能力。

（2）提升策略

1）词汇与语法

词汇学习建议通过分类记忆将单词按主题或词性整理，同时关注高频搭配以提升写作和翻译能力，并结合艾宾浩斯记忆法进行复习，确保长期记忆。语法方面，通过阅读整理句式结构、分析长难句、制作语法错题集等方法，集中复习，强化语法能力。在复习阶段，制作语法思维导图或错题集可以帮助同学们巩固易错的知识点，从而强化理解与应用。

2）阅读

阅读训练分阶段进行。初级阶段以改编版名著或简易读物为主，积累语感并提高阅读速度；高级阶段阅读学术文献，分析框架结构与逻辑层次，深入理解主旨和支撑细节。掌握快速定位关键词与段落主旨的技巧，进一步提升阅读能力。同时，通过梳理段落之间的逻辑关系（如因果、对比），形成清晰的知识框架，提升阅读效率和分析能力。

3）写作与翻译

写作可以从模仿经典范文的逻辑与表达方式入手，逐步搭建段落主题框架，确保逻辑清晰。通过反复修改、重视反馈，提高写作质量。学术写作中需熟练使用规范引用格式（如 APA、MLA），提升论文的学术性和逻辑性。在复习阶段，可以总结常用句式和段落模板，结合写作中的错题经验优化表达。

在翻译方面，初学者可从词句翻译开始，逐步挑战段落和文章翻译。注重双语转换的准确性和灵活性，通过对比原文和译文，优化表达方式，同时积累高频词组与固定搭配。对于高难度文章,可以结合背景知识理解文化内涵,提升翻译的精准度与流畅度。

4) 听力与口语

听力的提升需要长期的积累和高效的训练,可以每天收听 VOA、BBC、NPR 等英语广播,从慢速逐步过渡到正常语速,熟悉不同国家和地区的口音与表达。精听和泛听结合,精听帮助理解语音细节和表达方式,泛听则用于扩展语言接触范围。

口语方面,需要持续输出与精准反馈相结合。可以先从模仿 TED 演讲开始,比如,选择 2 分钟片段,逐句跟读至语音、语调完全一致,培养语感与连读技巧。同学们可以录音听一下自己的表达,也可以跟同学互相练习,让同学听完后提出改进建议,尤其注意提升诸如眼神交流、停顿节奏和替换词的运用等能力。

(3) 专业英语的学习方法

专业英语的学习需要结合学科特点和职业需求,注重领域词汇、文献阅读和实际应用能力的全面发展。

1) 领域词汇积累

通过分类记忆掌握专业术语,结合专业文章和教材熟悉词汇的实际用法。制作专业词汇表,关注高频词汇和关键术语的词义变化及搭配。在学习中,还需结合行业报告、学术论文等资源,定期复习巩固。

2) 专业英语文献阅读

专业英语文献阅读强调深度和逻辑性,建议选择权威期刊或专业书籍进行学习。初期可以结合双语版本阅读,逐渐过渡到全英文文献。关注文章结构、主要观点与数据支持,分析学术逻辑和语言表达方式。通过摘录和分析重点段落,掌握领域特定的表达习惯和语言模式。

3) 实践应用

在专业英语的实际应用中,可以尝试撰写领域相关的英文报告、论文摘要或技术说明书,通过模仿与修改,提升书面表达的专业性。同时,通过参加国际会议、专业讲座或项目交流等活动,增强口语表达的精准性和互动能力。在实习或工作中,将专业英语融入实践,巩固并扩大其应用范围。

3. 注意事项

(1) 主动练习听与说

英语听、说能力的培养需要积极主动。可以通过与同学或外教交流、参加英语角等活动锻炼口语表达,增加自信心和语感。同时,在听力方面多接触不同类型的音频素材,如新闻、播客和电影,逐步熟悉不同的英语口音,提升听力理解能力。

同学们还可以组建学习小组,如加入英语角或英语学习社团(如模拟联合团等),通过口语练习和阅读讨论提升英语表达能力与理解能力。小组成员可以轮流组织主题讨论,选择英语文章或听力材料一起分析，以此锻炼自己的实际交流能力，并从同伴中获得反馈。

(2) 注意平时作业或展示

同学们在日常学习中要善于抓住平时作业和课堂展示的机会，这不仅能帮助我们巩固语言知识、提升表达能力，还可以提高大学英语课程的平时分，为成绩增添亮点。

(3) 保持耐心和信心

英语学习需要长期积累，进步并非一朝一夕。遇到听力或口语的难关时，建议将学习目标分解为多个小目标，逐个实现。保持耐心，坚持学习，在长期积累下定会见到成效。

2.2.3 思政类课程学习攻略

1. 思政类课程简介

思政课，全称为思想政治理论课，是高校教育中开设的重要课程。它是培养学生思想素质和政治素养的关键课程，旨在引导学生树立正确的世界观、人生观和价值观，培养健康的道德感、相应的政治意识和社会责任感。思政课是中国特色社会主义教育体系的重要组成部分，所有大学生都需要学习思政课。

在大学期间，同学们可能遇到的思政课主要包括以下课程：

马克思主义基本原理概论
毛泽东思想和中国特色社会主义理论体系概论
习近平新时代中国特色社会主义思想概论
中国近现代史纲要
思想道德修养与法律基础
形势与政策

思政课体系是多层次、多方位的，包含多门具体课程。其体量、时间、学习与考核难度可以通过学分设置来查看。高等学校思政课的课程设置见表2.12。

表2.12 高等学校思政课的课程设置

	课程名称	学分设置/分
4门必修课	马克思主义基本原理(简称“原理”)	3
	毛泽东思想与中国特色社会理论体系概论(简称“毛概”)	4～6
	中国近现代史纲要(简称“纲要”)	2
	思想道德修养与法律基础(简称“思修”)	3
新增必修课	习近平新时代中国特色社会主义思想概论	1～2
政治理论课	形势与政策	2

(1) 马克思主义基本原理(概论)

1) 主要内容

马克思主义基本原理(概论)是思政课中的核心课程,主要讲授马克思主义的哲学、政治经济学和科学社会主义三个基本组成部分。课程内容涵盖唯物史观、辩证法、资本主义的发展规律、剩余价值理论、阶级斗争理论等基本思想。通过本课程的学习,同学们将理解马克思主义基本理论的科学性和时代意义,掌握如何从马克思主义的视角分析社会现实问题。

2) 重点与难点

① 马克思主义基本原理的重点与难点:

➢ 唯物辩证法:唯物辩证法是马克思主义的世界观和方法论基础,它认为事物的发展是由矛盾的斗争推动的,矛盾的斗争推动着事物的发展变化。

➢ 历史唯物主义:历史唯物主义是马克思主义的基本原理之一,它认为人类社会发展是历史的必然性,是由人类经济基础的变化导致的。

➢ 辩证唯物主义:辩证唯物主义是马克思主义的哲学基础,它认为世界上一切事物都具有矛盾性,并通过矛盾的斗争推动事物的发展。

② 马克思主义社会基本原理的重点与难点:

➢ 阶级斗争:马克思主义认为社会是由社会阶级之间的斗争推动发展的,只有通过消灭阶级差别,才能达到共产主义社会。

➢ 生产力与生产关系:马克思主义认为生产力是社会发展的动力,而生产关系决定了人们在生产中的地位和权益。

➢ 社会意识形态:社会意识形态是指人们对社会现象的认识和评价,马克思主义认为社会意识形态是阶级斗争的产物。

③ 马克思主义政治基本原理的重点与难点:

➢ 无产阶级专政:马克思主义认为无产阶级应该通过暴力手段推翻资产阶级统治,建立无产阶级专政。

➢ 社会主义道路:马克思主义认为社会主义是人类社会的最高形式,通过社会主义革命可实现阶级斗争的转变。

➢ 党的领导:马克思主义认为共产党应该是无产阶级革命的领导核心。

④ 马克思主义经济基本原理的重点与难点:

➢ 生产剩余价值:马克思主义认为剩余价值是资本主义经济基础的核心问题。

➢ 商品经济:马克思主义认为商品经济是资本主义社会的基础。

➢ 资本积累:马克思主义认为资本积累是资本主义经济运行的动力。

⑤ 马克思主义的科学社会主义基本原理的重点与难点：

➢ 共产主义：马克思主义认为共产主义是人类社会的最终目标。

➢ 生产资料公有制：马克思主义认为生产资料应该归全社会所有，实现社会主义公有制。

➢ 分配公平正义：马克思主义倡导按劳分配，实现社会主义分配公平正义。

3) 推荐教材

高等教育出版社出版的《马克思主义基本原理》(2023 年版)，以及《马克思主义基本原理概论》(2015 年修订版)，分别如图 2.19 和图 2.20 所示。

图 2.19　《马克思主义基本原理》(2023 年版)

图 2.20　《马克思主义基本原理概论》(2015 年修订版)

(2) 毛泽东思想和中国特色社会主义理论体系概论

1) 主要内容

主要讲授毛泽东思想的形成与发展，以及中国特色社会主义理论体系的主要内容。该课程通过对中国共产党历史的回顾，讲述从毛泽东思想到邓小平理论、“三个代表”重要思想、科学发展观以及习近平新时代中国特色社会主义思想的演变过程。同学们通过该课程的学习将理解中国近现代历史发展的逻辑，掌握中国特色社会主义道路的基本理论和实践经验。

2) 重点与难点

① 毛泽东思想体系：新民主主义革命、社会主义改造和社会主义建设的理论框架，重点分析毛泽东思想的创新贡献，包括其对马克思主义的中国化改造。

重点与难点：掌握毛泽东思想的基本内容和对马克思主义的中国化贡献，理解新民主主义革命的必要性，以及毛泽东思想在社会主义初期的应用。

② 邓小平理论：深刻理解社会主义初级阶段的定位及理论依据，特别关注“一个中心、

两个基本点”发展路线，理解改革开放的背景和动力。

重点与难点：掌握社会主义初级阶段理论和市场经济体制改革的内涵，分析“一个中心，两个基本点”在经济政策中的体现，理解其对现代化发展的意义。

③ “三个代表”重要思想：探讨先进生产力、先进文化和人民根本利益的关系，掌握其对党的建设、国家经济发展和社会全面进步的指导意义。

重点与难点：掌握“三个代表”重要思想的核心内容，理解其在党的建设中的指导作用，认识“三个代表”重要思想的实际应用对国家发展的重要性。

④ 科学发展观：学习以人为本、全面协调可持续发展，特别是科学发展观在解决地区差距、生态环境等现代化进程中的应用。

重点与难点：理解以人为本、协调可持续发展的内涵，掌握科学发展观在经济、环境政策中的应用，分析其对经济转型和生态文明建设的影响。

⑤ 习近平新时代中国特色社会主义思想：系统学习新时代中国特色社会主义的“十四个坚持”，如坚持党对一切工作的领导，理解其在国家治理、政治体制、经济发展和国际关系中的应用，理解习近平新时代中国特色社会主义思想的战略布局与国家治理现代化要达到的目标。

重点与难点：掌握“十四个坚持”的核心内涵及其对国家治理的指导意义，理解这一思想在新时代政治、经济、文化和外交等方面的应用，认识其对现代化强国建设的意义。

⑥ 理论与实践的结合：研究毛泽东思想如何在新民主主义革命和社会主义建设时期具体实施，尤其是对“三大改造”的深入分析。

重点与难点：掌握如何将党的基本路线和基本方针应用到国家的具体治理中，特别是毛泽东、邓小平和习近平新时代中国特色社会主义思想的实施细节。

⑦ 不同阶段理论的衔接：掌握毛泽东思想、邓小平理论、三个代表、科学发展观和习近平新时代中国特色社会主义思想之间的连续性与阶段性特征，理解每一理论的时代需求和特点。

重点与难点：理解历史背景和社会发展需求对每一阶段理论发展的影响，避免理论学习的片面化。

⑧ 理论与现实问题结合：以科学发展观中的“以人为本”为例，研究如何将理论应用于当代中国的实际社会治理，分析其对当前民生政策、社会公平、经济建设等方面的指导意义。

重点与难点：掌握如何运用“十四个坚持”中的具体内容分析实际政治、经济问题，提高实际运用能力。

3) 推荐教材

高等教育出版社出版的《毛泽东思想和中国特色社会主义理论体系概论》(2021 年版)，

如图 2.21 所示。

图 2.21 《毛泽东思想和中国特色社会主义理论体系概论》(2021 年版)

（3）中国近现代史纲要

1）主要内容

中国近现代史纲要主要介绍从鸦片战争以来中国人民在追求民族独立和人民解放、实现国家富强和人民幸福的艰苦历程。课程内容涵盖了中国半殖民地半封建社会的形成、近代中国的革命斗争、中华人民共和国的成立与社会主义建设的发展等内容。通过学习本课程,同学们将更好地理解中国现代化发展的历史经验和教训。

2）重点与难点

该课程的难点在于理解历史事件背后的内在逻辑,尤其是近代中国革命的历史背景和历史进程的复杂性。同学们需要掌握历史发展的整体脉络,并将这些历史事件与现实的政治、经济发展联系起来。

① 风云变幻的八十年:了解中国近现代史的内涵、中国近现代社会性质与发展的轨迹及其启示;了解鸦片战争前的中国与世界;外国资本主义入侵与近代中国社会的半殖民地半封建性质;近代中国的主要矛盾和历史任务。

重点与难点:正确认识近代中国的主要矛盾、社会性质及其基本特征,理解近代中国的两大任务及其相互关系。

② 反对外国侵略的斗争:了解资本-帝国主义对中国的侵略;抵御外国武装侵略争取民族独立的斗争;反侵略战争的失败与民族意识的觉醒。

重点与难点:正确分析近代中国历次反侵略战争失败的原因和教训。

③ 对国家出路的早期探索:了解近代社会各阶级、阶层对国家民族出路的探索过程;了解农民群众斗争风暴的起落;洋务运动的兴衰;维新运动的兴起和夭折。

重点与难点:近代中国不同阶级阶层对国家出路的早期探索;认识无论是农民战争、地主阶级改良还是资产阶级的维新都不能实现中国民族独立和国家富强。

④ 辛亥革命与君主专制制度的终结：了解辛亥革命的历史意义，最终失败说明资产阶级共和方案不能救中国，认识到马克思主义在中国的传播和走社会主义道路是历史的必然。

重点与难点：理解近代中国革命的必要性、正义性和进步性，认识辛亥革命与中国历史的巨大变化，认识旧民主主义革命失败的历史必然性。

⑤ 翻天覆地的三十年：概述1919—1949年的历史体系，了解当时中国所处的时代和国际环境、中国的社会性质、新民主主义革命；“三座大山”的重压；两个中国之命运。

重点与难点：认识中国新民主主义革命发生发展的社会历史条件，比较分析近代中国三种建国方案，认识中国共产党的方案最终成为人民的选择。

⑥ 开天辟地的大事变：正确认识北洋军阀的统治；新文化运动及五四运动的历史意义；中国先进分子对马克思主义的选择；中国共产党成立的意义；中国共产党的成立是中国社会发展和革命发展的客观要求。

重点与难点：正确理解中国先进分子为什么选择了马克思主义，认识中国共产党的成立是中国社会发展的客观要求。

⑦ 中国革命的新道路：了解土地革命战争、延安整风的教学，中国革命胜利和失败的反复，马克思主义中国化的重要性；中国革命新道路的开辟凝结了党和人民的集体智慧，毛泽东作出了突出的贡献；同时也要了解毛泽东思想形成的过程；正确认识对革命新道路的艰苦探索；中国革命在探索中曲折前进。

重点与难点：认识中国共产党人是如何探索和寻求到中国革命新道路的；理解中国革命要取得胜利必须倡导马克思主义中国化。

⑧ 中华民族的抗日战争：了解日本发动灭亡中国的侵略战争；从局部抗战到全国性抗战；国民党与抗日的正面战场；中国共产党成为抗日战争的中流砥柱；抗日战争的胜利及其原因和意义。

重点与难点：正确认识中国的抗日战争是神圣的民族战争；正确认识中国共产党是中国抗日战争的中流砥柱；分析中国抗日战争取得胜利的基本经验和意义。

⑨ 为新中国而奋斗：了解第三次国内革命战争的经过；了解从争取和平民主到进行自卫战争；国民党政府处在全民的包围中；中国共产党与民主党派的合作；创建人民民主专政的新中国。

重点与难点：分析中国革命取得胜利的基本经验；理解中国共产党的执政地位是历史和人民的选择。

⑩ 辉煌的历史进程：了解1949年以后的历史，中国社会主义建设道路的胜利与挫折；理解“前途是光明的、道路是曲折的”这一名言，增强为建设社会主义服务的信心和决心；了

解中华人民共和国的成立和中国进入社会主义初级阶段;正确认识新中国发展的两个历史时期及其相互关系;开创和发展中国特色社会主义。

重点与难点:了解中国社会主义建设道路的成就与挫折,增强为建设社会主义服务的信心和决心。

⑪ 社会主义基本制度在中国的确立:从新民主主义向社会主义过渡的开始;社会主义道路;历史和人民的选择;有中国特点的向社会主义过渡的道路。

重点与难点:正确理解新民主主义社会的性质;认识社会主义制度在中国的确立是历史和人民的选择。

⑫ 社会主义建设在探索中曲折发展:了解1949年后一段时期的社会主义建设历史,如良好的开局、探索中的严重曲折及建设的成就和探索的成果。

重点与难点:正确看待中国共产党在探索中国社会主义建设道路过程中所取得的成就与挫折,总结其经验教训。

⑬ 改革开放与现代化建设新时期:了解历史性的伟大转折和改革开放的起步;改革开放和现代化建设新局面的展开;中国特色社会主义事业的跨世纪发展;在新的历史起点上推进中国特色社会主义;开拓中国特色社会主义更为广阔的发展前景;坚定不移地沿着中国特色社会主义道路前进。

重点与难点:十一届三中全会以来的主要成就;认识在党的领导下,走中国特色社会主义道路的意义。

3) 推荐教材

高等教育出版社出版的《中国近现代史纲要》(2023年版),如图2.22所示。

图2.22 《中国近代史纲要》(2023年版)

(4) 思想道德修养与法律基础

1) 主要内容

思想道德修养与法律基础课程旨在帮助同学们树立正确的价值观、人生观和道德观,并提升同学们的法律素养。课程内容涵盖个人的思想道德修养、社会主义核心价值观、法治精神、社会公德与职业道德等重要内容。通过学习,同学们能够在生活中践行社会主义核心价值观,并运用法律手段维护个人权益。

2）重点与难点

① 思想道德建设的重点与难点：

- 社会主义核心价值观的内涵及其在个人、社会和国家层面的表现；
- 我国的思想道德建设历程及取得的成就；
- 思想道德建设在社会主义现代化建设中的地位和作用；
- 当代大学生应具备的思想道德素质。

② 法治建设的重点与难点：

- 法治的概念、特征和功能；
- 我国法治建设的历程及取得的成就；
- 社会主义法治理念的内涵及其基本原则；
- 全面推进依法治国的战略部署和目标。

③ 思想道德与法治的关系的重点与难点：

- 思想道德与法治的内在联系；
- 思想道德对法治建设的影响；
- 法治对思想道德建设的促进作用；
- 大学生如何在学习、生活和工作中践行思想道德与法治。

3）推荐教材

高等教育出版社出版的《思想道德修养与法治》(2021 年版),如图 2.23 所示。

图 2.23 《思想道德与法治》(2021 年版)

（5）习近平新时代中国特色社会主义思想概论

1）主要内容

《习近平新时代中国特色社会主义思想概论》（以下简称《概论》）由导论、17章主体内容和结语构成，全面反映了马克思主义中国化时代化最新成果，反映了新时代伟大实践和伟大变革，反映了学术界共识性的研究成果。《概论》坚持遵循教育规律、突出教学导向，注重贴近青年学生认知特征和接受习惯，体现了大、中小学思政课的一体化育人要求。《概论》的编写出版和使用，对于更好地用党的创新理论铸魂育人，引导青年学生树立正确的世界观、人生观和价值观，努力成为担当民族复兴大任的时代新人具有重要意义。

2）重点与难点

① 新时代的战略目标：理解全面建成小康社会和实现中华民族伟大复兴的目标；掌握小康社会的建设标准及其对人民生活的深远影响。

重点与难点：理解小康社会与中华民族伟大复兴的关系，掌握全面小康的经济、社会和环境指标，分析这些目标对国家发展战略的指导意义。

② "两个一百年"奋斗目标：理解新中国成立和中国共产党成立一百年之际的战略目标；实现社会主义现代化强国和全面建成小康社会的规划。

重点与难点：分析"两个一百年"奋斗目标的内涵，理解这一目标对中国现代化强国建设的指引作用，掌握其对具体发展指标和政策方向的影响。

③ 新发展理念：即创新、协调、绿色、开放、共享的发展理念，掌握这些理念在经济、社会发展政策中的具体应用。

重点与难点：理解新发展理念的核心内涵及其相互关系，掌握新发展理念在实际政策和区域发展中的不同体现，尤其是绿色发展在生态保护中的重要性。

④ 坚持党的全面领导：深入理解党的领导在中国特色社会主义中的关键作用；学习全面从严治党的必要性及其在反腐败和廉政建设中的表现。

重点与难点：掌握党的全面领导的现实意义，理解全面从严治党在国家治理现代化进程中的重要性，分析党在国家治理中的作用。

⑤ 共建"一带一路"倡议：理解"一带一路"倡议的背景和核心目标；掌握"一带一路"对推动多边合作、互联互通及促进中外文化交流的意义。

重点与难点：理解"一带一路"倡议对中国和共建国家经济合作的影响，掌握其在推动基础设施建设、文化交流和金融合作方面的实际作用，分析其对全球治理的贡献。

3）推荐教材

高等教育出版社、人民出版社出版的《习近平新时代中国特色社会主义思想概论》，如图2.24所示。

图 2.24 《习近平新时代中国特色社会主义思想概论》

(6) 形势与政策

1) 主要内容

形势与政策是一门动态课程,旨在让同学们及时了解国内外形势、国家政策方针和国际重大事件。课程内容随着国际、国内形势的变化进行更新,涉及国家经济、政治、文化、社会、外交等方面的重大政策和现实问题。通过学习,同学们能够增强国家意识,了解党和国家的政策方针,提升对现实问题的关注和分析能力。

2) 重点与难点

该课程的难点在于时效性强,同学们需要密切关注国内外的重大时事,并对不同的政策和形势进行分析和理解。同时,由于内容较为广泛,同学们需要具备较强的综合分析能力。

3) 推荐教材

形势与政策这门课程,从某种意义上说是没有固定教材的。根据不同高校授课老师的要求,主要围绕本年度的一些政策内容进行授课,其主题包括但不限于政治、经济、社会、文化与思想、生态、科技、国际关系等。有时授课老师会以一个框架或目录作为教学大纲,有时是以某个问题进行发散思维,因此这里不出具相关教材给予参考。但若可以,获得授课老师的教学 PPT 更有利于进行备考。

2. 教学形式、评价方式与高分攻略

(1) 教学形式

在教学过程中,授课老师一般会采用课堂讲授、案例分析、小组讨论等多种教学方法,以帮助同学们更好地理解和掌握教材内容。同时,鼓励同学们参加社会实践活动,提高法治素养和道德素质。

大部分学校会以平时授课、课堂签到(有时为全程,有时为突击抽检)、小组讨论或小组汇报、读书报告、课程心得体会、总结等进行加权给定最终的成绩。对于 GPA 以 A、B 类进行计算的学校,89 分和 90 分都有云泥之别,所以千万不要掉以轻心!

(2) 评价方式与高分攻略

思政课的评价方式主要包括课堂参与(小组汇报展示等)、作业完成(提交课程报告或读书报告等)、期中与期末考试(开卷或闭卷考试)、平时考勤等,旨在全面评估同学们对思想道德与法治知识的掌握程度和实际运用能力。

1) 课程作业:读书报告、课程总结等

建议同学们在以提交报告等形式获取学分的部分,尽可能在概述课程、教学或单元内容之后,对其中某个自己比较感兴趣的点(让老师认为你没有泛泛而谈),结合时政、社会热点问题(做相关研究的老师非常在乎思政课与现实的对接问题)和亲身经历(如成长经历、社会实践经历、一些见闻感悟等,让老师认为你真的在切身思考问题)等进行撰写。切记有条理,分条分层次进行论述。

如果实在不知道选择怎样的主题,可以考虑到学校官网检索任课老师的发文情况、出版著作情况和所带课题,找到相关主题,把握授课老师的研究方向和相关观点,然后进行自己的发散性思考,这样更能得到授课老师的青睐。

有时可能是助教进行阅卷,那么一定要注意以下形式性的评分要点:

➢ 有明确观点;

➢ 分条论述,有明确的一、(一)、1.、(1)、a.、i 等;

➢ 语言通顺,有完整的主谓宾结构;

➢ 有理有据,以原文、案例、热点问题、时政、教材知识等进行论述;

➢ 结合自身和社会实际;

➢ 电子版可以自制封面、目录,手写版保证字迹清晰。

2) 小组汇报展示

采用小组汇报的形式时,要注意以下几点:

➢ 角色上:积极担任小组长和汇报人,会有额外的加分,但一定要量力而行,要考虑组员的能力问题和分工偏好。

➢ 内容上:聚焦热点问题,抓住教材的核心教学点,不要跑题。

➢ 形式上:生动、多元,能够调动大家的讨论、互动,有一定的趣味性,如短剧、短视频、辩论赛、互动影音等。

➢ PPT:图文并茂,简繁适当,排版布局合理。

➢ 语言表达:声音优美动听,节奏适中,与 PPT 和观众都有互动和交流,不要超时。

3）考试复习

根据教材目录进行框架的搭建，同时结合知识、语录小卡片及课后思考题进行。思政课的目的是把意识形态问题与同学们的日常生活和亲身经历建立联系，因此涉及的教材内容不是很多。

教材中需要死记硬背的只是一些专有名词、新出台的政策等，如“习特”“毛概”的全称、我国的基本矛盾是什么等。

3. 学习方法与注意事项

（1）理论与实际结合

思政类课程的内容较为宏观，涵盖历史、哲学和政策等方面的理论知识。在学习过程中，同学们应注重理论与实际问题的结合，善于运用理论分析当前的社会现象。例如，在学习马克思主义基本原理时，可以结合当今的社会经济形势，探讨剩余价值理论的现实意义。

（2）多读多思

在学习思政类课程时，要求同学们具有较强的阅读和思考能力。在学习过程中，同学们应多阅读相关的历史、政治理论书籍，并在阅读过程中提出自己的思考与见解，培养批判性思维和独立思考的能力。

（3）课堂笔记与总结

思政类课程的内容广泛，课堂上要做好笔记，特别是对老师讲授的重点问题要进行记录。课后可以对每一章节进行总结，形成自己的学习框架，并梳理重要的知识点。特别是在涉及历史事件分析和理论应用的问题时，可以做成思维导图，帮助自己厘清思路。

（4）联系实际

思政类课程作为通识课，更多的是与自己、社会、他人、国家保持交流与联系，因此一定要结合自己的学习、生活实际来学习与答题。

（5）注意小分

小分的意思是，不仅是课堂签到、小组汇报这种小分，还要注意课堂答题、平时作业中的基础小分。在大学里，一分之差可能会导致两个不同的成绩和等级，所以对于想要保研的同学而言，一定要养成“分”毫必争的良好习惯。

2.2.4　专业类课程学习攻略

1. 专业类课程简介

专业类课程是大学教学体系中的核心组成部分，对同学们的学术发展和未来职业生涯有着重要影响。通过专业类课程的学习，同学们可以深入理解和掌握某一领域的核心知识与技能，培养解决实际问题的能力，明晰个人学术或职业发展的方向。同时，专业类课程的成绩作为衡量同学们学术水平和学习能力的重要指标之一，在升学、考公与求职等方面都有重要作用。优秀的专业课成绩不仅有助于同学们顺利拿到保研资格，还能帮助同学们在考研、留学和求职中占据优势、脱颖而出。总而言之，学好专业类课程至关重要。

具体来看，专业类课程根据其性质可以分为必修课和选修课。

➢ 必修课：这些课程是同学们必须完成的核心课程，通常包括该学科的基础知识、理论和技能，涵盖整个专业的基本框架。例如，工科类的工程力学、医学类的人体解剖学等都是专业必修课。这类课程的学分通常较高，而且同学们必须通过这些课程才能顺利毕业。此外，必修课的成绩往往是申请保研和留学的重要依据之一。

➢ 选修课：相较于必修课，选修课为同学们提供了更多的学习自由度，同学们可以根据自己的兴趣和未来发展方向选择更为具体或细分的课程。例如，文科类同学可以选修文化传播与媒介或新闻写作，工科类同学可以选修新能源技术或智能制造。选修课的学分虽然通常较少，但选修课的选择可以反映出同学们的专业倾向和兴趣。如果有意向继续深造研究某领域或未来从事某方向的工作，那么建议同学们选修对应课程。

总的来说，同学们可以查看本专业的培养方案，明晰本专业必修的课程及对应学分，对于学分多的课程要尤为重视。与此同时，同学们还可以结合个人兴趣、未来规划、导师给分情况等选择选修课。合理安排必修课与选修课的学习，这样不仅能够帮助大家顺利毕业，还能为同学们后续的职业规划和学术深造打下坚实的基础。

2. 学习内容概述

大学的专业类课程可以分为基础理论课程、专业核心课程和实践应用课程三个主要类别，每个类别在学习过程中都具有不同的特点和要求。同学们需要根据不同课程类型采取相应的学习策略，最大限度地掌握知识并应用于实际问题中。无论是人文社科、理工科还是医学类专业，这三类课程在培养同学们的专业素养和实践能力方面都发挥着关键作用。

（1）基础理论课程

基础理论课程是所有专业学习的理论基础，涉及专业知识体系中的核心概念和基本原理，往往是专业必修课且学分较高。这些课程通常较为抽象，涉及复杂的概念理解和逻辑推理。

同学们在学习基础理论课程时，应注重对基本概念的深入理解，做到融会贯通，而不仅仅是死记硬背。例如，在文科专业中，语言学、文学理论等课程属于基础理论课程，需要同学们了解各理论的基本概念和发展历程，理解不同理论派别的观点和主张。同学们可以阅读经典著作和相关文献来了解，也可以通过观看相关纪录片辅助理解。理科专业则注重数学和自然科学基础，如微积分、经典力学等课程涉及大量公式推导和计算，同学们可以通过做大量练习题逐步掌握抽象的数学工具和物理定律。对于工科类学生，学习的关键在于理解每个理论的核心概念、原理和应用,并构建理论框架和逻辑结构。例如,工程力学、电路分析、材料力学等课程要求同学们不仅要记住概念,还要深入理解其原理和应用。此外,工科类课程强调将理论应用于实际问题的解决中,所以同学们可以通过实验室实践或工程项目分析,进一步加深对抽象理论的理解。对于医学类专业,基础理论课程同样至关重要。这类课程涉及人体结构、功能以及疾病机制的核心概念与基本原理。例如,人体解剖学和生理学等课程要求同学们对人体的各个系统、器官及其功能有深入的了解,为后续的临床医学学习奠定基础。为了学好这些课程,医学类的同学可以采用以下几种学习方式:系统化学习、结合实际案例、实验与实践、重复学习与记忆、学习资源的结合、学习小组和讨论等。

整体而言,无论是人文社科、理工科还是医学类的基础理论课程,同学们都应当注重对基本概念的掌握,通过反复阅读、深入理解和大量练习,巩固自己的知识体系。理论学习相对枯燥,但只有打好基础,后续学习核心课程与实践课程时才能得心应手。

(2) 专业核心课程

专业核心课程是同学们必须掌握的专业知识和技能,这些课程往往覆盖学科的关键内容,系统性极强,是同学们进行专业学习的核心部分。通过这些课程的学习,同学们不仅能够掌握行业内的核心理论,还能够培养自己解决实际问题的能力。

分专业来看,在文科专业中,新闻传播学的采访与写作、法学的民法与刑法等课程属于核心课程,这类课程注重批判性思维的培养,并通过大量案例分析将理论与实际相结合。在理科专业中,量子力学、遗传学等课程则涉及学科中的深层次理论,同学们需要系统学习这些关键内容,并通过复杂的实验和理论推导加深理解。在工科专业中,机械设计原理、结构力学等核心课程要求结合工程实践,掌握设计和分析的基本技能。在医学类专业中,妇科、内科、儿科等核心课程则进一步细化为不同医学专科的临床实践与治疗知识。这些课程是将基础理论应用于临床实际的关键桥梁。在学习这些核心课程时,同学们应采取理解核心概念、制作思维导图、结合案例分析、系统化学习与反复练习等策略,巩固学习成果。

整体而言,对于这些课程,建议同学们采取系统学习的策略,注重知识的内在联系。通过实际案例分析和反复练习,确保理论与实践相结合;在遇到复杂的专业知识时,回顾相关的基础理论课程也非常重要。通过将基础理论与专业知识串联起来,同学们能够更好地理解专业核心课程中的复杂内容。

(3) 实践应用课程

实践应用课程主要培养同学们的动手能力和实际操作技能,通过实验、实习和项目等方式,将所学的理论应用到实际问题的解决中,从而提高实践经验。这些课程可以划分为两类:研究方法类/技能学习类课程和实验/实操类课程。这两类课程构建了同学们从理论到实践的全面培养体系。

研究方法类/技能学习类课程主要侧重于让同学们掌握学术研究中的核心方法和常用

工具。这类课程包括社会科学中的研究方法、统计分析，以及理工科专业中的编程和数据处理工具课程。同学们在这些课程中需要学会如何运用软件和工具（如 Stata、SPSS、R 语言、Python 等）进行数据的收集、整理、分析和建模。通过多次案例研究、数据分析项目，同学们能够掌握从理论到工具的应用过程，从而为进一步的研究和实际问题的解决打下扎实的基础。

例如，在社会科学领域，同学们不仅要学会使用研究方法，还需要掌握统计软件的操作，熟练处理和分析数据。对于社会科学研究方法和统计分析这样的课程，同学们不仅需要具备理论知识，还需要通过实操提高数据分析能力。通过不断的项目实践，同学们能够从数据收集、分析到结论解读，全流程掌握工具的使用并解决实际问题。而在理工科专业中，C 语言、Python 等工具类课程，要求同学们不仅仅要理解编程语法，更需要通过编写程序解决具体问题。在这些课程中，同学们通过设计算法、编写代码并进行调试和优化，逐渐掌握编程技能，提升解决问题的能力。

实验/实操类课程更加注重动手能力和实际操作技能。在这些课程中，同学们通过实验、实习或项目设计等方式将理论知识付诸实践，解决实际问题并积累实践经验。

例如，文科专业中的新闻采编实训、法律实务操作等课程，要求同学们能够在真实的场景中应用理论知识，提升应用能力。通过新闻报道、法律咨询等实际操作，同学们将理论与实践紧密结合，掌握知识的实际运用。在理科课程如化学实验、物理实验中，同学们可以通过实验设计和操作验证理论的正确性，提升实验操作能力。在工科课程如机械制造工艺实训和电子电路设计实验中，同学们不仅需要具备动手能力，还需要拥有创新意识和团队合作精神。这类课程强调通过项目合作，完成从设计到制造的全过程，同学们通过多次实践，可以逐步提升实际操作技能。医学类专业的临床技能实训和护理实习通过模拟临床场景或参与真实操作，帮助同学们提升诊断、治疗和护理的能力。通过反复的实训操作，如体格检查、急救措施等，同学们能够在实践中巩固理论知识，同时在团队合作中锻炼沟通与协调能力。

整体而言，这类课程强调动手实践与团队合作，需要同学们通过多次反复练习，不断提高自己的实际操作水平。在实践过程中，无论是文科的研究方法课程、理工科的实验操作，还是医学的临床实训，都会遇到各种问题，任何环节的失误或错误都有可能对最终结果产生重大影响，因此同学们在实践中需要保持耐心，遇到问题时应尝试自行查找原因、分析解决方案。实践是一种探索和试错的过程，应保持良好的心态，接受挑战和失败。

(4) 课程分类表（举例）

表 2.13 列出了文科、理科、工科和医学专业中的部分课程，供同学们参考。

表 2.13 各专业课程分类表

学科类别	具体专业举例	基础理论课程	专业核心课程	实践应用课程
文科	新闻传播学	新闻学概论	新闻采写	新闻采编实训
		传播学概论	新闻编辑	新闻报道项目
	法学	法理学	民法总则	模拟法庭
		宪法学	刑法总则	法律实务操作
理科	物理学	高等数学	量子力学	基础物理实验
		普通物理	电动力学	现代物理实验
	生物科学	普通生物学	分子生物学	生物实验技术
		遗传学导论	生物化学	分子生物学实验
工科	机械工程	工程力学	机械设计原理	机械制造实训
		材料力学	机械制造工艺	CAD/CAM 实训
	电子信息工程	电路理论	电子电路设计	电子设计实验
		信号与系统	通信原理	电路板制作与测试
医学	临床医学	人体解剖学	内科学	临床技能操作
		生理学	外科学	医院实习
	护理学	护理学基础	内科护理	护理操作实训
		病理学	外科护理	临床护理实习

同学们在学习过程中应结合不同课程类别的特点，灵活调整学习策略。例如，在基础理论课程中，要注重对基本概念的理解与记忆；在专业核心课程中，要系统性地掌握学科的关键知识，并通过案例分析和练习巩固；在实践应用课程中，应通过动手操作和团队合作不断提升自己的实践能力。

面对每个学科课程的重点和难点，同学们需要耗费不同的精力对其进行攻克：文科注重阅读和理解，理科注重理论推导与实验设计，工科强调理论与工程实践结合，医学则要求同学们在理论学习的基础上具备扎实的临床操作技能。相信通过有效的学习策略和不断的努力，同学们都可以在专业课的学习中取得良好的成绩，并为未来的学术深造或职业发展打下坚实的基础。

3. 学习方法与提升策略

(1) 知识体系的建立

构建专业知识体系是学好专业课的关键，扎实掌握核心概念及基础理论是搭建知识框架的根基。由于专业课内容庞杂且跨度大，零散的学习往往会让人感到迷茫。因此，在学习过程中，建议同学们通过整理笔记、绘制思维导图等方法，将零散的知识点有机地串联起来，厘清它们之间的逻辑关系。这样不仅可以帮助自己理解知识的结构，还能为后续学习奠定基础。

此外，学习是一项循序渐进的过程，切忌贪多求快。先要脚踏实地夯实基础，再逐步深入高级课程。课程之间通常是环环相扣的，院校的培养方案也经过严密的专业设计，不同课程之间往往存在深层次的关联，因此学完一门课程后，同学们可以尝试将其与之前学过的内容进行关联，以加深对知识的整体理解。例如，理工科课程中的基础数学往往是后续高级物理、工程设计的基础，而文科课程中历史背景的理解也能帮助同学们提升对语言文学的鉴赏能力。通过这种方式，同学们能够逐步搭建系统化的专业知识体系，从而更好地掌握专业技能。

(2) 理论与实践结合

在学习专业课时，理论与实践的结合是提高理解和应用能力的重要途径。同学们学习专业课时，一定要把课堂上学习到的知识应用到实际中，通过实验、项目来加深理解。比如，人文社科类的同学可以通过实际研究来验证假设，在社会学、心理学等领域，同学们可以先设计调查问卷、搜集数据，然后通过统计分析软件（如 SPSS、Stata、R 语言等）验证某一假设或理论；理工科的同学可以通过实验设计验证所学的公式定理；医学类的同学可以通过实习实训提升自己的操作技能；等等。与此同时，参与科研项目或“大创”项目也是加深对专业课程理解的有效方式，在科研过程中，同学们能够将专业知识应用于实际研究，分析具体问题。通过这样的方式，同学们不仅可以巩固学过的理论知识，还能够培养创新能力与批判性思维。如果能够立项或获评优秀项目等，同样能够为履历增色。这样的实践经验不仅可以让大家更深入地理解专业知识，还可以积累一些实际操作经验，为以后的工作奠定基础。

此外，在生活中，人文社科类的同学可以结合所学的理论知识，分析生活中常见的现象。例如，心理学专业的同学可以分析为什么某些广告能够引起消费者的共鸣；社会学专业的同学可以探讨家庭结构变化对社会关系的影响；法学专业的同学可以结合日常生活中的法律纠纷，分析背后的法律条款。这种分析日常现象的方式不仅能够帮助同学们加深对专业知识的理解，还能够提升批判性思维和实际应用能力。

(3) 多元化学习资源

仅仅依靠课堂教材及老师的讲解并不足以全面掌握和深入理解专业知识，为了更好地理解复杂的概念，同学们可以积极利用多种学习资源开阔自己的视野，深化对专业课的理解。例如，阅读经典书籍和相关领域的学术论文，可以帮助同学们进一步了解某个知识点。通过阅读文献，同学们可以开阔视野并对某个知识点有更深的理解，尤其是在科研和创新方面获得启发。文献中的前沿研究不仅可以帮助同学们巩固理论知识，还能够引导同学们思考当前学科发展的趋势和未来的挑战。

此外，在线课程和视频也是非常有价值的辅助学习工具，MOOC、B 站这些平台都有不少优质的公开课，它们可以帮助同学们补充课堂上没有讲到的内容。另外，随着技术的进步，AI 已经成为辅助学习的一种有效方式。AI 工具可以帮助同学们进行复杂问题的分析、生成学习计划甚至可以通过智能问答解决具体问题。例如，AI可以帮助同学们快速理解难点、生成报告大纲，或提供文献摘要，节省学习时间并提高效率。虽然AI在学习中提供了很多便利，但同学们仍然要警惕过度依赖。AI工具可以作为辅助手段，但不应替代大家的独立思考和深入探索。依赖AI可能削弱同学们自主解决问题的能力，限制创新思维的培养。所以AI应该被视为一种帮助工具，而非唯一依赖的方式。同学们需要保持对知识的好奇心，通过深度阅读和实践，真正掌握和理解专业知识。

(4) 定期复习与巩固

建议同学们定期回顾学过的知识，每周都给自己安排一次小复习，及时巩固薄弱环节。对于理工科和医学类的同学，错题集是很好的复习工具，通过整理错题，总结解题思路和常见错误，能够有效提升应对类似问题的能力。文科类同学可以通过笔记整理、阅读和分析之前写过的论文与案例，加深对知识点的理解。特别是在复习时，回顾笔记中对核心概念的思考，并将这些概念与现实中的案例、课外阅读结合起来，可以加深对理论的掌握。通过这种持续的复习与巩固，同学们能够在学习过程中不断提升自己的认知水平，并为后续更复杂的内容学习打下牢固基础。

4. 注意事项

(1) 主动预习与及时复习

专业课往往内容繁杂且难度较大，如果没有良好的学习习惯，很容易跟不上课程节奏，所以同学们最好养成主动预习和及时复习的良好学习习惯。预习时，可以大致翻阅课本的序言和目录，了解课程的大致框架和知识点，这样在正式上课时能够对所学内容有基本的认知和自己的理解。尤其是对于大学里专业课较为晦涩的内容，预习能够帮助同学们提前识别难点，使课堂学习更高效。而且大学老师讲课的节奏通常较快，课前不预习，课上很难紧跟老师的步伐。

此外，及时复习也是提升学习效果的关键。课后立即对当日的课程内容进行回顾和整理，能够加深对知识的理解，巩固当天所学。为了避免考试前的仓促复习和“临时抱佛脚”，建议分阶段完成每项学习任务，逐步积累，形成良好的复习节奏。通过合理的时间安排，同学们不仅能够更有效率地掌握知识，还可以在学习过程中减少压力，保持良好的学习状态。

(2) 积极参与讨论

建议同学们在学习中尽量避免独自苦读的方式，应多参与课堂讨论或组建学习小组。通过与同学的交流讨论，能够帮助自己拓宽思路，发现自己未曾注意到的角度或观点。在讨论中，每个人都可以提出自己的疑问和见解，通过碰撞想法，往往能够解决一些自己独立思考时难以突破的问题。

此外，合作学习还能够增强团队协作能力，尤其在项目制学习中，文科类的同学可以通过组队完成研究报告或论文，理工科和医学类的同学可以通过分工合作完成实验项目。小组学习不仅可以提升学习效率，还可以培养沟通能力和团队精神，模拟未来职业中的合作模式。因此，积极参与课堂和课外的讨论与合作，不仅有助于知识的理解与掌握，还能够提升多方面的能力，为未来的发展奠定基础。

(3) 寻求帮助与指导

在学习的过程中，遇到难题是常见的现象，关键在于如何及时解决问题。同学们应当养成主动寻求帮助的习惯，而不是等到问题积压很多时再去处理。很多时候，一个小问题如果不及时解决，可能会影响对整个知识点的理解。因此，遇到困惑时，同学们可以向老师或助教寻求指导。老师在课程中讲解内容时可能由于时间限制无法深入展开，但课后通过与老师的沟通，同学们可以获得更加个性化的指导，帮助自己厘清思路，解决具体问题。

无论是线上提问、与导师面对面交流，还是学术答疑活动，都可以有效地帮助同学们及时克服学习障碍，进一步提升学习效率。因此，主动寻求帮助不仅可以缓解学习压力，还可以让同学们在遇到挑战时更自信地应对，不断进步。

专业课是大学学习的核心，也是未来发展的基础。无论同学们学的是文科、理工科还是医学类专业，都希望同学们在学习过程中能够结合理论与实践，做好知识框架的构建，充分利用多样化的学习资源，在自己的专业领域内逐步提升。这不仅是为未来的职业生涯做准备，也是为继续深造打下坚实的基础。

2.3　绩点冲刺攻略

在大学学习中，绩点(GPA)是评估同学们学术表现的一个重要标准，直接影响毕业、奖学金申请、研究生入学以及未来的职业发展。不同学校对绩点的划分标准可能有所不同。例如，北京大学的绩点划分区间采用的是 4.0 制，并且与百分制成绩有相应的换算标准：85 分对应 3.7 的绩点，84 分则对应 3.0 的绩点。可见，即使是细微的成绩差异，都会对 GPA 产生较大影响。这也意味着同学们不仅要关注考试成绩，还需在平时的学习中严格要求自己，争取每一分的提升。

有效提高绩点，同学们需要对各类课程进行合理规划，掌握选课技巧，充分利用平时的学习与作业时间，并且在期末做到系统复习。通过全面的学习策略，同学们可以在学期的各个阶段保持高效的学习节奏，实现绩点的稳步提升。

2.3.1　选课技巧

在提高绩点的过程中，选课技巧至关重要。通常学分较高的核心课程对 GPA 的影响更大，选择这些课程时应格外注意。此外，不同老师的课程评分方式(平时成绩与期末成绩的比例)和给分严格、宽松程度也是影响绩点的重要因素。以下几点是同学们在选课过程中需要尤为注意的：

1. 提前了解授课老师的风格及给分情况

在选课前，同学们可以通过学长或课程评价平台了解授课老师的风格。有些老师讲课生动、互动性强，有些老师可能只是按照 PPT 进行授课，缺乏深入讲解。有些老师会将平时成绩(如作业、课堂参与、项目等)作为成绩评估的重要组成部分，有些老师则更看重期末考试的表现。有些老师给分较宽松，有些老师则比较严格。因此，同学们在选课前最好了解清楚，选择适合自己学习方式和需求的老师，确保在适应授课方式的基础上取得理想的成绩。

2. 平衡课业负担

同学们在选课时需要合理规划课程的难度和数量。每个学期尽量避免选择过多高难度或需要大量课外准备的课程(如设计类、实验类课程)，否则可能导致学期末课业负担过重，特别是在期末考试扎堆的情况下，复习起来非常困难。对于一些难度较大的课程，同学们需要更多时间进行预习、复习和项目准备，因此应搭配一些相对轻松的选修课程，以均衡压力，避免学习效率下降。此外，同学们在选课时也要注意学习顺序，建议优先选择必须的先修课程，确保掌握扎实的基础知识，为后续学习打好基础。这类课程通常学分较高，对 GPA 的影响也较大，选课时应特别关注这些课程的安排。

另外在选课时，最好提前查看课程的结课和考试时间表，避免多门课程集中在同一周进行期末考试。合理搭配课程，不仅有助于提升整体学习效率，还能减轻期末复习的负担，确保成绩稳步提升。

3. 注意选课速度与优先级

在选课时，网速和设备通常是影响选课成功率的重要因素。一般来说，学校机房的电脑网速较快，其次是个人台式机，之后依次是笔记本电脑、平板电脑和手机。因此，许多同学会选择到学校机房，确保在第一时间选课。同时，可以准备电脑、平板电脑和手机，增加至少一个设备能够提高选课成功率。在选课开始前的 15 分钟登录系统，能为检查设备和网络连接、设置待选课程列表预留充足时间。此外，需要根据课程的热门程度合理安排优先级。热门课程可能在瞬间被抢满，因此建议在选课系统刚开启的 10～30 秒，尽量抢到 1 或 2 门优先级最高的课程，确保不因错失热门课程而影响学习计划。

当然，并非所有课程都依赖网速或设备，有些课程采用抽签制度或特定选课规则。例如，一些通识课或实验课会以抽签的方式分配席位，确保机会均等；有的课程采用先预选再筛选的模式。针对这些情况，建议同学们提前了解各类课程的选课规则，并灵活调整策略。

为了增加选课的成功率，同学们还要准备备选方案，在心仪课程被抢满后能够快速调整策略选择合适的课程。此外,在选课截止前的最后几天,许多同学可能会退课,这时可以抓住机会“捡漏”。最后,同学们要注意保护好自己的选课系统密码,确保账户安全。通过合理安排选课速度和优先级,灵活应对不同的选课规则,可以更有效地提高选到心仪课程的概率。

2.3.2 平时学习

1. 第一堂课很关键

通常,授课老师会在第一堂课上详细说明课程要求、评分标准和主要任务,所以每门课程的第一堂课都至关重要。通过第一堂课,同学们不仅能够了解该课程的学习重点和难点,还能够感受到老师的授课风格(如是否严格考勤、是否常提问等)。做好笔记,明确任务,可以帮助同学们在后续学习中有的放矢。如果同学们在第一堂非必修课程试听中觉得该课程不太合适自己,还能及时退掉重选。

2. 简单预习,高效听课

大学老师讲课速度通常较快,预习能够帮助大家快速进入课程状态跟上老师的节奏,尤其是复杂的专业课程,同学们最好提前预习。在预习时,同学们可以浏览教材、PPT或课程文献,并标注不理解的内容。

另外,上课最好不要迟到,保证考勤不要扣分,如果考勤扣分,就可能会影响老师对你的印象分(影响最终的成绩,较难获得高分);在听课的过程中,要主动思考,带着问题听课,要把专业知识充分消化吸收,内化为自己的东西;主动积极地跟老师互动,多回答问题,给老师留下良好的印象(能够帮助你拿到很高的平时分);留意老师提到的重点内容,一般老师特别强调的地方,就是期末考试的重点;有些同学可能觉得上课时间太漫长,想要做一点自己的事情,比如,打开笔记本电脑写材料,看一些其他书,这个其实也可以,但要尽可能保证跟上课程节奏,不要错过老师讲解的重点内容,在老师提问发言、布置作业任务等关键时刻也不要掉链子。此外,如果在完成作业、听课时遇到不懂的地方,要积极询问老师,这是一个建立热心学习人设的好机会。

3. 高质量完成作业,抓住展示机会

有的课程,老师可能会布置一些作业和任务,如让同学们撰写读书报告、做课后习题等。对于这一类作业,同学们首先要明确老师的要求,找到得分的关键点,然后再花一点小心思,从形式和内容等方面多创新、多下功夫,如保证作业的内容充实丰富、结构合理完整、格式符合规范、排版整洁美观等。必要时,还可以向学长们打探老师的喜好,明确作业的努力方向。

还有一些老师特别喜欢让同学做展示或报告。如果有这样的机会,同学们就要牢牢抓住，高质量地完成报告，让自己拿到更高的平时分。在这里给同学们介绍一些做报告的技巧：首先，对于任何一个报告，都要明确主题和大纲，完成谋篇布局后，再按部就班地搭积木、填素材；其次，保证内容丰富，论据充分，报告不是讲得越多越好，而是把一个东西讲得越透彻越好；再者，报告的PPT要尽可能高端、简洁、大气，多用图表，精简文字，尤其不要用各种花哨的模板、动画和切换方式；最后，可以适当彩排演练，并且把老师和同学们可能问到的问题提前进行一个简单的梳理，保证报告的效果，提升临场互动的能力。

4. 做好小组任务

有些课程作业还会布置小组任务，小组任务在课程分数的占比一般很高，大多在30%左右，有的甚至可能达到50%及以上，所以要好好准备，拿出自己的看家本领。下面给同学们提几条具体的建议：

① 争取当组长，一般组长的分数都是小组内最高的。

② 寻找靠谱的队友，最重要的一点就是不要选择经常不认真、敷衍了事的同学。如果有这类同学，不仅身心俱疲，还有可能影响整个小组的士气和最后的表现；另外，可以看看小组作业的类型，确保队友们具备相关的技能。比如，有的作业可能需要做设计，有的可能需要编写代码，有的可能需要拍摄视频，那么这种对特定技能有要求的任务，就一定要保证团队里有这样的人才。

③ 明确分工，截止时间(deadline，DDL)提前。小组作业依靠的是集体配合和共同努力，需要根据大家的能力科学分工，将任务拆分细化，明确分配到每个同学；与此同时，还要把DDL提前一点，这样能够给自己多留一些缓冲和查缺补漏的时间。

④ 重视成果质量和汇报工作。在提交任务和做汇报时，要把好质量关，因为这关系到小组和自己的最终得分。尤其在最后关头，要再仔细检查一下小组作业是否符合要求和规范，汇报的内容和形式是否还有优化提升的地方。

5. 阶段性复盘和总结

每学期大概有4或5个月，这是一个漫长的周期，同学们需要学会阶段性地进行复盘和小结。

比如，每周投入一些时间先回顾和梳理上周的学习内容，再明确和安排下一周的学习任务。这里，建议同学们最好整理每章节的重点或思维导图，期末复习时会事半功倍。

再如，每个月的月末，同学们可以做一个月度复盘，把本月的重要事项和进度复盘一遍，然后再把接下来一两个月的重要任务和时间表规划清楚。

如果在某个阶段，同学们突然遇到比较大的问题或任务，如要带队参加“大创”或“挑战杯”，或要准备一两个月的案例赛，那么同学们还要单独思考方案，尽量协调好这类临时重点任务和其他日常性事务，做好任务安排和时间管理。

2.3.3 期末冲刺

1. 提前进入备考状态

期末冲刺阶段，提前进入备考状态非常重要。比如，若考试周在12月下旬开始，那么最好在12月中旬调整状态，开始规划复习任务，避免临时抱佛脚。此时，尽量减少不必要的聚会和娱乐活动，保持专注和高效。同时，给自己设定一些小奖励，如写完一篇论文奖励自己一杯奶茶，考完某门课程去看一场电影，这样的正向激励能够让同学们保持积极的学习状态。最后，调整生物钟，尽量让自己形成规律的作息。

2. 保证良好的学习环境

虽然宿舍学习环境不理想，图书馆又常常座位紧张，但是一定要找到适合的学习环境。如果图书馆难以抢到座位，那么可以考虑提前去，或到教学楼、付费自习室等环境安静的地方。此外，学习地点还需方便就餐、喝水等，避免频繁打断而影响学习效率。

3. 健康作息

保持健康的作息能够有效缓解期末压力。即使有些同学晚上学习效率高，也要保证充足的睡眠。比如，晚上十点到凌晨两点是自己学习的最佳时段，那就尽量保证每天能睡足7小时。此外，适当的运动如散步或跑步能帮助身心放松，让大脑得到休息。

4. 搜集资料

学习资料能够大大提高期末复习的效率。这里，建议同学们可以通过以下渠道搜集有用资料：① 向学长请教往年考题和重点；② 与同学组成学习小组，互通有无；③ 利用学校的打印店查找资料；④ 在线上搜集或购买专业课笔记、考研资料等。这些都能节省复习时间，提升效率。

5. 目标拆解和任务制订

在开始大规模集中学习前，同学们要梳理清楚自己的期末任务，即清楚每门课程的期末要求和考核方式，然后再有针对性地拆解目标，制订任务。这里给大家一些具体的建议：

(1) 认真听最后一堂课

一般来说，最后一堂课都是给同学们讲解期末任务和考试重点的，所以同学们一定要好好听最后一堂课，明确作业和任务的要求，牢牢记住划定的考试重点和范围。

(2) 明确重点，抓住关键，分清优先级

有的课程可能比较轻松，那么同学们可以少投入一点时间；有的课程可能学分多、任务多，难度也大，那么同学们就要多投入一些时间。对于同一门课程的不同板块，同学们也要明确每个板块的比重，抓住最关键、最容易拉分的部分。

(3) 化整为零，多线任务交替进行

一般情况下，期末至少有五六门课程，每门课程的内容也都比较多，此时同学们就要学会把每门课程的内容和任务拆解成更加微观的单元和零散的板块，把这些任务打散重排，交替开展。因为大脑如果长时间学习同一个东西，学习效率会越来越低，但如果适当地组合和切换不同性质的学习内容，大脑就能够很好地调整状态，保持清醒。

当然，每个人的大脑都不一样，有的同学可能一个东西要学三四个小时才会厌烦，有的同学可能学一个小时就不行了，因此需要根据自己的个人情况，灵活确定每门课程的学习任务要拆分到什么程度。

（4）重难点任务集中攻破

有的时候，考试周会面临一些很麻烦的任务或内容。比如，某个期末论文很复杂也很费时间，某门课可能有五百多页 PPT，那么对于这些比较棘手的任务，同学们可以留出一段时间集中攻破，如专门花费一个白天甚至一个通宵，把这个论文完成或把 PPT 认真浏览一遍。只要咬牙坚持一下，完成了这些比较难的任务，期末周同学们就会轻松很多。

（5）尽量避免拖延

许多同学都有严重的拖延症，因此最好的方法就是提前设定截止日期。避免临近最后期限时手忙脚乱，这样可以有效减少拖延带来的压力。

（6）做好时间管理

首先，同学们要抓住自己每天效率最高的时间段，有的同学可能是早上，有的同学可能是下午午睡完的那段时间。同学们可以结合自身情况进行高效复习。

其次，可以借助第三方时间管理工具。现在有很多应用程序，能够在一定时间段锁住手机屏幕，还会提供白噪声背景音乐，帮助同学们更好地进入学习状态。

最后，给自己留出缓冲和休息的时间。比如，学习两个小时可以看十五分钟的小说，学习一天可以回宿舍看半小时的综艺，学习一周可以给自己放三小时的假去看场电影。适当的劳逸结合也能提升同学们的复习效率。

6. 心态调整

心态稳定是期末复习成功的关键：① 考完一门课程后，不要纠结对错，尽快调整心态准备下一门课程；② 不要在宿舍学习，避免受到其他同学的情绪干扰，尤其是负面情绪的影响；③ 保持适度的紧张感有助于集中精力，但也要学会适时放松，保持平和心态，如果情绪过于紧张，那么可以通过短暂的休息或冥想来调整。

总的来说，期末冲刺阶段既要注重效率，也要保持良好的心态。通过合理安排复习任务，营造良好的学习环境，保持健康的作息，同学们一定能够轻松应对期末挑战。

2.3.4　期末复盘

期末复盘既是对本学期做一个总结，也是下一阶段的起点。很多同学可能会忽视期末复盘,但是做好期末复盘对于提升自己有很大帮助。

1. 期末复盘的必要性

总的来说,做好期末复盘有以下几点好处:

① 保持优势。对于本学期中取得的成就、学习到的经验,都可以复刻使用,在以后遇到相同问题时可以用成熟的方法论来解决,极大地提高效率、提升质量,有助于同学们保持竞争优势。

② 优化提升。学习过程中难免磕磕碰碰,有一些进展,但成效不尽如人意,有许多原因可以总结,也有许多措施可以优化,这就需要同学们不断思考。比如,学习效率最低时应该做一些精力花费较少的项目,或者直接休息,这样更有利于状态的恢复等。

③ 规划全局。进行期末复盘时就需要提出下一阶段的目标,如假期应该做些什么、下一学期的重心是什么等。制订这些计划就是在结合自己大学目标的基础上,思考未来一段时间同学们的努力方向,通过不断修正过程中和目标的偏差,来实现同学们的目标。

2. 如何进行期末复盘

表2.14是某学校电气专业2024级课表和成绩预估所做的一个期末复盘,同学们可以重点参考。首先对自己的投入情况进行一个梳理,其次总结课程特点,提出改进建议,以及做好假期投入时间的规划。对于下一学期中相近的课程,如数学类课程可以重点参考自己的复盘,省时省力。

表2.14　期末复盘示例

科　目	成绩(分)	均分(分)	学分(分)	排名	期末投入	平时投入	特点	改进建议	寒假投入时间建立
高等数学	92	73	4	前5%	10天+	上课+作业周均8 h	理解类课程(重习题)	性价比高,保持优势,多找真题和习题练习,找自己薄弱章节	寒假做好衔接
思想道德与法治	81	83	2	前60%	3天	周均上课2 h	背诵类课程(重记忆)	背了就忘,可以后续利用思维导图进行记忆,提高效率	无
大学语文	86	81	2	前40%	3天	周均上课2 h,有展示	背诵应用类课程(重平时)	无	无
体育	91	84	1	前10%	0	周均上课2 h	体能课	非保研科目,强考勤,还有平时运动记得打卡,这里扣了2分	无

续表

科　目	成绩（分）	均分（分）	学分（分）	排名	期末投入	平时投入	特点	改进建议	寒假投入时间建立
机械制图	87	83	2	前 20%	6 天 +	周均上课 2 h,作业多	理解类课程	空间思维需要提升,作业有一次迟交扣分	专业基础课需寒假复习提升
形势与政策	92	84	0.5	前 5%	期末论文	课后作业多	背诵应用类课程（重平时）	花费时间有点多,下次可以考虑用 GPT 梳理,自己修改再交上去	无
大学英语	88	80	2	前 15%	5 天	周均上课 3 h,作业多	背诵应用类课程（重平时）	听力较弱,注重平时“视听一致”的应用,相比高中略有下滑	寒假重心提升

当然,期末复盘也可以和室友或关系比较好的同学一起总结,可以在期末考试结束还没有回家的时候约个时间,大家一起探讨各自做得好的地方以及有待提升的地方,学习别人的长处,弥补自己的短处,大家一起努力,共同进步。

2.4　奖学金攻略

大学奖学金是指由学校或政府设立的,用于奖励在学习、科研等方面表现优秀的学生的一种经济资助形式。一般而言,大学奖学金的评判标准通常是基于综合成绩,也就是智育和德育。智育主要指学习成绩,一般占比约为 70%;德育包括活动参与、学生干部工作等加分项,通常占比约为 30%。(每个学校占比不一样,具体参考学校标准)

奖学金通常一学年评定一次,在一个院系中,只有少数优秀同学能获得奖学金,所以奖学金是对优秀学生学业能力的认可与证明。尤其是对于有志于保研或出国深造的低年级学生,奖学金的获得有助于同学们在激烈的竞争中占得先机。同时,奖学金可以为同学们提供经济支持,减轻学费和生活压力。因此,尽早了解和准备奖学金的申请,无疑是各位同学为自己赢得优势的良好开端。

2.4.1　奖学金的分类

每个学校的奖学金都有较多类别，一般可以分为以下几类：

第一类新生奖学金。新生奖学金是根据高考成绩评定的，入学时即确定，后续无法更改。因此下文讨论的“评奖学金”或“冲刺奖学金”，主要是指新生奖学金以外的其他奖学金。

第二类国家奖学金。国家奖学金是本科阶段最具含金量的奖学金，金额为 10000 元。它由教育部颁发，评选条件非常严格，如要求专业排名和综合排名均为第一名。学院内不同年级的学生通常还需进行答辩。若能获得国家奖学金，不论是保研、考研、留学还是求职，都会成为重要的加分项。

第三类国家励志奖学金。国家励志奖学金金额为 5000 元，通常要求申请者具备贫困生资格。具体的评选难度因学校名额的多寡而异，名额多的学校相对容易获得，名额少的学校则竞争激烈。

第四类校级奖学金。校级奖学金的类别、名称和奖励额度各校不同，常见的有一、二、三等奖学金，金额大致在 1000～5000 元。例如，西安交通大学的一等奖学金是 5000 元人民币/人，二等奖学金是 3000 元人民币/人，三等奖学金是 1000 元人民币/人。校级奖学金的竞争难度取决于奖项等级，等级越高，名额越少，竞争越激烈。

第五类各种专项奖学金。此类奖学金由社会团体、企业或个人设立，名额、金额和评选标准各异。例如，“雷军奖学金”就是一个典型的专项奖学金。武汉大学“雷军奖学金”，每年评选奖励优秀本科生 30 名、硕士研究生和博士研究生各 10 名，奖金每人 2 万元，并在原有奖项的基础上，增设了“雷军卓越奖学金”，每年 10 名同学，每人 10 万元，以进一步加大对武汉大学顶尖人才的奖励力度。这一奖学金不仅金额丰厚，而且鼓励获奖者在学术科研、创新创业等领域继续努力。此外，申请该奖学金的本科生需具备勇于创新、在社会实践中展现杰出才能等条件。

2.4.2　奖学金申请前的准备

谋定而后动，奖学金最终还是申请制，既然要申请，那么同学们就要清楚申请的条件和规则，这样才能事半功倍。

1. 研读规则，明确策略，各个击破

同学们可以在院系官网中搜索奖学金细则，也可以直接向辅导员、班导或学长索要，重点研究各个分数板块的要求和计算规则。以下是几个关键问题，建议带着这些问题分析奖学金细则。

① 分数构成:奖学金评比的分数由哪些板块构成?每个板块占比多少?

② 学习成绩:学习成绩是如何计算的?哪些课程是比较重要的专业课?哪些是没那么重要的选修课?专业课的分数和选修课的分数如何叠加?体育课、体质测试、军事理论和形策等特殊课程是否也要计算分数?是如何计算的?

③ 综合评价:综合评价、思想素质等部分怎么计算分数?需不需要同学之间互相评分?像献血、志愿服务、社会实践等活动是否计算分数?有没有限额?是否有一些减分项?

④ 综测加分:哪些竞赛、活动能够加分?每个加分项的要求是怎样的?是限定具体的竞赛、活动,还是只看奖状印章的级别?团体类项目的队长和队员加分分别怎么计算?科研项目、论文发表等需要什么类型的证明材料?跟着老师做课题能不能加分?不同类别的学生干部加分是否不同?能不能叠加?

⑤ 评定流程:需不需要额外的奖学金答辩?国家奖学金和一些特殊的专项奖学金需不需要单独提交申请?是否需要参加答辩?有没有其他的附加条件和特殊要求?

⑥ 其他注意事项:课程重修、被通报批评等情况是否影响参评等。

2. 询问学长的经验

同学们也可以联系获得奖学金的直系学长,尤其是获得国家奖学金或高额奖学金的学长。他们都经历过奖学金评选,对流程十分了解,可以向他们询问奖学金申请的相关经验,比如,课程成绩怎么计算?选修课怎么选才能把分加满?有哪些获奖容易、加分多的比赛?有没有需要特别注意的地方?……主动询问学长,说不定大家就会豁然开朗。

3. 明确任务,规划时间

清楚规则之后,同学们就可以开始安排自己的学习任务和相关活动了。比如,选课该怎么选?哪些课程需要投入更多时间把分数提高一些?每学期大致需要参加哪些比赛、科研项目?……我们可以把这些任务和大致时间节点梳理清楚,这样心里就会有杆秤,平时上课学习、参加各种活动也都会清楚很多。

4. 兼顾其他任务,不要一叶障目

虽然奖学金对大学生活有很重要的意义,它能够证明同学们的努力和实力,也可以帮助同学们在保研、考研、留学、求职时更加占有优势,但同学们一定要明白,奖学金并不是大学生活的全部,要把冲刺奖学金这项大任务嵌入个人规划和职业道路的安排中,这样才不会一叶障目,因小失大。

比如,同学们获得奖学金的目的是保研,那么在获取奖学金加分时,也要稍微考虑这个活动、比赛或项目对保研有没有作用,会不会太浪费时间进而影响自己专业课的学习。再如,同学们如果有明确的就业规划,那么在进入社团、参加活动时,就可以有意识地去做那些能够提升自己专业技能和实践能力的事情。

同学们需要知道的是,大学的意义是丰富的、非单一维度的,同学们确实要追求一些功利和现实层面的东西,但也要尽可能地让自己的大学生活过得精彩、过得有意义,这两者并不矛盾。

2.4.3 奖学金申请的具体步骤

1. 提前规划和准备

奖学金申请并不是一蹴而就的,尤其是国家奖学金和专项奖学金,通常需要提前规划。例如,某些科研类专项奖学金需要参与相应的科研项目或竞赛才能获得资格,因此应提前参加相关活动,争取具备申请资格。

2. 优化课程成绩

在奖学金评选中,学习成绩占据大部分权重。为了保证学业成绩的优异,建议同学们刚入大学时就制订学习计划,确保每门课程都能尽量获得高分,尤其是那些占比较重的专业课和基础课。

3. 平衡德育加分

德育分数通常由志愿服务、学生干部工作、社会实践等活动构成。为了提高这部分的得分,同学们应尽量多参加学校的志愿活动,担任学生干部或积极参加社会实践项目。

4. 参加科研和竞赛

科研和竞赛往往是奖学金申请中加分的重要部分。同学们可以主动联系导师,参与实验室项目或科研团队。同时,参加校内外的各类竞赛也有助于丰富个人履历,增加综合评价分数。

2.4.4 奖学金答辩时的注意事项

1. 组织有逻辑的自我介绍

在答辩中,自我介绍是打动评委的第一步。同学们在自我介绍时应简明扼要地突出个人的学术成绩、科研经历与个人能力,切忌冗长无重点。自我介绍不仅是对奖学金评选的总结,也是展示大家对未来学习目标的规划。

2. 精心准备答辩材料

奖学金答辩不仅考核成绩,还考查同学们的综合素质和学术能力。因此,同学们在准备答辩材料时,应对学术论文、科研项目、社会实践等做详细的展示,尤其是能反映个人思考和创新的部分。

3. 做好模拟面试

奖学金答辩时常常会问到个人的学习规划或参加的项目内容,同学们可以提前思考可能被问到的问题，做好相应的准备。如果有条件，同学们还可以与朋友一起进行模拟答辩，以便在正式答辩中做到从容应对。

4. 心态调整

在申请奖学金的过程中，调整好心态非常重要。奖学金的竞争虽然激烈，但同学们不应因此而过度焦虑。在努力提升个人综合素质的同时，保持健康的学习态度、合理安排学习与生活，才能真正做到奖学兼顾，收获丰富的大学经历。

第3章　背景提升

背景提升通常包含科研、竞赛、实习和社会实践等。科研、竞赛对未来升学尤其是保研具有举足轻重的影响,而实习和社会实践对就业也有重要的意义。把握背景提升,掌握未来选择,能让自己在大学竞争中处于优势。

3.1　科研攻略

科研对于升学来说非常关键。无论是读研还是读博,核心内容都是在对应的专业领域进行更深一步的研究,而这正是科研的范畴。掌握科研攻略,做好科研,不管是对未来升学资格的获取,如保研、留学申请时获得好学校的offer、考研复试中夺得高分等,还是对后续的学习都是十分有利的。本节将从一些科研软件的分享开始,介绍本科生获取科研的一些途径,以期帮助同学们攻克科研。

3.1.1　科研工具

1. 文献阅读与管理软件

(1) EndNote

EndNote是一款由Clarivate Analytics公司开发的文献管理软件,已有20多年的历史,能够帮助用户管理和组织文献、生成参考文献列表、进行写作等,是学术研究人员的重要工具。EndNote支持多种操作系统,包括Windows和MacOS,并且提供与Microsoft Word和Pages的集成,使用户能够在撰写论文时方便插入和格式化引文。

1) 主要功能

① 文献导入与管理:支持从各种数据库和在线资源直接导入文献,包括手动添加、联机检索导入和检索结果生成文件导入。

② 文献整理与分类:用户可以根据不同的项目或主题创建文件夹和组,进行文献的分

类和标签管理。

③ 引文和参考文献列表生成：可以自动生成引文和参考文献列表，支持多种引用风格，如 APA、MLA 等，并与 Word 等文本编辑软件集成。

④ 协作与共享：提供协作功能，允许多人共享和编辑文献库，适合团队研究项目。

2）高级功能

包括搜索筛选器、笔记功能及个性化编辑等。

EndNote 具有强大的在线数据库链接能力，支持国际期刊的参考文献格式多达 3776 种，提供大量写作模板，能够管理大规模的数据库，并且与 Word 等编辑器集成度高。新版本 EndNote X4 解决了个人电脑上大量 PDF 文件的管理问题，实现了电子文章的链接功能，并加强了与浏览器的集成和快速编辑功能。

相比于一些其他的文献管理软件，EndNote 可能在某些特定功能上不如它们。例如，NoteExpress 在某些方面可能更符合中文用户的使用习惯，如导入中文文献数据库的便利性、笔记功能与分类管理等方面。此外，EndNote 的学习曲线可能对于一些用户来说较陡峭。

但对于学术研究人员来说，EndNote 仍是一个强大的助手，它不仅提高了文献管理的效率，还通过自动化和集成化的功能，提升了学术写作的质量和速度。通过合理使用 EndNote，研究人员可以更加专注于研究内容本身，而不必过分担心文献管理的细节问题。

（2）NoteExpress

NoteExpress 是一款专业的文献检索与管理软件，由北京爱琴海软件公司开发，专为学术研究和知识管理设计。NoteExpress 覆盖知识管理的各个环节，包括知识采集、管理、应用和挖掘，是学术研究和撰写论文的得力助手。

主要功能如下：

① 题录采集：支持从国内外电子图书馆、文献数据库及亚马逊（Amazon）等在线资源检索和下载文献书目信息。

② 数据库存储：用户可以根据不同的研究方向将文献存储于不同的数据库中。

③ 在线搜索文献：提供在线检索，帮助用户快速收集文献元数据信息。

④ 格式化文件导入：支持多种格式化文件导入，如 RIS、BibTeX 等。

⑤ 影响因子与收录范围查询：提供 JCR（《期刊引证报告》）影响因子查询和多种收录范围的匹配展示。

⑥ 文件夹信息统计与数据分析：进行年份分布、关键词分布等统计分析。

⑦ 笔记功能：支持富文本编辑的笔记功能，可以添加表格、图片、公式等，并与题录关联。

NoteExpress 的全中文界面，易于学习和使用：具有强大的笔记功能，支持多种内容编辑；支持多级文件夹结构，方便文献分类管理；提供相关检索历史保存功能；支持在线联机检索中文维普、国图中文图书等数据库,方便批量导入文献数据;已内置多种国内杂志的参考文献格式,无须用户自行设置。但 NoteExpress 是一款收费软件,个人版有不同权限的版本。不具备网络同步功能,但可以通过第三方云服务进行同步和共享。与 EndNote 相比,NoteExpress 缺乏内置 PDF 阅读器和全文检索功能。

NoteExpress 作为个人知识管理系统,能够通过其强大的文献管理和笔记功能,帮助用户高效地管理文献资料,提升学术写作的质量和效率。其数据分析工具还可以帮助用户快速了解研究领域的最新进展和研究趋势,为学术研究提供数据支撑。

(3) LaTeX

LaTeX 是一种基于 TeX 的排版系统,广泛用于学术出版、技术文档和任何需要高质量排版的场合。它由美国计算机科学家莱斯利·兰伯特(Leslie Lamport)在 20 世纪 80 年代初期开发,目的是提高文档处理的效率和质量。

主要功能如下:

① 数学公式:提供一套强大的语法来编写数学公式,这是其最大的优势。

② 文档结构:支持多种文档类(如 article、report、book 等),以及章节、小节等结构化元素。

③ 参考文献管理:与 BibTeX 或 Biber 等工具结合,方便管理和引用文献。

④ 图形和表格:支持图形插入和表格制作,包括复杂的跨页表格。

⑤ 定制性:通过宏包(packages)和宏定义(macros),用户可以定制文档的几乎任何方面。

⑥ 国际化:支持多种语言和字符集,适合全球用户。

⑦ 模板:提供大量的模板,适用于简历、论文、PPT 等。

LaTeX 能够产生高度一致和专业的文档格式,特别适合包含复杂数学公式和图形的科技文档。其源文件为纯文本,易于版本控制和长期存档。此外,LaTeX 社区有大量的资源和文档可供参考。不仅如此,LaTeX 还支持跨平台,可以在 Windows、MacOS 和 Linux 等系统运行。但是,LaTeX 需要时间掌握其语法和命令,在编写过程中可能不如所见即所得(WYSIWYG)编辑器直观。对于简单的文档,使用 LaTeX 就像"割鸡用牛刀"。

总的来说,LaTeX 是重要的科研工具,它不仅提高了科研文档的质量和专业性,而且也为文档的长期保存和维护提供了便利。尽管存在一定的学习成本,但掌握 LaTeX 对于科研人员来说是非常有价值的。

(4) CiteSpace

在科研工作中,常常需要对海量文献进行挖掘分析,找出关键文献进行细读与研究,并锁定研究热点,探寻学科前沿。下面介绍一个文献综述界的大案牍术——CiteSpace(引文空间)。作为一款功能强大的文献计量学软件,CiteSpace 能够帮助我们对文献进行可视化分析。

CiteSpace 是着眼于分析科学文献中蕴含的潜在知识，在科学计量学、数据可视化背景下逐渐发展起来的一款引文可视化分析软件。因为其是通过可视化的手段来呈现科学知识的结构、规律和分布情况，所以也将通过此类方法分析得到的可视化图形称为“科学知识图谱”。这个软件由美国雷德塞尔大学信息科学与技术学院的陈超美博士，以及大连理工大学的 WISE 实验室共同研发。

CiteSpace 的文献数据来源主要有以下几种，但我们需要注意的是，不同来源的数据所使用的格式是有特定要求的：对于 Web of Science，格式要求为全记录与引用的参考文献纯文本；对于 CSSCI，格式要求为默认格式 utf-8 编码；对于 CNKI，格式要求为 Refworks；对于 NSF(National Science Foundation)，格式要求为 nsf.gov：XML 或 research.gov：xlsx；对于 Derwent(德温特专利数据库)，格式要求为默认格式；对于 Scopus，格式要求为 RIS(.ris)/CSV。

CiteSpace 的研究前沿针对的是施引文献聚类，主要包括施引文献群组本身的内容，以及施引文献群组引用的参考文献。其知识基础是某个学科领域中相对于研究前沿文献集的所有前期文献集合，也可以简单地理解为文献共被引聚类。理论基础则为引文分析(citation analysis)。这是一种利用数学与统计学的方法，及比较、归纳、抽象、概括等逻辑方法，对科学期刊、论文、著者等各种分析对象的引证与被引证现象进行分析，进而揭示其中的数量特征和内在规律的文献计量分析方法。技术基础就是信息可视化(information visualization)。信息可视化是一个跨学科领域，旨在研究大规模非数值型信息资源的视觉呈现(如软件系统中的众多文件或一行行的程序代码)。

CiteSpace 通过可视化的图表(如网络图、时间线图、时区图等)，直观地展示研究领域的热点、关键节点、聚类情况，及随时间的演进趋势，以期帮助大家更好地进行科研。

2. 思维导图软件

思维导图，英文是 Mind Map，可以简单理解为“描绘思维的地图”。

一般来说，科研文献的章节都非常清楚，同学们可以通过构建思维导图，概括每个章节的主要内容与细分节点，从而高效地掌握每篇文献。同时，通过不同文献的总结概括，提取与自己研究的关联性、结论等，最大化利用文献。思维导图还是实验的利器，通过记录实验理论(文献)、实验设计和实验结果，研究脉络、结论也跃然纸上。足见，思维导图对于科研是多么的重要。接下来，分享三款用来绘制思维导图的实用软件，并客观、详细地考察它们各自的优缺点。

(1) iThoughts

1) 可为分支主题增加注释

注释内容不在整体的思维导图上出现，点击主题边缘的注释小图标就会在屏幕侧方的空白栏内显现。注释栏中的空间较大,可以插入文件、嵌入图像,以及按等级排列项目符号列表,还可以调整字体,运用各种文字符号,随时进行内容和格式上的调整。

2) 可为分支主题增加链接

点击主题边缘的链接小图标,具体链接就会在屏幕一侧的空白栏中显现。同学们平时在撰写论文时,经常涉及学界内不同学派对某些专有词汇作出的差异性解释,这些解释往往字数繁多且难以整理,此时就可以将相关网站的链接复制在分支主题的链接栏中,并可以分别标注每个网址所涉及的大致观点和来源。

3) 可编辑任务型主题

包括优先级、开始时间、到期时间、时间段、目前至截止时间所剩余的时间段、成本金额、任务负责人及任务进度,还可以分出若干个下位任务。同学们在使用思维导图规划论文撰写、复习考试、策划项目等学习任务时,iThoughts 的这一功能就能派上极大用场。软件内有关任务的各项要素也较为齐全,便于同学们直接、清晰地把握各阶段的任务流程和进度,也可以督促同学们及时完成任务,避免错过截止时间。

4) 可按照等级自动编号

既可以是阿拉伯数字,如 1、1.1,也可以是小写英文字母,如 a、a.b 等,还可以是自定义的任意一种格式,方便用户按照个人习惯进行设置,没有过多限制。

5) 可在同一大分支下各层次框定边界,也可以跨越不同大分支选择下位主题进行组群

这样的功能设置既可以帮助同学们建立模块式思维,还能够有效提醒大家要多从“异”中求“同”,培养自身的整体性思维。

此外,还有输出各种格式、设置密码等功能。总的来说,iThoughts 个性化非常丰富,便于同学们整理日常的科研学习任务等。

(2) XMind

1) 画面简洁清晰

XMind 自带的画面风格较多,线条清晰,框架明确,可以很好地呈现各分支的主题及其之间的关系。相对于 iThoughts,XMind 的功能略少一些,操作起来更简单,画面风格和画布背景也更侧重于简洁直观,方便思维导图初学者进行入门级学习。因此想要直接上手操作、喜欢简约风格的同学可以选择这一款软件。

2) 可附加语音备注和绘图

选定任意一个主题后,点击屏幕右上方的“+”,即可找到“语音备注”和“绘图”的选项。

3) 自带图标、贴纸种类丰富、样式齐全

XMind 自带的图标和贴纸虽然不像 iThoughts 中的图标那样有很强的立体感,但是种类更丰富齐全,样式更简约直观。同学们不仅可以在主题文字前插入各类图标,还可以在主题文字上方插入形象生动的贴纸,这样一方面可以更好地配合主题文字进行说明,另一方面

也可以为整体导图增添活泼、可爱的元素。

4）可在同一个导图中添加多个画布

同学们在梳理课本中某单元的知识点时，可以直接以单元名称命名思维导图文件，并可以按照不同模块在多个新画布中创制导图。如此一来，同学们在汇总时就无须担心遗漏某块内容了。

5）免费版本使用受限，备注、单独编辑功能不友好

只有付费用户可以图片插入、语音备注等，而且只有付费用户才享有存储导图文件的大容量空间，才能无背景底字地输出图片或 PDF 格式。此外，XMind 的备注栏较小，可供添加的文字数量极其有限：其备注栏是直接缩小放置于主题文字下方的，只能显示 20 个字。备注栏的查看方式也较为麻烦，只能通过点击“+”中添加备注的方式来查看，无法直接点击放大查阅。无法对一个主题中的部分文字进行单独编辑，想要处理部分文字格式时，无法单独设置，所编辑的样式会直接应用于该主题的所有文字上。

（3）幕布

1）适合整理多文字类导图

同学们在梳理和背诵考试重点时，必然会较多涉及专有词汇的概念解释、原文摘录等严谨性较强的文字资料，此时就可以使用幕布中的等级式排列大纲，将相关内容有条理并详细地输入进去。

2）层级化更明晰

幕布的优势不在于可视化导图的形象性和多功能性，而是其文字大纲明晰的层级化。同学们可以选择隐藏或显示不同层级主题下的内容，这样便于大家背诵时形成模块性逻辑思维，也可以较准确和方便地检验背诵内容。思维导图还可以随时切换快速高效编辑，多视角浏览。

3）色调偏黑、白、灰等颜色，可选画面颜色较少

喜欢色彩丰富的同学可以选择 iThoughts 和 XMind，喜欢黑、白、灰色调或简单风格的同学可以选择幕布。

4）可根据大纲自动生成形象化思维导图

对于刚接触思维导图、不知从哪里下手来创制的同学们，可以先在幕布的文字大纲中按照层级编辑传统类文字笔记，再通过软件自动生成思维导图。这样一来，初学者就可以较为顺利地从常规抽象的笔记法过渡到形象的思维导图法。

5）体量较小，功能较单一

幕布实质上更趋向于一种可缩进、可排序的符号列表大纲工具，便于依据文字大纲制作体量小的思维导图，但不利于创制大图，而且在可视化思维导图的创制中，可供使用的功能较为基础但极其有限。

在前文介绍的三款软件中，iThoughts 和 XMind 属于平面类思维导图，幕布属于大纲类思维导图。除此之外，制作思维导图的软件还包括 MindMaster、Mindjet 等，感兴趣的同学可以进一步探索。

同学们在创制思维导图时可以根据实际需要，并参考本小节列出的测评结果选择最适合自己的一款软件。

3. 数据分析软件

好的工具可以使数据分析事半功倍，不仅处理数据的效率更高，而且在数据可视化等呈现结果上也更好。现代学术、实用的大大小小方面，都从经验主义、定性分析向定量分析发展，追求准确性使得数据分析成为研究、决策不可缺少的可靠方法。

（1）Excel

Excel 是一款功能强大的电子表格软件，具有直观的界面、出色的计算功能和图表工具，在表格的管理和统计图制作方面功能强大，容易操作。一般只适用于基础数据分析和图表绘制。

Excel 的优点在于操作简单，具有普适性。Excel 满足了绝大部分办公制表的需求，同时也拥有相当优秀的数据处理能力。其自带基本描述统计、方差分析、统计检验、傅里叶分析、线性回归分析和线性规划求解功能，不过这些功能在 Excel 中没有默认打开，需要在选项中手动开启。Excel 提供的图表功能涵盖基本的统计分析手段，能够满足绝大部分数据分析工作的需求。同时，Excel 也具有相当友好的操作界面，对于具备基本统计学理论的用户来说是十分容易上手的。

Excel 的缺点在于高重复性、操作效率低。处理数据时经常会面临这样的情况：数据多、机械重复性工作多。如果使用 Excel 处理数据，那么需要重复很多次同样的操作，效率较低。此外，数据容量有限。有的版本数据容量最大行只到 1048576，当面临海量数据时，可能会出现用不了或经常卡顿、处理速度变慢等问题。

（2）SPSS

SPSS 是英文 statistical package for the social science 的缩写，翻译成中文是社会学统计程序包；较适合于社科类的数据分析处理，或较常见、规范的数据分析工作。

SPSS 的基本功能包括数据管理、统计分析、图表分析、输出管理等。其统计分析过程包括描述性统计、均值比较、一般线性模型、相关分析、回归分析、对数线性模型、聚类分析、数据简化、生存分析、时间序列分析、多重响应等几大类。每类又分为多个统计过程，比如回归分析分为线性回归分析、曲线估计、Logistic 回归、Probit 回归等多个统计过程，而且每个过程又允许用户选择不同的方法和参数。

SPSS 的优点在于操作简单方便。统计方法比较齐全，常用方法点击窗口最上方的菜单栏皆可使用。绘制图表方便多样，在选择模型进行数据分析时，一般默认导出常用图表，也可以通过点击对话框进行勾选。提供绘制的图表方便、多样且不需设计,自动导出成形、规范的图表,若需修改,导出至 Word 文件中编辑即可。

SPSS 的缺点在于自由度受限。菜单式操作带来简便性的同时,也决定了它的自由度受到一定限制,不能随心所欲地进行任何分析。多个样本需要重复操作,即当需要对多个样本数据进行分析时,需要重复多次点击一个个菜单栏选项,不如编程型软件只需要执行一次程序,就能完成整个分析过程。

(3) Python

Python 是一种解释型脚本语言,已成为最受欢迎的程序设计语言。它可以应用于科学计算和统计、网络爬虫、软件开发、Web 和 Internet 开发、人工智能等领域。从应用角度看,Python 比较适用于广大人群。

Python 的最大优势就是易学。Python 极其容易上手,提供了极其简单的说明文档。其次,性能强大。Python 具有快速数组处理、数值运算和绘图功能,Python 语言及其众多的扩展库所构成的开发环境十分适合工程技术、科研人员处理实验数据、制作图表,甚至开发科学计算应用程序。再次,免费、开源。Python 属于开放源码软件,使用者可以自由地发布这个软件的拷贝、阅读借鉴它的源代码并对它进行修改。最后,适用性广。Python 学习、使用的门槛较低,但深入钻研会发现 Python 也具有很多高级操作和强大功能。

Python 也有一些缺点,比如对有些专业用户来说,Python 的运行速度有时不及 C++,但大部分用户是感受不出区别的,Python 日常使用速度是非常快的。

(4) R 语言

R 语言是一套完整的数据处理、计算和制图软件系统。其主要功能包括:数据存储和处理系统、数组运算工具(其向量、矩阵运算方面功能尤其强大)、优秀的统计制图功能、用户可自定义功能等。因为 R 语言是通过命令行进行操作的,所以较适合有编程背景或喜好的数据分析人员。

R 语言的优点在于强扩展性。它的官方包中已经自带有相当丰富的分析命令和函数及主要的作图工具,但是最大特点是可以通过下载扩展包来扩展其分析功能,并且这些扩展包也是开源的。R 语言社区拥有一群非常热心的贡献者,这使得 R 语言的分析功能一直都很丰富。

但是严格来说,R 语言也存在一些不完美的地方,比如占用内存较多、处理大数据慢、编写 Loop 指令慢等。

(5) SAS

SAS 是 statistical analysis system 的缩写,翻译成中文是统计分析系统,一般适用于教育、科研、大型企业类的从事者或专业的统计人员。

SAS 将数据存取、管理、分析和展现有机地融为一体,功能完备。尤其是统计分析系统部分，由于其具有强大的数据分析能力，一直是业界中比较著名的应用软件。在数据处理方法和统计分析领域，SAS 被誉为国际上的标准软件和最具权威的优秀统计软件包。

SAS 的优点在于功能多样。SAS 系统是一个模块组合式结构的软件系统，共有 30 多个功能模块，提供的主要分析功能包括统计分析、经济计量分析、时间序列分析、决策分析、财务分析和全面质量管理工具等。

SAS 的缺点在于适用人群受限。因为 SAS 系统是用汇编语言编写而成的，所以使用 SAS 时通常需要编写程序，比较适合统计专业人员，而对于非统计专业人员而言，学习 SAS 比较困难。

（6）Stata

Stata 是一款专业统计软件，集数据管理、统计分析与可视化于一体，支持命令行和图形界面操作，广泛应用于经济学、医学等研究领域。它提供许多功能，包含线性混合模型、均衡重复反复及多项式普罗比模式。更为突出的是，用 Stata 绘制的统计图形相当精美。

Stata 的优点首先在于指令简单。虽然需要编写指令语句，但 Stata 的指令语句很直观，理解起来并不困难。其次，经济学类功能突出。对于经济学专业人员来说，Stata 绝对够用，而且在以上 5 款软件中，效率是最高的。再次，学习资源多且难度不大。比如，人大经济论坛等网站上关于 Stata 的学习资源很多；Stata 公司的扩充包也在不断更新，操作上难度只比 SPSS 高一点，完全可以自学。最后，绘图多样且精美。Stata 的作图模块主要提供 8 种基本图形的制作：直方图、条形图、百分条图、百分圆图、散点图、散点图矩阵、星形图及分位数图。

Stata 的缺点在于适用领域较窄，局限于经济学相关领域。准确来说，Stata 不是统计学工具，而是计量经济学工具，更偏向于经济学，如各种消内生的二阶段回归方法等。

值得注意的是，学习数据分析软件时要注重学以致用，不能只是草草听课而不实际使用，到最后慢慢遗忘。最好根据自己的需求学习对应的软件，然后学以致用，在使用中彻底掌握技巧。

3.1.2 科研路径

提起科研，很多同学可能觉得神圣而遥远，事实上，同学们在大学期间有很多接触科研且深入科研的机会。下面为同学们列举一些本科时期的科研渠道。

1. 加入导师课题组

想要参与科研，单靠自己的努力是远远不够的，同学们可以利用课间或课后时间与老师进行交流，积极自荐，争取进入老师的实验室学习。如果对本校导师不熟悉，可以寻求辅导员老师的帮助，因为老师们之间的关系通常比我们与老师之间的关系更为密切。此外，同学们还可以向研究生学长咨询，或者请他们帮忙向导师推荐。保持积极主动的态度，经常去实验室和办公室，让老师和学长看到自己的态度和决心，这将有助于你更快地接触到课题组的竞赛和论文工作。同学们一定要学会合理利用身边的资源，因为老师们通常都喜欢勤奋好学的学生。另外，像中国科学院等以科研为主的院校通常会有暑期实习或专门的“科创训练营”，可以关注并积极参与。

2. 申请本科生科研项目

一般，学校都会设有本科生科研项目，这些项目的申请通过率相对较高，也是产出论文的好机会。如果想要申请，建议同学们寻找志同道合的队友和经验丰富的指导老师，这样更有利于项目的顺利进行。此外，同学们还可以巧妙利用资源，撰写论文。许多大学都有公开的数据库，如中国家庭追踪调查(China family panel studies，CFPS)等，同学们可以充分利用这些资源，主动寻找研究课题，整理数据资料，撰写论文。

3. 参加学术讲座、论坛

很多高校都会邀请学者进行学术报告或讲座，而且近些年国内越来越多的高校会从国外邀请知名学者进行讲座。当同学们初步明确自己的兴趣方向后，可以关注一些学校(甚至外校)组织的各种学术报告。虽然这些报告的主要对象往往是老师和研究生，但对于想要开拓视野深入了解相关专业领域的本科生，也是非常有益的。为了获得这些信息，同学们可以通过相关学术公众号加入一些学术报告的 mailing list，或者通过校园里张贴的学术报告通知。在看到和自己专业比较相关的报告题目时，同学们尽量能够安排时间参加。与研究生不同，本科生听讲座时可以更关注学术报告中所解决的问题和最终的结论，而不一定是方法的细节。具体而言，听讲座时可以思考以下四个问题：

- 这个报告试图解决/回答什么问题？
- 这个报告是如何解决这个问题的？是建模还是实验证明？又是如何具体解决的？
- 这个报告中对解决这个问题获得了什么样的结果？
- 你觉得这个讲座中谈到的问题是否有意思、有价值？你是否有兴趣进一步了解？

听完之后，如果同学们能够回答前三个问题，那么说明这个方向至少是潜在的、自己有能力研究的方向。这里最重要的是第四个问题。它是一个很主观的问题，不同的人对同一个报告会有不同的感觉，有些人感觉很好，有些人可能觉得很无聊。觉得无聊也是一个很正常的感觉，但也有可能同学们在某一天就被某个报告所吸引，发现其中的问题非常有意思。而这样的情况往往一次就能产生很深远的影响。

至于学术论坛，一般来说有些学院会举办学术论坛，发布征稿通知，然后评选优秀论文。著名的如南京大学商学院的“银星杯”、匡亚明学院基础学科论坛等，它们会发布详细的征稿要求。同学们可以尝试自己撰写论文，然后投稿，锻炼自己的科研能力。

通过以上途径，同学们可以充分利用大学资源，积极参与到科研活动中，从而为未来的学术或职业生涯打下坚实的基础。当然，想在本科阶段做好科研，有以下几个方面需要重点

注意:

① 主动争取。比如,老师的课题组可能竞争比较激烈,同学们一定要发挥自己的主动性,向老师表达自己做科研的强烈意愿,同时做好一些相应的准备。比如,对于老师的研究课题有自己的独特见解,对本学科领域的研究热点有自己的思考,等等,让老师发现自己做的功课,从而顺利加入课题组,获取科研资源。

② 打好基础。科研本质上是对某一领域的深入研究。在此之前,必须掌握本学科的最基础知识、科研基础理论和研究方法等。在进一步研究时,能够有所储备,从而更好、更早地进入科研状态。比如,可以多看文献,多了解本学科的研究进展,也可以多跟小伙伴们一起参加项目,在实际运用的过程中夯实自己的专业基础。

③ 借助工具。前文所言的各种科研工具都有对应的使用场景,选择适合自己的科研工具,可以事半功倍,大幅提升科研效率。

3.2 竞赛攻略

大学阶段,竞赛种类丰富多彩,但哪些竞赛值得参加呢? 本节将介绍一些竞赛攻略,帮助同学们提升竞赛能力,获得理想的奖项。

3.2.1 参加竞赛的原因

参加竞赛获得高含金量奖项,有助于同学们在综合成绩上获得优势,并且有可能直接获得保研资格(注:近年来竞赛单列指标呈收紧之势)。具有专业竞赛获奖经历也可以在考研复试中赢得老师们的好感。此外,在留学申请中也有一些认可度比较高的竞赛,如美赛、贝恩杯等。

在参加竞赛的过程中,同学们可以通过解决相关问题,提升自己的专业技能。比如,参加数学建模竞赛,可以让同学们更熟练地运用数学工具解决问题,提升逻辑思维和数据分析能力。又如参加中国大学生 Chem-E-Car 竞赛,通过自行设计并制作以化学反应为唯一动力源的小车,提升自己的实践动手能力。在竞赛中学习、成长,可以不断地增加自己的创造性思维和批判性思维,提升综合素质。

有一些竞赛是公司赞助的,如华为系列竞赛。参加这些竞赛并获得名次,可以拿到直通最后一轮的面试卡,极大地增加自己被华为公司录取的概率。其他竞赛诸如花旗杯、贝恩杯等,也有同等功效,也可以让自己更方便地进入头部公司。如果没有参加此类竞赛,也有一些高含金量的竞赛,深受广大人力资源(human resources,HR)及面试官的认可,毕竟在竞赛中锻炼解决实际问题的能力是有目共睹的。

所以无论是升学还是就业,参加竞赛都有着重要意义,同学们应该充分认识到竞赛带来的成长,积极参与到竞赛中。

3.2.2 通用类的高含金量竞赛

虽然竞赛对于保研很重要,但也并不意味着所有的竞赛都值得参加。同学们需要查看本院系的加分细则,参加合适的加分竞赛。对此,本小节整理出以下含金量高、多数专业都能够参加的竞赛,有意保研的同学们可以提前关注这些竞赛的需求与时间线,尽早做好准备,争取获奖以提升自身的竞争力。

1. 科创类

(1) 全国大学生创新创业训练计划项目

全国大学生创新创业训练计划项目(简称“大创”),分为创业训练项目、创业实践项目和创新训练项目。其中,创新训练项目是本科生个人或团队在导师指导下自主完成创新性研究项目设计、研究条件准备和项目实施、研究报告撰写、成果(学术)交流等工作;创业训练项目主要是通过编制商业计划书、开展可行性研究、模拟企业运行、参加企业实践、撰写创业报告等方式进行;创业实践项目是通过提出一项具有市场前景的创新型产品或服务,以此为基础开展创业实践活动。创新训练项目可以个人或团队形式进行申报,项目人数为 1～5 人;创业训练项目必须以团队形式进行申报,项目人数为 3～5 人。以团队形式申报时,团队成员结构应合理,学校优先支持跨年级、跨专业、跨学科组建的队伍。官方网址为:http://gjcxcy.bjtu.edu.cn。

(2)“挑战杯”全国大学生课外学术科技作品竞赛

“挑战杯”全国大学生课外学术科技作品竞赛(简称“大挑”)是一项全国性的竞赛活动。该比赛创办于 1986 年,由教育部、共青团中央、中国科学技术协会、中华全国学生联合会、省级人民政府主办,承办高校为国内知名学府。“挑战杯”系列竞赛被誉为中国大学生学术科技奥林匹克,是国内最热门、大学生最关注的全国性竞赛,也是全国最具代表性、权威性、示范性、导向性的大学生竞赛。每两年举办一次,通常奇数年举办,旨在激发大学生的创新精神和迎接挑战的勇气,同时培养具有创新能力的未来人才。在时间安排上,通常是 3—5 月举行校赛,5—6 月举行省赛,7—11 月举行国赛。官方网址为:http://www.tiaozhanbei.net/。

(3)“创青春”全国大学生创业大赛

在原有“挑战杯”中国大学生创业计划竞赛的基础上,共青团中央、中国科协、教育部和全国学联共同组织开展了“创青春”全国大学生创业大赛(简称“小挑”)。该比赛每两年举办一次，通常偶数年举办。大赛聚焦创新、协调、绿色、开放、共享新发展理念，共设五个组别：科技创新和未来产业、乡村振兴和农业农村现代化、社会治理和公共服务、生态环保和可持续发展、文化创意和区域合作。以小组形式参赛，人数原则上最多为 15 人，按要求提交项目申报表、参赛汇总表、创业计划书和项目介绍材料等。在时间安排上，通常是 3—5 月举行校赛，7—8 月举行省赛，9—11 月举行国赛。官方网址为：http://www.chuangqingchun.net/。

（4）中国国际大学生创新大赛

原中国"互联网＋"大学生创新创业大赛，现更名为中国国际大学生创新大赛，由教育部与政府、各高校共同主办。参赛类别分为高教主赛道、青年红色筑梦之旅赛道、职教赛道、产业命题赛道和萌芽赛道。在时间安排上，通常是 5—8 月参赛报名，6—8 月高校初赛，6—8 月省市复赛，10 月全国总决赛以及颁奖典礼。官方网址为：https://cy.ncss.cn/。

（5）全国大学生电子商务"创新、创意及创业"挑战赛

全国大学生电子商务"创新、创意及创业"挑战赛（简称"三创赛"），是由教育部委托教育部高校电子商务类专业教学指导委员会主办的全国性在校大学生学科性竞赛。分为常规赛和实战赛两类比赛，实战赛包括跨境电商实战赛、产学用（BUC）实战赛、乡村振兴实战赛、商务大数据分析实战赛、直播电商实战赛、新零售电商实战赛。比赛采用小组赛和终极赛（排名赛，各小组第一名进入终极赛）两轮赛制，参赛者不能跨级参赛。一般情况下，每个参赛团队根据不同赛道主题，准备商业计划书、路演 PPT 及路演答辩。官方网址为：http://www.3chuang.net/。

（6）中国大学生服务外包创新创业大赛

中国大学生服务外包创新创业大赛，是为了响应国家关于鼓励服务外包产业发展、加强服务外包人才培养的相关战略举措与号召，每年举办一届的全国性竞赛。参赛团队以学校为单位统一集中报名，每个团队的队员数量上限为 5 人。2024 年的大赛分为 A、B、C 三个竞赛类型（A 类：企业命题类；B 类：创业实践类；C 类：创响无锡类），参赛团队需经过报名参赛、自主选题、分散备赛和集中答辩等环节，以评选出优秀团队。官方网址为：http://www.fwwb.org.cn/。

2. 英语类

（1）全国大学生英语竞赛

全国大学生英语竞赛（national English competition for college students，NECCS），是我国规模较大、参与人数众多的全国性大学生英语综合能力竞赛，由高等学校大学外语教学指导委员会和高等学校大学外语教学研究会组织，英语辅导报社、考试与评价杂志社承办，也是全国唯一一个考查大学生英语综合能力的竞赛活动。每年 2—4 月报名，初赛定于每年的 4—5 月中旬，省级决赛与总决赛每年 5—8 月举行。这项比赛不限专业，个人即可参加，并且含金量与知名度都很高，关键是获奖难度不大（因为 NECCS 的奖项评定是每所学校内

部划定比例,所以学校层次相对较低的院校,反而更容易获奖),并且一旦获奖就是国家级的奖项(但有的学校或场合可能会将此奖项判定为校级奖项),因此强烈推荐同学们参与这一竞赛。此外,英语能力是保研面试中导师十分看重的能力之一,因此有意保研的同学更应该重视。官方网址为:http://www.chinaneccs.cn/。

(2)"外研社·国才杯""理解当代中国"全国大学生外语能力大赛

"外研社·国才杯""理解当代中国"全国大学生外语能力大赛,设置英语组、多语种组和国际中文组三大组别,覆盖英语、俄语、德语、法语、西班牙语、阿拉伯语、日语、意大利语、葡萄牙语、韩国语和国际中文共11个语种。英语组和多语种组采用校级初赛(校赛)、省级复赛(省赛)和全国决赛(国赛)三级赛制。英语组设置国际传播综合能力(原英语组演讲、阅读、写作赛项合并为国际传播综合能力赛项)、翻译(分笔译、口译)和短视频赛项。多语种组各语种不设置分赛项,重点考查外语综合运用能力。国际中文组采用省赛和国赛两级赛制,设有中文短视频赛项,旨在考查来华留学生的中文综合运用能力。其时间安排大致为:4—10月举行校赛,10—11月举行省赛,11—12月举行国赛。官方网址为:https://uchallenge.unipus.cn/。

(3)"21世纪杯"全国英语演讲比赛

"21世纪杯"全国英语演讲比赛由中国日报社于1996年发起并主办,由英文《21世纪报》承办,是目前国内规格最高的英语演讲比赛。大赛组织周密、赛程严谨,评委阵容权威,吸引了全国五百多所高校学生的广泛参与,并得到教育部和国际英语教学权威机构的高度评价和大力支持。比赛形式包括已备演讲、即席演讲和现场问答。地区初赛、复赛和决赛分别安排在1—4月、4—5月及5—6月,而全国半决赛/总决赛安排在10月左右。官方网址为:https://contest.i21st.cn/。

3.数学及建模类

(1)全国大学生数学建模竞赛

全国大学生数学建模竞赛创办于1992年,每年一届,是首批列入"高校学科竞赛排行榜"的19项竞赛之一。目前,它已成为全国高校规模最大的基础性学科竞赛,同时也是世界上规模最大的数学建模竞赛。国赛分为本科组和专科组,每个参赛队伍必须由同一所学校的3名学生组成。比赛通常在9月举行,为期3天,参赛者需要在规定时间内完成数学建模任务。官方网址为:http://www.mcm.edu.cn/index_cn.html。

(2)全国大学生数学竞赛

全国大学生数学竞赛由中国数学会承办,其目的是激励大学生学习数学的兴趣,进一步推动高等学校数学课程的改革和建设,提升大学数学课程的教学水平,以及发现和选拔数学创新人才。全国大学生数学竞赛的参赛对象为大学本科二年级及二年级以上的在校大学生,竞赛分为数学专业类竞赛题和非数学专业类竞赛题。官方网址为:http://www.

cmathc.cn/。

（3）美国大学生数学建模大赛

美国大学生数学建模竞赛(mathematical contest in modeling/the interdisciplinary contest in modeling,MCM/ICM)由美国数学及其应用联合会主办,是唯一一项国际性数学建模竞赛,也是世界范围内最具影响力的数学建模竞赛。竞赛要求3人(本科生)一组,在4天内就指定的问题完成从建立模型、求解、验证到论文撰写的全部工作,旨在考查参赛者研究问题、解决方案的能力及团队合作精神。该竞赛的时间一般安排在每年的2月初。官方网址为:https://www.comap.com/。

（4）全国大学生统计建模大赛

全国大学生统计建模大赛,旨在激发大学生关注时事、聚焦经济社会发展热点和难点问题的积极性,提高他们数据挖掘、数据分析、运用统计方法及计算机技术处理数据的能力,推动统计学科教学发展和大数据时代统计人才培养。校赛阶段在3—5月,省赛阶段在6月。7月进行国赛通讯评审、现场会议评审,评出国赛三等奖、部分二等奖以及入围答辩赛的参赛队伍。8月进行国赛现场答辩,届时将评选出剩余的部分二等奖和一等奖。官方网址为:http://tjjmds.ai-learning.net/。

4. 其他类

这里附上中国高等教育学会发布的《2024全国普通高校大学生竞赛分析报告》竞赛目录(表3.1),供有意保研的同学们参考。当然,还是建议同学们根据自身的兴趣与本院校的推免细则,重点关注那些可以加分的高性价比竞赛。

表3.1　《2024全国普通高校大学生竞赛分析报告》竞赛目录

中国国际“互联网+”大学生创新创业大赛	全国大学生地质技能竞赛	“外教社杯”全国高校学生跨文化能力大赛
“挑战杯”全国大学生课外学术科技作品竞赛	全国大学生光电设计竞赛	百度之星·程序设计大赛
“挑战杯”中国大学生创业计划大赛	全国大学生集成电路创新创业大赛	全国大学生工业设计大赛
ACM-ICPC国际大学生程序设计竞赛	全国大学生金相技能大赛	全国大学生水利创新设计大赛
全国大学生数学建模竞赛	全国大学生信息安全竞赛	全国大学生化工实验大赛
全国大学生电子设计竞赛	未来设计师·全国高校数字艺术设计大赛	全国大学生化学实验创新设计大赛
中国大学生医学技术技能大赛	全国周培源大学生力学竞赛	全国大学生计算机系统能力大赛

续表

全国大学生机械创新设计大赛	中国大学生机械工程创新创意大赛	全国大学生花园设计建造竞赛
全国大学生结构设计竞赛	中国机器人大赛暨 RoboCup 机器人世界杯中国赛	全国大学生物联网设计竞赛
全国大学生广告艺术大赛	“中国软件杯”大学生软件设计大赛	全国大学生信息安全与对抗技术竞赛
全国大学生智能汽车竞赛	中美青年创客大赛	全国大学生测绘学科创新创业智能大赛
全国大学生电子商务“创新、创意及创业”挑战赛	睿抗机器人开发者大赛(RAICOM)	全国大学生统计建模大赛
中国大学生工程实践与创新能力大赛	“大唐杯”全国大学生新一代信息通信技术大赛	全国大学生能源经济学术创意大赛
全国大学生物流设计大赛	华为 ICT 大赛	全国大学生基础医学创新研究暨实验设计论坛(大赛)
外研社全国大学生英语系列赛——① 英语演讲,② 英语辩论,③ 英语写作,④ 英语阅读	全国大学生嵌入式芯片与系统设计竞赛	全国大学生数字媒体科技作品及创意竞赛
两岸新锐设计竞赛·华灿奖	全国大学生生命科学竞赛(CULSC)	全国本科院校税收风险管控案例大赛
全国大学生创新创业训练计划年会展示	全国大学生物理实验竞赛	全国企业竞争模拟大赛
全国大学生化工设计竞赛	全国高校 BIM 毕业设计创新大赛	全国高等院校数智化企业经营沙盘大赛
全国大学生机器人大赛(CURC)	全国高校商业精英挑战赛——① 品牌策划竞赛,② 会展专业创新创业实践竞赛,③ 国际贸易竞赛,④ 创新创业竞赛,⑤ 会计与商业管理案例竞赛	全国数字建筑创新应用大赛
全国大学生市场调查与分析大赛	“学创杯”全国大学生创业综合模拟大赛	全球校园人工智能算法精英大赛
全国大学生先进成图技术与产品信息建模创新大赛	中国高校智能机器人创意大赛	国际大学生智能农业装备创新大赛
全国三维数字化创新设计大赛	中国好创意暨全国数字艺术设计大赛	“科云杯”全国大学生财会职业能力大赛

续表

“西门子杯”中国智能制造挑战赛	中国机器人及人工智能大赛	全国职业院校技能大赛
中国大学生服务外包创新创业大赛	全国大学生节能减排社会实践与科技竞赛	全国大学生机器人大赛 ROBOTAC
中国大学生计算机设计大赛	“21 世纪杯”全国英语演讲比赛	世界技能大赛
中国高校计算机大赛——① 大数据挑战赛，② 团体程序设计天梯赛，③ 移动应用创新赛，④ 网络技术挑战赛，⑤ 人工智能创意赛	iCAN 大学生创新创业大赛	世界技能大赛中国选拔赛
蓝桥杯全国软件和信息技术专业人才大赛	“工行杯”全国大学生金融科技创新大赛	“一带一路”暨金砖国家技能发展与技术创新大赛
米兰设计周——中国高校设计学科师生优秀作品展	中华经典诵写讲大赛	码蹄杯全国职业院校程序设计大赛

3.2.3　通用类竞赛攻略

竞赛种类虽然丰富多彩，但是目的是一致的，即解决竞赛的核心问题，获得成果。本小节将以团队比赛为例，着重介绍一些通用类竞赛的攻略，以期帮助同学们取得好成绩。

1. 组建团队

（1）找到技能互补、志同道合的靠谱伙伴

同学们可以通过校内的社交网络或媒体平台寻找潜在队友，例如，加入与竞赛主题相关的兴趣小组或社团，或在学校公告板、同学群发布招募信息，找到具备所需技能且愿意共同奋斗的队友。

在团队组建方面，要特别注重成员之间的技能互补，此外还要选择具有良好沟通能力的伙伴，并确保每位成员都愿意投入足够的时间和精力。这对于竞赛的结果非常重要，好的团队才能行稳致远，共同努力胜率才会更大。

（2）合理分配角色和职责

首先应该明确队长，建议同学们通过团队协商，选出本组的队长，后续在队长的领导下，更好推进各项事宜。之后，结合队员的自身情况尤其是兴趣、专长、意向等，由队长进行全面评估，合理分配任务。当然团队也要根据项目进展适时调整分工，可以确保团队成员各司其职，充分发挥各自的专长。

注意保持团队的灵活性，定期回顾进展情况，根据团队成员的表现，评估角色与职责的适配性，必要时可以调整成员的分工。总之，核心目的就是加强团队的凝聚力，提升成员的责任感，让他们能够全心全意地做好自己职责范围内的事情。

（3）寻求指导老师的技术支持

一般来说，同学们可以寻求熟悉竞赛领域的专业导师、行业专家及往届参赛选手的支持，他们往往都具有丰富的经验，从他们那里可以获得宝贵的指导和建议。最好是选择厉害的导师，尤其是指导过获奖队伍的导师，这种导师有资源、有经验，可以极大地提升团队获奖的概率。

同学们要充分利用导师团队的专业知识和经验，积极寻求建设性的反馈，积极思考这些反馈的底层逻辑。将接受反馈后做出的调整、解决方案充分应用到竞赛准备中，可以显著加快解决竞赛问题的速度，得到理想的成果。

此外，注意合理安排与导师见面的时间，尊重导师的时间安排，合理的时间安排可以让老师的指导更加顺畅、高效。与导师建立良好的沟通关系，不仅可以获得技术层面的支持，还能够获得情感上的鼓励。有引路人的引导，团队成员往往会信心十足、活力满满，可以极大地调动团队成员的积极性，从而提升效率和质量，帮助大家更好地完成竞赛。

2. 打磨项目

打磨一个项目，无论是为了参加竞赛还是为了实际的应用场景，都需要经过精心的策划和执行。

（1）结合科研项目，确定好的课题

一般来说，老师的科研项目，尤其具有科研成果的项目，也适合用来参加竞赛。同学们可以尽早加入课题组，参与到具体的科研项目中，为后续的竞赛提供一定的支持。注意，尽量选择愿意指导学生参加比赛的课题组，只有这种传统的课题组一般都有比较成熟的经验，而且非常乐意把项目成果给学生去参加比赛，这样能极大地增加竞赛的获奖概率。

（2）借鉴往届获奖项目，挖掘好的创意

查看历届获奖项目的文档、视频演示和介绍，并分析这些项目的创新点、技术实现、市场定位等。思考这些项目为什么能够获奖，它们解决了哪些问题，采用了哪些技术手段。确定感兴趣的方向后，在社交媒体、论坛和技术社区上关注相关领域的讨论，也可以参加相关的讲座和研讨会，与同行交流心得，积累相关知识和经验。团队成员之间要定期进行头脑风暴，讨论可以从哪些方面改进现有的解决方案；或者尝试将不同的技术或概念融合在一起，创造出新的应用方案。

3. 答辩展示

不是所有的竞赛都有这个环节，但是科创类和一些专业竞赛类，如节能减排大赛、金相技能大赛等都会有所涉及。

(1) 答辩 PPT 要精益求精

所有成员都应为答辩 PPT 倾注全力。首先,模板最好选择适合大赛主题的颜色和版式。其次,明确整个 PPT 的框架,确保表达逻辑没有问题,层层递进。选取最主要、最核心的内容进行深入阐述,确保详略得当。PPT 一般需要多次修改,精益求精。通过团队主讲人试讲,找出其中的不足,不断调整讲稿和 PPT 内容,使两者完美融合。

(2) 汇报要自信

经过 PPT 的准备,对于汇报什么,着重讲解什么,答辩人都应了然于胸。这里提出一些细节事宜:注意保持积极的肢体语言,如站立姿势、手势等,传递自信;跟评委进行眼神交流,展现出团队的热情和信心;尤为重要的是,保持适当的语速,既不要太快也不要太慢,确保评委能跟上汇报的思路。

(3) 应对质疑要有条理

一般来说,答辩展示都会有提问回答环节。评委质疑时,首先要表示感谢,然后正面回应问题,解释原因并突出自身的优势。切记回答问题时要简洁明了,避免冗长的回答,确保评委们能够有兴趣聆听自己的答辩。当遇到确实没有准备且难以回答的问题时,也要保持冷静和专业态度。跟评委们提出自己的初步思考及可能的解决设计等,表示会进一步深入研究提出的问题,展现出团队的积极态度。答辩结束后,记得再次感谢评委。

综上所述,参加竞赛是提升个人能力和专业技能的有效途径,更是探索兴趣、结交良师益友的宝贵机会。选择适合自己的竞赛,精心准备每个环节,是大学生活中不可或缺的经历。无论最终的结果如何,这段旅程本身就是一次成长和收获。

3.3 实习攻略

大学生实习是指在校大学生进入政府机关、企事业单位和社会团体等用人单位,从事与所学专业相关工作任务的实践活动。对于大学生来说,实习是提升专业能力、积累工作经验的重要途径。

大学期间的实习主要分为日常实习和毕业实习两种形式。

日常实习是在学期中同学们利用课余时间或假期进行的实习活动。这类实习时间安排较为灵活,同学们可以根据自己的课程表合理调整实习时间。日常实习竞争相对较小,尤其是对于低年级的同学,公司对其要求较为宽松,这类实习更多的是为了让同学们了解职场规则,积累职场经验,虽然与留用不一定直接挂钩,但为未来的暑期实习和正式工作提供了重要准备。

毕业实习通常在大学最后一个学期,是同学们毕业前进入职场的一个重要阶段。很多高校都将毕业实习算入学分，通常是为了帮助同学们在完成毕业要求的同时，获得进入专业领域工作的初步经验。毕业实习往往和毕业论文、项目紧密结合，要求同学们能够将所学的专业知识应用于实际工作中。因此，毕业实习不仅是对大学期间所学知识的实践检验，也是同学们职业生涯的起点。部分毕业实习还可能直接与留用机会相关，表现优异的同学有机会在实习结束后获得正式的工作合同。

无论是日常实习还是毕业实习，都为同学们提供了实践知识的机会，同时帮助大家更好地了解自己未来的职业方向。在选择实习时，同学们应该根据自己的学习安排、职业规划和兴趣爱好合理选择实习机会，积极积累工作经验，为未来的就业打下坚实的基础。

3.3.1 低年级同学是否有必要进行日常实习

日常实习可以为低年级同学提供很多好处，包括职业探索和积累实践经验。然而，是否有必要过早参与实习，以及是否需要投入大量时间进行实习，同学们需要从以下两个方面慎重考虑：

1. 职业规划与学习的平衡

日常实习的确为同学们提供了宝贵的职业探索机会，可以帮助同学们了解自己未来的职业方向。例如，通过参与市场营销实习，同学们可能发现自己更喜欢数据分析而非策划。然而，同学们也应避免为追求实习机会而盲目“内卷”。实习固然重要，但过早投入大量时间甚至为了实习而翘课，进而影响学业、影响毕业的做法不可取。对有明确升学计划的同学来说，应把更多的时间放在学术研究、科研项目和竞赛等活动上，这是因为对于学术导向的职业规划来说，学业成绩、科研成果和专业知识的扎实掌握比实习经历更为重要。

2. 职业探索与目标匹配

日常实习的另一个好处是可以通过实践了解某些职业的实际情况，从而调整自己的职业方向。然而，这并不意味着所有的实习都值得参加。有些实习可能过于琐碎，无法真正提升自己的职业技能。比如，一些实习岗位仅仅涉及简单的行政任务、复印文档或跑腿工作，这类实习并不能为大家的职业发展带来显著的提升。尤其是对于未来打算升学或从事科研工作的同学，科研项目、学术竞赛及专业知识的积累可能比实习经历更为重要。因此，在参加实习时，同学们应该选择那些能够真正帮助自己积累相关专业技能、提升沟通能力与团队协作能力的岗位，而非盲目地追求实习数量。

整体而言，日常实习确实能够帮助同学们积累经验，提升综合能力，但是否有必要过早投入，取决于同学们的职业规划和学业目标。切勿因为实习而忽视学习，也不要盲目追求数量而忽视实习的质量。合理规划自己的时间，确保实习和学业之间的平衡，才能在未来的求职或升学中占据优势。

3.3.2 日常实习的准备

1. 尽早了解行业与岗位需求

同学们在寻找日常实习时，首要任务是了解自己感兴趣的行业和岗位需求。同学们可以尝试与本专业的前辈交流，了解他们的职业选择及发展路径，然后通过职业发展中心、招聘网站、校友网络等途径，获取相关行业信息和岗位信息。在获取信息后，同学们可以根据其公布的岗位要求，有针对性地进行准备。

为了更好地匹配岗位需求，同学们可以在实习前学习一些实用的技能，如 Excel、Word、PowerPoint 等办公软件的操作，尤其是 Excel 中数据处理、统计和图表制作的技能，这些几乎是所有职场岗位的基础要求。提前掌握这些技能不仅可以提高工作效率，还可以在实习面试中展示出自己对岗位的实际准备。此外，熟悉基础的行业工具和相关软件（如营销工具、编程软件、设计软件等）也会让自己在实习中更快上手，表现更为出色。

2. 丰富简历，勇于投递

实习的第一步是投递简历。部分同学可能会因缺乏相关实习经验不知如何撰写简历，其实大家可以通过撰写学术成绩、校园活动、社团组织、课程项目、志愿者活动、办公技能等丰富简历。这些经历能够反映同学们的综合能力、责任感和团队协作能力。编写简历时，还应该针对目标岗位的职位描述（job description，JD）进行匹配和优化，突出与岗位相关的能力和经历。

最后，勇于投递简历也是成功的关键。即使面对竞争激烈的实习岗位，也要勇于尝试，不要被“卷”的心理压倒。每次面试或实习都是锻炼和提升自己的宝贵经历。

3. 充分利用校内资源

学校通常会提供丰富的职业发展资源，例如，学校的职业发展中心、企业宣讲会、校友讲座等都是获取实习信息的绝佳渠道。此外，部分学校还会组织实习或企业参观等活动，让同学们有机会深入了解实际工作环境，并与行业专家和从业者直接交流，同学们需要多多关注此类机会。

不仅如此，老师和父母的资源也同样重要。很多老师在学术界和业界都有丰富的资源和人脉，他们可以为同学们提供实习推荐或行业建议。父母及家人的职业资源也可以帮助大家获得更多实习机会。例如，如果父母所在的行业或公司与你的兴趣领域相关，不妨询问是否有实习岗位或相关的行业资源。

最后，善用学长等校友资源。同学们可以多多参加学院活动，联系优秀的学长，他们也许能够帮你内推以获取更多的实习机会，不要忽视这类宝贵的资源。

4. 合理规划时间

在实习过程中，合理规划时间尤为重要。有些实习可以在线上完成，有些实习则要求每周至少三天的固定时间,这就需要同学们在课业和实习之间做好时间平衡。如果实习时间与上课时间冲突,那么可能会影响学业进度。因此,同学们在选择实习时需要综合考虑自己的课业安排,避免过度分散精力,导致学业和实习无法兼顾。

例如,在暑期期间,同学们可以充分利用这段时间安排实习或参加学校组织的实践项目,如实习或企业参观活动。在上课期间,同学们就需要选择时间要求较为灵活的实习岗位,也可以通过线上或兼职形式进行实习,确保学业和实习能够平行进行。

3.3.3 实习过程中的注意事项

1. 规划实习时间,合理安排学习与工作

日常实习时间灵活,但同学们在参与实习时需要注意合理安排时间,避免实习过度影响学习,否则得不偿失。建议同学们在实习初期与公司沟通好自己的课业安排,确保工作与学习均能兼顾。

2. 注重实践积累,明确个人发展方向

日常实习为同学们提供了一个探索和尝试的机会。在实习过程中,同学们应该主动参与各类项目和工作,尽量多学习一些与自己专业相关的技能。通过实习,同学们可以明确自己对未来职业发展的需求,也可以更好地规划下一步的实习或职业选择。

3. 多与同事沟通,拓展人脉网络

实习不仅是提升个人能力的机会,也是积累职场人脉的重要途径。同学们可以在实习期间主动与同事交流,向前辈学习,获取更多职业发展方面的建议。良好的人脉网络不仅对今后的求职大有裨益,也可以为大家提供更宽阔的职业视野和更多的选择。

3.3.4 实习经验的评估和复盘

1. 及时总结,记录成长点滴

实习结束后,一定要及时总结。建议同学们记录自己在实习中的表现、学到的技能以及存在的不足。这些记录不仅是未来面试时的宝贵素材,还能够帮助同学们明确下一步的发展方向。

2. 反思个人成长,制订下一步的目标

实习是一段发现自我、认清行业的旅程。实习结束后,同学们应对自己的表现进行反思,总结自己的优势与不足,并制订相应的改进计划。例如,哪些技能需要进一步提升,是否有必要参与更多的项目或比赛以丰富简历,还可以思考自己未来要不要在该行业深耕。通过这些反思,同学们可以明确下一步的发展方向,为未来的实习或就业做更充分的准备。

3. 保持长期联系,维持良好的人际关系

实习不仅仅是工作经历的积累,更是建立职场人脉的绝佳机会。建议同学们实习结束后保持与公司、同事的联系,可以通过邮件感谢他们的指导,并时常保持沟通。良好的人脉网络将为未来的求职和职业发展提供重要的帮助。

日常实习是同学们提升自我、探索职业方向的重要途径。希望同学们能够通过合理规划、积极参与,逐步积累实践经验,为未来的职业生涯铺就成功之路。实习是学习与成长的延续而非目的地,通过不断实践,同学们一定能够找到最适合自己的职业方向,并在未来的职场中大放异彩。

3.4 社会实践攻略

社会实践是大学生综合素质提升的重要途径,尤其对于有意保研、考研、留学的同学,实践经历不仅可以为申请奖学金加分,还能为未来的深造或职业发展打下坚实的基础。在保研过程中,社会实践的经历能够展示自己的领导力、社会责任感和团队合作精神;在考研或留学申请中,具有社会影响力的项目经历往往能为个人陈述增加亮点。通过社会实践,同学们可以深入社会,锻炼实际工作的能力,积累社会经验,提升职业素养和视野。

3.4.1 社会实践的种类

社会实践的类型多种多样,通常可以分为以下三类:

1. 志愿服务与公益项目

志愿服务与公益项目是最常见的社会实践形式。同学们可以通过支教、社区服务、环境保护等活动,深入基层了解社会现实。这类实践不仅能够培养同学们的社会责任感,还可以增强与社会的联结。例如,“三下乡”社会实践活动前往农村基层开展调研、教育扶贫、医疗支持等志愿服务。除了参与学校组织的志愿项目,同学们也可以自发加入社会公益活动,如为老年人、残疾人、困难家庭等提供各种帮助的社区义诊、健康教育宣传等公益活动。

2. 社会调研与科创项目

社会调研与科创项目的核心在于通过实际调查与科学研究,帮助同学们将所学理论知识应用于解决实际问题,开拓创新思维,提升科研素质。

首先,社会调研项目通常以分析社会现象或政策执行情况为目标。每年暑期,学校会发布一些调研项目供同学们申请立项。同学们自行组建团队，制订详细的调研计划，并在暑期深入调研特定社会问题。例如，学校组织的地方调研项目可能涉及对基层政策的执行情况的调查。同学们通过与地方政府、非政府组织（non-governmental organization，NGO）或企业的合作，进行实地调研，了解社会结构和政策落实中的实际情况，并撰写调研报告，对问题进行深入分析。再如，学校可能会发布一个关于农村地区医疗卫生政策落实的调研项目，同学们可以申请此项目并在暑期前往指定地区，采访当地医疗工作者与居民，调查政策执行的实际效果和存在的问题。通过与地方卫生部门的合作，同学们可以更好地理解政策的影响，并结合实际情况提出改进建议。

其次，科创项目也为同学们提供了丰富的科研实践机会。同学们可以通过参加暑期实验室科研项目等，提升科研能力和解决问题的能力。这类项目往往与学术研究密切相关，是考研、保研以及留学的有力加分项。通过这些实践活动，同学们能够将所学理论知识与现实问题结合起来，提高创新思维与科研素质。

社会调研与科创项目的成果往往是同学们未来申请研究生项目的有力加分项。通过撰写调研报告、科研论文或参加创新创业比赛，同学们不仅能够展示自己的研究能力，还可以提升个人的学术背景和创新素养。这类项目与学术研究密切相关，是培养学术科研能力的重要途径。

3. 实习与职场体验

实习是大学生进入职场前的重要训练，学生通过暑期在企事业单位的实习，能够积累行业经验，了解工作流程，提前做好职业规划。部分高校会设有专门的暑期职场体验项目，比如，武汉大学的“珞珈职航”专项社会实践，可以通过职业体验帮助学生明确职业方向。此外，同学们也可以自行投递简历，利用暑期时间进入企业实习，提高自身的专业技能。实习与职场体验不仅能让同学们尽早接触实际工作，还能为未来的职业规划奠定基础。

3.4.2 社会实践的常见形式

社会实践通常由各个学院或学校统一组织发布通知，同学们可以根据学院要求选择适合自己的项目。每年各高校的社会实践通常涵盖以下几种类型：

1. 学校与学院组织的集体项目

学校通常会组织多个团队参与不同主题的暑期社会实践项目，如“三下乡”、支教、社会调研等。每个团队负责的实践项目不同，同学们可以根据自己的兴趣和专业背景选择适合的项目。例如，武汉大学政治与公共管理学院每年都会组织围绕特定政策或社会问题的调研项目，学生通过实地调研，撰写报告，将学术知识与现实问题相结合，培养学生的批判性思维和专业技能。同学们在确认感兴趣的项目后,通常需要填写报名表提交申请。具体项目可能要求填写个人信息、选择参与的方向,并提供一份初步的实践计划。在申请项目时,通常需要先申请立项。立项申请时,通常要求提交以下材料:项目方案(包括项目主题、实践目标、团队构成、调研计划、预期成果等)、团队成员(立项申请时要列出团队成员及分工情况)、预算与资源(说明项目经费的用途、所需设备等)、预期成果(在立项申请中,还需明确项目完成后将提交的成果形式,如调研报告、科研论文、项目展示等)。提交立项申请后,学校或学院会进行项目审核,这个过程通常会根据项目的可行性、创新性和社会影响等方面进行评估。

不同学院通常会根据专业特点设立专项实践项目。例如,武汉大学经济与管理学院组织的“国情调研专项实践”,为学生提供参与政务实习和基层服务、实地考察的机会。通过参与这些项目,同学们可以在暑期中获得与学术研究、政策制定等相关的实践经验。此外,部分学院还会与企业合作,为学生提供暑期企业实习的机会,这对未来的就业和职业规划具有直接帮助。

2. 社会项目

除了学校和学院的集体项目,同学们也可以关注社会项目或国际组织的实践项目。这类项目往往涉及更大规模的社会调研或国际事务,旨在为学生提供广阔的视野和深入的实践经验。例如,中国综合社会调查(Chinese general social survey,CGSS)项目、联合国组织的志愿者项目等,都是非常有价值的实践机会。通过参与这些项目,同学们可以与专业团队协作,接触全球或国家级别的研究与项目管理,了解政策制定、社会调研或国际合作的实际操作流程。

参与这类社会项目能够大大增强自身的职业素质,拓宽国际视野,尤其适合那些希望在政策分析、国际事务、公共管理等领域深造的同学。此外,很多非政府组织 的也会面向大学生开放短期志愿者或调研项目,同学们可以通过这些渠道获取实践机会,丰富个人经历。

3. 自发性项目与个人创新

除了上述集体项目和组织项目,同学们还可以通过自发形式参与社会实践。例如,很多学生会依托“大创”项目等,组建团队进行自发的科技创新、创业或社会调研项目。这类自发性实践项目有助于同学们锻炼自主能力、创新思维及项目管理技能,通常会对后续保研或研究生申请提供有力支持。

通过参与自发性项目,同学们可以根据自己的兴趣领域,设计和执行具有针对性的问题解决方案。这种自发行为不仅能为自身积累实践经验,还能通过创新型项目的成功实施,获得更多的学术与职业机会。

3.4.3 社会实践的前期准备

选择适合自己的社会实践项目时,同学们应当充分考虑自己的职业规划、学术兴趣和个人发展需求。

首先,选择社会实践时应当考虑未来的发展方向。例如,热心于公益准备走支教保研路径的可以尝试支教类项目;对公共事务感兴趣的同学,可以参与社会调研和政策研究类项目。对于社会调研类项目,同学们需要准备完善的立项申请材料。申请材料通常包括项目方案、团队构成、预算、预期成果等。同学们可以向指导老师、学长寻求帮助,也可以参考一些优秀模板。

其次,除了学校发布的项目通知,同学们还可以通过学长、老师和父母的资源寻找其他实践机会。学长的经验分享,老师的行业资源以及父母的职场人脉,都可以帮助同学们找到适合的实践项目。

另外,无论是科创类、公益类实践还是实习类实践,提前掌握一些基础技能(如 Excel、数据分析、市场调研等),可以让同学们在实践中更好地胜任工作,提高实践的成果质量。

3.4.4 社会实践的项目推荐

1. “三下乡”社会实践活动

“三下乡”是中国高校普遍大规模组织的暑期社会实践活动,旨在引导青年学生走进基层,了解国情、服务社会。主要形式包括:

① 支教助学:前往偏远地区的学校进行教育支援。

② 文化宣传:在乡村开展政策宣传、文化传播活动。

③ 调研报告:结合当地实际问题,进行调研并撰写相关报告。

该项目每年由各高校团委组织,参与的学生不仅能为农村地区带去帮助,还可以在实践中积累大量的社会调研和志愿服务经验,为未来的申请和求职增添亮点。项目的具体申请流程如下:

> 发布通知:学校团委或学生工作办公室通常会在每年春季发布“三下乡”暑期社会实践活动的通知,列出不同主题的实践项目(如支教、文化宣传、调研等)。
>
> 申请报名:学生需要根据通知要求提交报名表,通常包括个人基本信息、拟参与的项目选择、个人陈述等内容。学校鼓励学生组建团队,部分院系还会为每个团队指定指导老师。

立项申请：团队需要撰写项目立项申请，包括实践目标、实施方案、团队成员分工、经费预算等内容。该申请要经过学校或院系的审核。

审核通过后：学校会组织通过审核的团队进行相关培训，发放所需物资，如宣传资料、调研工具等。

2. 联合国志愿者项目

联合国志愿者项目(united nations volunteers，UNV)为全球大学生提供了较多志愿服务机会，特别是在国际发展、环境保护、社会问题等领域。该项目通过与各国政府、非政府组织合作，选拔志愿者参与联合国的各类项目，旨在帮助学生拓宽国际视野，并在实践中提升多元文化背景下的工作能力。例如，在联合国环境署的项目中，同学们可能会参与关于气候变化、可持续发展等议题的调研工作。通过数据收集、实地考察和分析，同学们能够直观了解全球环境治理的挑战与解决方案。项目的申请流程如下：

申请官网：通过 UNV 官网(https://www.unv.org/)查找开放的志愿者岗位。每个岗位会详细列出申请条件、任务描述和工作地点。

在线注册与申请：申请人需要在 UNV 官网创建账户，上传简历和相关证明材料，并根据兴趣选择合适的志愿服务项目。部分岗位可能会要求相关专业背景或工作经验。

面试与筛选：对于通过初审的申请人，会安排远程面试，确保申请人具备必要的语言能力和跨文化适应力。

最终录取：通过面试后，发放正式录取通知，并开始准备赴当地开展志愿服务。

这种国际志愿服务项目可以拓宽同学们的国际视野并提升文化适应能力，特别是对于有志于从事国际事务、外交或跨国发展项目的同学而言，参与此类项目是非常重要的经历。

3. 中国科学院暑期实习项目

中国科学院暑期实习项目为理工科学生特别是生物、物理、化学、工程等研究领域的同学提供了高质量的科研实践机会。该项目通常由中国科学院的院士或教授带队，同学们可以深入科研一线，参与尖端科技的研究与实验。例如，在生物学领域，同学们可能参与到基因编辑技术或分子生物学实验中，进行细胞操作、基因测序等工作。这种亲身参与实验的机会能够大大提升同学们的科研能力。项目的申请流程如下：

发布通知：中国科学院通常在春季或初夏通过其官网及各院所官网发布暑期实习项目的申请通知。

提交申请材料：提交申请表，并附上个人简历、成绩单、推荐信，以及相关科研经历的证明材料。申请时还需明确自己感兴趣的研究领域或实验方向。

导师匹配与面试：提交材料后，申请人会与相应的导师进行匹配。导师可能会要求申请人进行远程面试，考查其科研潜力和学习能力。

录取与参与：通过面试后，申请人将在暑期前往中国科学院指定的研究所，开始科研项目的实习工作。

参与中国科学院暑期实习项目对同学们未来申请研究生或进入科研机构工作具有极大的优势，尤其是在高水平科研院校或研究机构中的实习经历，将成为同学们学术道路上的有力支持。例如，在中国科学院分子细胞生物学研究所的暑期项目中，同学们不仅能够亲自动手进行实验，还可能参与项目的初期设计和数据分析，全面提升自身的科研素养。

最后提醒大家，社会实践不仅仅是为简历增添色彩，它的真正价值还在于提升自己的人格魅力、责任感和行动力。希望同学们能够用心投入到每个项目中，将所学付诸实践，真正做到知行合一。

第4章 升学规划

4.1 保　　研

4.1.1 保研概述

推荐免试研究生,简称推研、保研、推免等,是指普通高校应届本科毕业生无需参加每年12月的全国硕士研究生招生考试初试,直接获得复试资格且在复试通过后可被直接录取攻读研究生。保研成功需要同时获得本校保研名额和院校录取offer。

本校保研名额一般在大四开学之初评定。有多种途径能够获得本校保研名额,其中名额最多的便是常规推免,即以学生前六学期(四年制)或前八学期(五年制)的学习绩点为主,同时综合考虑学生科研竞赛、实习实践、学生工作等方面的素质来确定保研名额的途径。除此之外,还有学术保研、支教保研、行政保研、特长生保研、硕师计划、工程硕博等专项保研途径,但是否有此类保研途径需查看本校推免细则。总之,想获得本校的保研名额,就要提前了解学校的保研评选标准,同学们可以查阅本校保研政策选择合适的保研途径。不过需要注意的是,常规推免可自由选择保内还是保外,专项保研通常只能保本校。

在获得院校录取offer方面,保研一般有3次机会,分别是:夏令营(大三下学期5—7月)、预推免(大四上学期9月)和九月正式推免(简称九推)。下面将对这三者进行简单介绍。

1. 夏令营

保研夏令营是近几年各高校(特别是著名高校)抢夺优质生源的一种方式。一般是在每年5—6月开始申请院校,同学们需注意通知的发布并及时做好材料的申报(按照院校要求准备文书材料、提供各种证明材料,如通过筛选,院校会在6—7月陆续发放入营通知)。不同院校的考核形式可能有所不一,有些是笔试加面试,有些只有面试。建议提前联系以前参加过对方院校推免生复试的学长,以获得具体信息。一般来说,通过考核获得夏令营“优秀营员”的同学可以享有诸多优惠政策,如获得本校保研资格后,“优秀营员”相当于拟录取,即使最终没有获得保研资格,在之后的考研过程中也能够享受优惠政策(如初试降分或直接免复试)。当然,也有一些学校不发 offer,只把夏令营当作宣传平台,具体情况要咨询招生老师;也有一些学校超发 offer,如果遇到此类院校,在获得“优秀营员”后需与导师保持密切联系,以确保后续的正常录取,同时可以给自己多留几所候选学校。通常在保研竞争中,夏令营是保研第一战,竞争最为激烈,入营门槛相对于预推免也高一些。

2. 预推免

继夏令营之后,预推免是保研同学的第二次机会。各大高校在 9 月底正式推免之前,会发布院校招收推免生的申报条件。一般是在 8—9 月申请,9 月中旬开始考核。保研的同学可以根据目标院校预推免的要求准备相应的材料。申请和考核环节与夏令营类似,但不同的是,预推免不会报销任何费用,且很多学校在夏令营就已招满计划,所以预推免的名额会大幅减少。特别是中上流“985”院校的热门方向和顶尖学者领衔的课题组(如院士组),大概率在夏令营期间就已招满。

3. 九推

九推全称为九月正式推免,也称正式推免或九月推免,是指 9 月 28 日国家推免服务系统开放到 10 月 20 日结束这段时间内,各院校根据自己本年的保研接收剩余名额情况开展招生工作。大部分同学会在夏令营和预推免阶段获得 offer 而结束保研之旅,在国家推免服务系统开放后只需走个流程,无需再次复试就能接受拟录取。只有未招满或临时被学生放弃选择的院校才会在九推阶段进行招生,九推名额极少且不确定性较高,因此九推的参与人数会大大减少,但也有一部分同学因为各种各样的原因,主动或被迫参加九推。如果之前没有获得 offer,那么九推就是保研同学的最后一搏,在系统关闭前需尽快找到接收院校,否则就会保研失败。

为了帮助同学们更好地理解保研,表 4.1 整理了常见的保研词汇。

表 4.1　保研词汇及其解释

保研词汇	解　　释
夏令营	各高校为抢夺优质生源,在每年 5—7 月举办的暑期活动,学生需自行报名申请,通过高校笔/面试考核后可获得“优秀营员”资格,即录取 offer
预推免	9 月初的保研预录取阶段,考核环节类似夏令营,通过复试即可获取录取 offer
九推	全称为九月正式推免,具有双重含义: 第一重含义为填写教育部九推系统,即在每年的 9 月,符合条件(即拿到本校推免名额)的学生在国家推免服务系统(一般 9 月底开放)上填写志愿并确定 offer; 第二重含义为参与九推招生,部分在系统开放时还没有 offer 的推免生需要进行申请投递、参与考核,争取获得录取 offer
学硕	学术型硕士,主要以学术研究为导向,培养具备较强科研能力的学生,学制通常为 3 年;适合未来想从事科研或继续攻读博士的学生

续表

保研词汇	解　　释
专硕	专业学位硕士，培养应用型人才，侧重实践和行业需求，学制通常为2—3年，适合未来想进入职场的学生
直博	直接攻博，本科毕业后直接攻读博士学位，学制为5年，适合未来想专注于学术研究的学生
工程硕博	工程硕博是工程硕士、博士培养改革专项，由学校与企业共同承担培养工作，培养过程采取工学交替模式，采取校企导师组指导制度，采用课程学习、专业实践、学位论文相结合的培养方式
优秀营员	在保研夏令营中表现优异的学生获得的荣誉称号，获得此称号通常代表已获得该校拟录取资格，但须有本校保研资格才可最终录取
被鸽	指学生被高校或导师取消推免录取资格
海王	指在夏令营或预推免阶段申请多个高校并获得多个录取资格的学生，也指在夏令营预推免超发 offer 的院校
oq	英文全称为 over-qualified，指申请学生的综合能力显著高于院校的保研生源平均水准，院校可能会考虑到此类学生即使报名，最终也不会选择该校，因此会直接拒掉此类学生
bar	招生门槛，包含多个方面，如学生的成绩排名、本科背景等
rank	专业排名，一般可以指加权或绩点排名；排名越高，越容易获得保研资格、入营资格以及“优秀营员”offer

4.1.2　保研时间线

保研时间线总览：

大一：了解保研政策，规划方向，专注成绩和英语基础，初步探索科研与竞赛。

大二：优化成绩排名，提升英语水平，丰富科研和竞赛经历，形成专业背景。

大三：巩固个人能力，重点参与科研、竞赛、论文，准备夏令营相关材料，积累软硬实力。

大四：参加预推免和正式推免，确认推免资格，填报志愿，进入保研流程的最后阶段。

虽然大三下学期才会开启保研夏令营，但保研这场马拉松早在大一便开始了。大一至大三是保研蓄力期，同学们需要提升自身的成绩、科研、竞赛、英语等方面的竞争力，这样才能在大三下学期至大四上学期的保研名额争夺战及保研 offer 争夺战中取得胜利。下面以本科四年制为例，和各位同学们分享具体的保研时间线。

1. 大一学年

（1）研究保研政策，规划未来

保研是一个长远的目标，在大一阶段就应开始研究保研政策，了解本校的推免名额、要求以及各类专项保研计划。同学们可以通过学校官网、学长的经验分享、老师的指导等渠道来获得这些信息，并据此规划未来的努力方向。

（2）提升学习成绩，争取排名领先

学习成绩永远是保研竞争中的核心因素。在大一阶段，很多同学还没有意识到学习成绩的重要性，因此这是拉开差距的最佳时机。把握这个机会，从大一开始就专注于提升成绩，确保自己在班级或专业中保持领先地位。此外，同学们还可以积极争取国家奖学金、一等奖学金等高含金量奖项。

（3）了解不同专业，思考未来方向

同学们可能对自己所在专业内大类的不同小专业以及其他相关大类专业感到迷茫或好奇，所以需要了解不同专业，尽早确认自己的兴趣，思考将来保研可能要考虑的专业方向。

（4）备考英语四、六级，规划语言考试

大一阶段同学们的英语水平通常处于巅峰期，建议尽早准备英语四、六级考试，争取一次性通过并获得高分。对于有出国留学计划或想要提升英语竞争力的同学，可以提前准备雅思或托福考试，为未来的申请增加亮点。

（5）初步参与科研，申请“大创”项目

尽管大一阶段同学们对科研的了解还很有限，但可以通过联系老师或学长，尝试加入老师的课题组或参与一些简单的科研项目。这不仅能够帮助同学们积累基础的科研经验，还可以为后续的科研发展打下基础。申报“大创”项目，是大一阶段很好的科研起步点。

2. 大二学年

（1）优化成绩排名，适时调整规划

大二阶段的专业课程是最多的，同学们要做好时间管理，提前了解每门课程的考核模式和评分标准，尽可能保证每门课程的分数都令人满意。尤其要注意防止出现某门课程的分数过低的情况，因为这有可能成为你的“污点”，在将来保研面试时老师可能会针对这一点提出质疑。

大二时，成绩排名逐渐明确，如果排名靠前，应继续保持，并为保研冲刺做好准备。如果排名不够理想，除了进一步提升成绩，同学们还可以考虑通过专项保研途径（如支教保研、硕师计划等）获取额外的保研机会。选择更具优势的保研途径，可能会提高保研的成功率。

（2）重视语言成绩

对于英语四、六级考试，同学们不仅要争取通过考试，而且要尽可能抓住每次机会，力求考取更高的分数，以获得更大的优势。

注意，有的学校会限制英语四、六级考试次数，不能无限次刷分，所以同学们要提前了解清楚自己学校的要求。如果有此限制，那么每次考试都务必认真准备，争取一次考出理想的成绩。如果没有考出理想的成绩，那么可以考虑提高雅思、托福等其他语言考试的成绩。

（3）有意识打造综合专业背景

同学们可以根据自己的专业特性，有意识地培养自己的综合能力，并打造自己的个性化专业标签。努力的方向有：参加专业学科竞赛与科研项目、加入课题组、尝试论文投稿、进行专业实习等。

3. 大三学年

（1）个人能力提升

1）学习篇

如果同学们在大学前两年的绩点并不很高，处在保研资格的边缘，那么在大三这一学年需要努力提高绩点。这意味着大三学年要平衡好日常学习积累与期末冲刺复习，稳住阵脚，做好各科作业，争取拿到满意的分数，确保自己能够拿到推免资格。对于前两学年绩点表现不错，且基本上可以确定拿到推免资格的同学来说，大三学年要做的就是稳住绩点和排名。如果有可能，最好还是努力提升一下排名，因为每前进一个名次，可选择的范围就会更广。此外，还要多争取学校的奖学金和一些荣誉称号。

2）竞赛篇

对于有意保研的同学，一定要多参加可以为保研加分且含金量高的比赛，如"挑战杯"、"互联网＋"创新创业大赛、全国大学生英语竞赛、全国大学生数学建模竞赛、美国大学生数学建模竞赛等。一方面，能够确保自己拿到本校的保研名额；另一方面，也可以提升保研名校的竞争力。

3）科研与论文篇

大三是同学们提升科研能力和学术背景的关键时期。建议同学们充分利用这段时间，通过多种方式丰富自己的科研成果，尤其是撰写和发表学术论文。

① 参与科研项目，积累实践经验。申报"大创"项目是提升科研能力的良好机会。"大创"项目通常由学生自主申报，结合自己的学术兴趣进行科研创新。通过"大创"项目，同学们可以锻炼研究设计、数据分析等能力，并积累科研经验。同时，"大创"项目的研究成果也是保研时非常重要的加分项，不论是项目结题、奖项，还是最终的科研报告，都是保研申请中的亮点。

② 加入老师课题组，深入科研实践。大三阶段，建议同学们主动联系专业领域的老师，申请加入老师的课题组。课题组能够为同学们提供更系统的科研指导和实践机会，帮助同学们积累科研经验。通过参与课题组的项目，同学们不仅能够学习科研流程，还可以锻炼文献查阅、数据分析、实验操作等科研技能，为后续撰写高质量的学术论文打下基础。

③ 撰写学术论文，提升学术背景。同学们可以利用课题组或"大创"项目的研究内容，

确定课题并撰写一篇高质量的学术论文。撰写论文的过程包括确定课题、查阅相关文献资料、设计研究方法、收集与分析数据等。同学们可以在寒假期间集中时间完成数据搜集和素材整理，并在开学后持续优化文章结构和内容，争取在保研夏令营前完成。

如果时间和资源允许，同学们还可以在老师的帮助下，争取将论文投稿至专业期刊，即使不能发表，也可以展示出你在科研上的努力和潜力。发表学术论文不仅能够显著提升保研时的竞争力，还能够为未来的学术研究奠定坚实的基础。

④ 准备其他类型的科研成果。除了学术论文，同学们还可以通过其他形式的科研成果来提升自己的学术能力。例如，参与项目专利申请，在科研竞赛中获得奖项，或是撰写并发表学术报告，等等。这些科研成果不仅展示了同学们的科研能力，也能为保研加分。

（2）准备参营材料

1）搜集信息

从大三下学期5月开始，高校便陆续发布夏令营招生通知。这段时间需要同学们广泛收集各意向高校往年的夏令营信息，尽可能做到全面且细致。除了当年的通知，同学们还可以搜集往年各院校的夏令营报名时间、举办时间、报名及文书要求、夏令营的通过率、考核形式等信息，做好充足的准备。

此外，同学们还可以搜集导师信息。如果想要冲刺比较好的院校，那么可以考虑早一点搜集导师信息，并准备联系导师的工作。导师信息的搜集方式有两种：一种是通过院校官网、论文数据库等官方渠道；另一种是询问学长或通过百度搜索、知乎评价等非官方渠道。

2）准备文书材料

要对自己之前的一切资料进行整理，并根据实际情况不断完善。一般来说，每所学校夏令营要求提交的材料基本大致相同(除个别院校有特殊要求以外)。总的来说，同学们至少应该准备以下材料：

- 个人简历及个人陈述(注重体现本人优势特点)；
- 2份副教授或副高级职称以上教师签名的推荐信；
- 参营论文；
- 前五学期的成绩证明及成绩单盖章原件(教务处打印或自助打印)；
- 身份证、学生证复印件；
- 英语四、六级证书扫描电子版及复印件；
- 各种获奖证书、论文、专利证书的扫描电子版及复印件(奖项多的话最好分类整理)。

简历、个人陈述、推荐信等文书材料是夏令营和预推免申请的重要材料，同学们需要重点准备。简历就是个人名片，要让老师能够快速找到我们的亮点和专业经历；个人陈述就是写给目标院校的“情书”，要像故事一样有完整的故事线，阐明自己的申请动机以及与项目的契合点；推荐信相对来说没有那么重要，主要是从老师角度来评判自己的学术能力和个人品质。

同学们要反复优化文书材料，不同专业方向、不同项目类型、不同目标院校都要有所差异。最好让有经验的人帮忙审阅和检查，这样能够更快、更有效地提升文书的感染力。

(3) 参加夏令营

通常来说，各大高校的夏令营考核都集中在 7 月，“机会留给有准备的人”，所以在参加夏令营之前，同学们需要做好以下准备：

第一，重温专业知识。保研夏令营中涉及最多的自然是专业知识，此外老师们也会十分重视英语水平和科研经历，所以要认真复习专业课的知识，提升英语口语能力。

第二，重温科研竞赛经历。如果面试时磕磕绊绊，那么老师们可能会怀疑你是否真的参与了科研工作，这些所谓的“成果”将不再是优势，反而会对你产生负面影响。所以同学们一定要熟悉个人陈述和简历中提到的科研论文的核心观点、构思过程、创新点及主要结论等内容，对所参加的项目竞赛的主题、基本流程、成果等内容也要十分了解。

第三，提前搜集目标院校的相关信息。一般从入营到正式考核都会有一周左右的准备时间。建议同学们提前了解目标院校的日程安排、考核风格，还可以向学长询问，或者报名一些机构的课程，熟悉目标院校的真题。

很多同学可能会遭遇“夏 0 营”或“0 offer”的情况，但这都是正常现象，毕竟有很多优秀同学在与你竞争有限的名额。如果同学们参加夏令营的情况不太理想，或有 offer 但是还想继续冲刺预推免，那么就要好好复盘自己的表现，调整心态和战略，继续复习可能考到的专业知识，查漏补缺。英语成绩不好的同学就需要抓紧时间考虑是否来得及报考雅思、托福等语言考试。

4. 大四学年

(1) 预推免

9 月，预推免考核的高峰即将来临。同学们应抓住这一“上岸”机会，认真准备面试，争取获得满意的 offer。一般在预推免报名后，等待一周左右就会收到是否有资格参加面试(笔试)的通知。如果面试或笔试考核通过，那么其效用就与夏令营“优秀营员”基本相同(需视高校具体公告情况而定)。

虽然预推免的入营门槛比夏令营低，但是考核内容相对可能更为专业，考核难度也会大一些，所以同学们需要在预推免考核前做好准备。

(2) 推免资格评定

各大高校的推免资格评选工作一般在 9 月中上旬陆续展开。只有获得推免资格并在系统中确认待录取，才算保研成功，所以推免资格评定较为重要。但需要注意的是，部分学校存在推免资格答辩，这可能会和意向学校的预推免复试时间冲突。因此预推免需要多申请几所意向学校，并时刻留意它们的复试时间安排，做好时间规划。

(3) 九推志愿填报

9 月底(一般是在每年的 9 月 28 日)，国家推免服务系统开放。同学们需要熟悉九推志愿填报的流程，谨慎填报。国家推免系统开放时，一般存在以下 2 种情形：

① 在夏令营或预推免阶段已获得目标院校 offer。对于这类同学，正式推免就是走过场。这些学生可以直接在国家推免服务系统中报名并接收拟录取通知，无需再进行笔试或面试考核。

② 在国家推免服务系统开放前，还没有收到任何学校的 offer。这类同学需要参与正式推免，看哪些学校还有招生名额，然后在系统中报名并进行笔试和面试，通过考核便可确认待录取。如果在推免系统关闭之前还未获得任何学校 offer，那么保研失败。

在国家推免服务系统中确认拟录取后，保研旅程也至此画上了一个完美的句号，剩下的便是迎接自己的空闲年，只待次年 9 月入学保研学校。

图 4.1 是为同学们制作的保研全流程图，供大家参考。

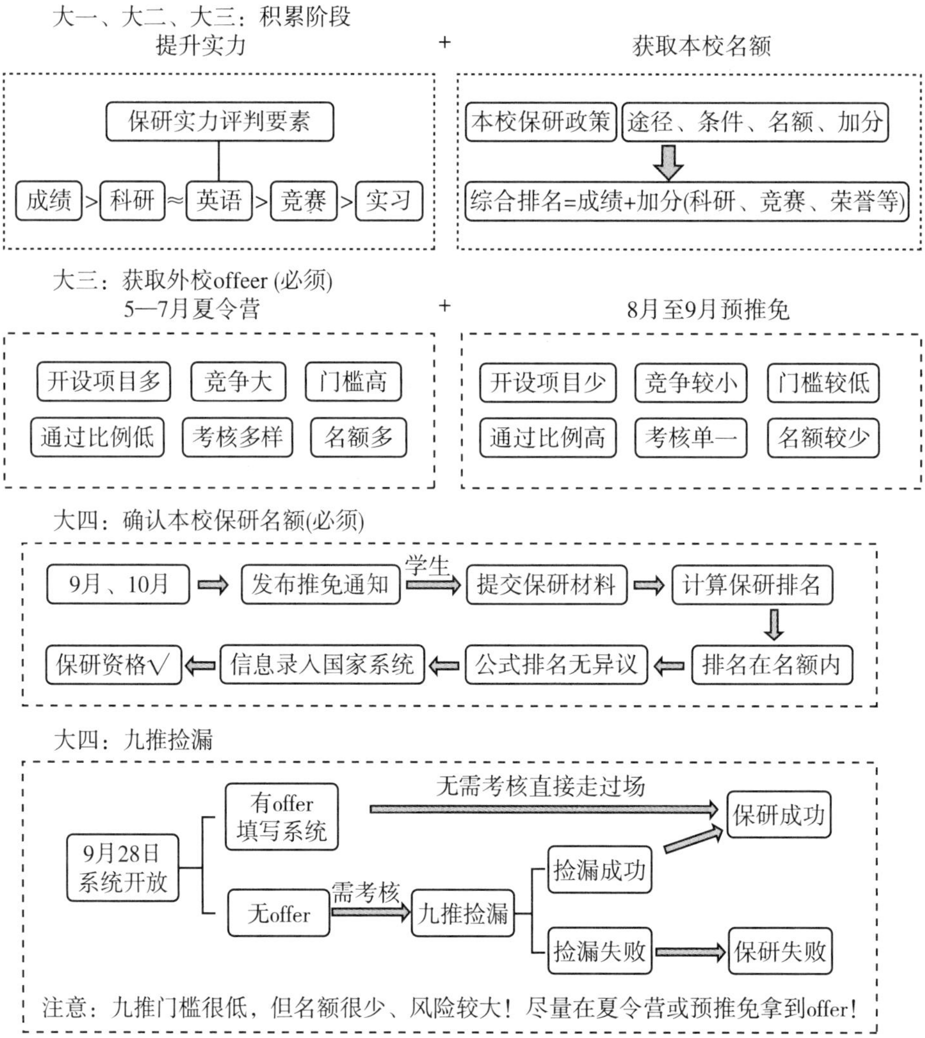

图 4.1　保研全流程

4.1.3 保研准备

在保研过程中，关键能力大致分为硬实力和软实力两大块。硬实力主要指可量化的学术背景、科研成果及英语能力等，这些既是获取保研资格的基础，也是通过接收院校初筛的重要筹码。而软实力则更侧重于信息搜集、投递策略、文书撰写及面试表现等，这些因素往往决定了同学们是否能在激烈的竞争中脱颖而出，不走弯路。接下来将为有意保研的同学详细解读这两方面该如何准备，以帮助同学们顺利迈向保研的成功之路。

1. 硬实力

在保研过程中，硬实力是决定同学们能否获得保研资格并成功通过夏令营或预推免初审的关键。硬实力包括本科院校背景、成绩排名、英语能力、科研成果、竞赛经历等多个方面，每一项硬实力都会直接影响保研的各个环节。

（1）本科背景

我国目前有369所具有推免资格的高校，只有这些学校的学生才有保研名额，而且档次较高、整体实力强的高校，保研名额也相对较多。另外，部分高校更偏爱“双一流”学生。“双一流”高校的学生更容易通过夏令营或预推免的初审，获得夏令营或预推免优秀营员的概率也较高。虽然“双非”学校的学生也有逆袭的机会，但可能需要在科研、成绩和竞赛等方面付出更多努力，弥补院校背景的不足。

（2）成绩排名与绩点

成绩和专业排名既是保研资格的敲门砖，也是院校筛选保研学生的首要条件。通常专业排名比GPA更重要，因为不同院校的打分标准不同，排名比例更具有参考性。

在获取保研资格时，每所高校的推免细则中都会明确成绩排名的要求。例如，上海交通大学凯原法学院要求年级排名前50%的学生才有资格保研。但仅是前50%的排名是远远不够的，院校还会根据学生前三学年的平均学积分由高到低进行排序，择优选拔进行推荐。

在保研夏令营入营筛选中，院校会根据成绩排名进行入营资格的评定。例如，厦门大学生命科学学院明确要求申请保研夏令营的同学：省属重点高校学生成绩排名前10%，“211”院校学生成绩排名前20%，“985”院校学生成绩排名前30%。此外，当申请者过多时，高校还会根据成绩排名择优录取，因此排名越靠前，入营的概率越大。

成绩的作用不言而喻，但优异的成绩不是靠“死学”来获取的，需要从努力与学习方法两方面出力。一方面，同学们在修读课程的过程中，需要关注课程最终成绩的构成情况：考核分、平时分各占比多少，平时分的获取是否需要关注考勤、课堂活跃等因素。另一方面，关注课程的学分情况。一般而言，学分高的课程（包括但不限于专业课程）对于成绩排名影响较大，学分低的课程反之，所以同学们需要重点关注那些学分较高的课程。同时，同学们也要注意本专业院系的要求中“挂科”是否能保研的问题，不要轻易挂科，切忌因小失大。

（3）英语能力

英语能力是保研资格评定和通过初审的重要因素。大部分高校要求学生通过大学英语六级考试才能获得保研资格，而顶尖院校或热门专业则可能对英语成绩有更高的要求，有些甚至隐性要求英语六级成绩达到 600 分及以上。因此，英语成绩不仅是基础条件，还可能决定同学们能否顺利通过初审。

要想在保研中脱颖而出，英语学习不能等到最后一刻才开始，尽早准备英语四、六级考试是关键。同学们在大一、大二时就可以规划英语复习进度，做好听力训练与阅读写作的提升，确保在大二结束前通过英语四、六级考试。除了英语六级成绩，同学们还需要多积累专业英语词汇，平时阅读英文文献，锻炼口语能力。这样，无论申请什么专业，较高的英语水平都将是一个加分项。

（4）科研论文与竞赛

科研论文和竞赛的经历是保研中至关重要的加分项，0.1 的加分都有可能成为保研资格的决定因素。此外，在保研申请中导师也会非常看重申请者的科研能力，拥有丰富的科研经历和高质量的论文能显著提高通过初审和获得 offer 的概率。

在获取保研资格时，不同高校和院系对论文加分的期刊分类和目录可能有所不同。例如，有的院系可能要求加分论文需与本专业相关，有的院系规定加分论文需要达到 C 类以上期刊。因此，撰写和投稿学术论文时，应先了解本院系的推免细则。例如，《南京大学推荐 2024 年应届生免试攻读硕士研究生学分绩加分办法》中指出：对于在核心期刊发表的论文，第一作者每篇加 0.05 分，两篇及以上者加 0.1 分；在“一流”及以上期刊发表的高水平科研论文，院系可酌情追加，但总额不超过 0.2 分。竞赛也是如此。例如，北京邮电大学将竞赛分为 S 级、A+级、A 级、B+级和 B 级，不同级别的竞赛获奖加分不同；南京大学对于美国大学生数学建模大赛等竞赛，根据获奖等级（Outstanding Winner、Finalist、Meritorious Winner、Honorable Mention），有不同的加分值，团队项目加分按人数均分或权重测算。因此，同学们需要仔细查阅本院系的推免细则，了解哪些科研竞赛能够加分，队长和队员分别能加多少分，以及是否有加分上限。

在保研夏令营初审中，拥有高含金量（发表）的学术论文或科研竞赛奖项，能够大大提高初审通过率。没有发表学术论文或获得竞赛奖项也没关系，参与导师的科研项目、撰写一篇未发表的高质量学术论文同样可以展现出自己的科研思考和潜力。

具体而言，常见科研、竞赛项目的获取方式如下：第一，联系本校或外校导师，进入实验室学习，尽量跟进项目。想要参与科研，只靠自己远远不够，保研的同学可以在课间、课后时间与老师多多交流，或者争取进入老师的实验室学习。如果同学们对本校导师不了解，那么可以寻求辅导员的帮忙，毕竟老师之间的关系要比我们与老师间更加熟络。有意保研的同学一定要学会合理利用身边的一切资源，毕竟老师们都喜欢勤奋好学的学生。第二，向优秀的学长咨询。同学们也可以向研究生学长咨询，或者请他们帮忙引荐导师。平日一定要勤快，多往老师的实验室和办公室跑跑，让老师和学长看到你的决心，这才更加有助于早日参与课题组的项目。第三，主动出击，申请项目。一般，学校里都会有类似于"本科生科研项目"的存在，这些项目的通过率也比较高，也是学术论文产出的绝佳载体。如果想要申请，建议各位同学寻找相同目标的队友和经验丰富的指导老师，这样更有助于项目进展顺利。

2. 软实力

硬实力是基础，软实力则是帮助同学们在竞争中脱颖而出的关键。无论是夏令营、预推免的面试还是最终的保研筛选，软实力在其中起到的作用越来越大。接下来将细致解读如何提升软实力，从而获得保研 offer。

(1) 信息收集与精准投递

保研是一场信息战，通过信息搜集，同学们可以找到合适的价值洼地，以自身条件上岸更好的院校。

1) 信息收集与渠道

信息收集是定位与投递策略的基础。在保研期间，同学们可以通过多种渠道搜集院校的招生信息：

① 高校官方网站和研招网。这是招考信息最权威的来源，各院校每年的各类项目、报名要求、报名时间、申请结果、考核流程、历年录取数据、导师信息等都会直接公布在官网上。通过这些官方渠道，可以了解各院校的招生动态和时间安排。此外，在保研边缘的同学可以多留意历年录取情况，挖掘一些非热门项目，如复旦大学的公共卫生学院、中国人民大学的社会医学与卫生事业管理等，增加自己的"上岸"机会。

② 本校的信息资源。包括历届学长、学院领导、辅导员等。一方面，学院老师、辅导员通常对保研事宜比较熟悉，可以向他们咨询自己意向项目的考核难度和研究价值，或提前了解导师资源，这些信息能使同学们抢占先机。另一方面，同学们还可以向往年保研成功的直系学长学习成功经验，汲取失败教训，通过他们了解各高校的行政风格、考核细节和"优秀营员"的偏好等，这些信息往往能使同学们精准避雷，实现弯道超车。

③ 社交平台与网络资源。同学们可通过保研论坛、QQ群、微信群等平台获取学长的经验分享，关注院校的历年招生情况、考核难度和面试真题等。此外，同学们还可以直接在各个保研公众号、小红书、微博等网络平台搜集保研信息，多留意此类平台上推送的内容，及时更新自己的信息库。

2) 定位与投递技巧

① 明确需求及核心诉求。在进行保研申请时，同学们首先要明确自身的需求和核心诉求，考虑因素包括学校层次、学科实力、专业方向、地域、导师及学位类型等。在这些方面，往

往难以兼得，因此需要结合个人规划进行合理排序，寻求自身条件能够申请到的最佳项目，实现弯道超车。

② 有所取舍。在申请保研的过程中，需要有意识地做出取舍，以下是一些具体的选择策略。

➢ 舍弃地域：选择偏远地区的“985”高校或异地校区。

有些“985”高校虽然知名度高，学术声誉好，但是位于偏远地区，交通不便，资源相对匮乏，招生竞争力相对较低。比如，西北地区的一些“985”高校，尽管地理位置不优，但在某些学科领域具有较强的学术背景。通过选择这些高校，保研同学可以提高被录取的机会。

➢ 舍弃专业：冲击冷门专业。

对于某些冷门专业，社会认知度较低，报名人数少，竞争相对较小。例如，心理学、生态学等领域的某些细分方向往往报名人数较少。因此，保研同学可以优先考虑这些领域，以提高自身的录取率。

➢ 舍弃学位：优先考虑工程硕博或直博。

学术硕士的竞争十分激烈，很多优秀学生都将其作为首选。然而，工程硕博和直博项目的报名人数较少，竞争相对较小，适合那些希望进入名校的保研同学。如果目标是获取名校的录取资格，那么选择这些学位类型可能是更明智的决策。

➢ 舍弃排名：关注二、三流院校的优质项目。

在众多高校中，排名并非唯一标准。一些排名相对靠后的院校可能在特定领域或专业拥有独特的优势和资源。例如，某些地方性高校在当地产业合作上具有良好的资源，这样的院校有可能提供更优质的实习和就业机会。因此，保研同学可以考虑这些“隐形冠军”。

➢ 舍弃名校：选择相对小众的项目或计划。

一些新设立的项目或特色计划，例如，国优计划、特定研究院的合作项目等竞争较小，但提供的学术资源和发展机会却相对丰富。保研同学可以关注这些项目，尤其是那些在新兴领域（如人工智能、数据科学等）有独特优势的计划，这样可以有效减小竞争压力。

③ 放大优势。具体的策略有：

➢ 地缘优势：投递同一地域的院系。

对于某一地域的学生而言，可以优先考虑同一地域的高校。这是因为许多院校在招生时更倾向于录取本地学生尤其是同城院校的学生。地理位置上的接近不仅有助于信息获取和了解院校专业，还能在面试和联系导师时产生便利。例如，如果你来自合肥，可以优先考虑中国科学技术大学、合肥工业大学或本地其他高校，这样在申请时会有天然的加分。

➢ 历史优势：参考学长的成功案例。

学长的经验可以为保研同学提供参考。通过了解往届学长的去向，尤其是那些成功申请到名校的学长，可以帮助同学们识别哪些高校和专业更容易获得录取 offer。若某些高校在你所在院校有“扎堆”效应，则意味着该校对本校学生的认可度较高，录取的可能性也更大。因此，提前联系学长，询问他们的经历和得到他们的建议，能为自己的申请提供有力支持。

➢ 身段优势：利用自身身份选择特色项目。

如果本科院校较好，那么可以充分利用自己的“985”身份申请一些针对“985”生源的特色项目。许多院校更偏向于录取“985”高校的学生，因此通过这一身份，保研同学能够获得更大的竞争优势。此外，特殊身份的学生如退役大学生或少数民族大学生，能够借助国家针对这些群体的特定招生计划，进入竞争较小的申请通道，从而增加“上岸”的机会。

➢ 履历优势：根据自身背景选择合适院校。

在保研过程中，不同院校对申请者的要求不同。一些院校可能更加关注科研经历，另一些院校则可能更看重竞赛成绩。了解各院校的偏好后，保研同学可以有针对性地选择那些与自己背景相符的院校，这样能够提高申请的成功率。例如，对于科研经验相对丰富的学生，可以考虑投递偏重科研的院校，确保自己的优势得到充分展示。

➢ 人际优势：寻求熟人推荐。

在保研过程中，人际网络也是一项重要的优势。学术圈相对较小，老师之间往往有一定的联系。如果保研同学能够与本科导师或院系里的老师建立联系，争取到推荐信或引荐，那么往往会增加被录取的概率。尤其是当导师与目标院校的教授有合作关系时，这种推荐作用将更为显著。因此，利用自己的人脉资源，能够为申请带来意想不到的助力。

④ 投递小技巧。具体策略有：

➢ 分档投递：冲、稳、保三档策略，根据自身条件和目标学校的要求，将申请分为不同档次，确保有多条“上岸”路径。

第一，冲刺档。根据自身条件，尝试申请排名更高、竞争激烈的高校，争取实现弯道超车，部分实力强的同学可以尝试跨越多个院校档次。例如，“双非”到中上游“985”高校，末流“211”高校到中上游“985”高校，末流“985”高校到“清北华五”（清华大学、北京大学、复旦大学、上海交通大学、浙江大学、南京大学、中国科学技术大学），等等。此外，如果条件不足但想要冲刺名校，那么也可以选择偏远地区的“985”高校或异地校区，这些院校或项目由于地理位置或资源限制，报名热度较低，竞争相对较小。

第二，稳妥档。选择与自己实力相匹配的院校或高一层级的院校。此类院校的学科实力与自己相近，但竞争压力没有名校那么大，是大部分保研同学的目标。比如，“双非”高校可以往中流“211”高校至末流“985”高校投递，末流“211”高校可以往上流“211”高校至中流“985”高校投递，以此类推。一般来说，保研择校能实现1—2个层级的院校跨越。

第三，保底档。选择要求相对较低的院校或本校作为保底，这些学校通常不在热门地区或是相对较新的项目，“上岸”较为简单。尤其是本校，除顶级院校，保研本校较为容易，所以本校经常被当作最后的“退路”。总而言之，保底需要选择相对较差但仍能接受的院校来作为最后的“救命稻草”。

在实际操作中，可以采用 4∶4∶2 或 3∶4∶3 的比例来分配投递的院校和项目，以确保兼顾冲、稳和保三类院校。

➢ 海投策略：通过空间与专业的选择增加机会。在保研过程中，有些同学希望通过投递多所院校或多个专业来提高通过的概率，特别是利用海投策略来捡漏。这里给出几点有效的海投策略：

第一，空间距离的选择。考虑到保研过程中很多夏令营、预推免需要线下考核，参加线下活动的时间和成本会限制海投的广度。为了提高成功率，可以选择同一地域内的多所学校（同城或邻省），这样可以在短时间内参加多个项目。例如，选择北京或上海的多所高校，地理上靠近，减少路途成本，同时同一地域的高校往往对本地的生源有相对较高的认可度，投递相近院校的成功率也会更高。

第二，跨专业投递。有时跨专业申请能给自己带来更多机会，尤其是一些相近学科或交叉学科。例如，经管类专业通常较早发布夏令营通知（如复旦大学经济学院的项目 3 月就已开始）。跨专业参与这类早期通知的项目，即使最终没有录取，也可以作为后续其他项目的试练。

第三，错峰投递。由于保研的全过程时间跨度较长，从 3 月的夏令营到 9 月的九推，同学们可以根据自己的情况错峰报名。在早期阶段冲刺高档次的院校，尽量抓住名校夏令营的机会，即使夏令营没有成功，还有预推免和九推可以兜底。这种错峰策略能够有效减轻心理压力，提高整体的保研成功率。

（2）材料准备

在保研过程中，材料准备是非常重要的一个环节，它直接关乎同学们能否通过入营初筛。这一环节可能是整个保研流程中最复杂、最耗时的部分，同学们需要投入大量的时间和精力进行整合。因此，同学们必须扎实做好材料准备工作。

1）简历

一份完整的简历是向老师全面展示自己的名片，其主要内容有基本信息、成绩排名、英语水平、科研经历和获奖经历等。虽然有时候申请材料中并不一定要求提交简历，但是准备一份简历能够有效梳理个人履历，突出自己的核心优势。尤其在现场面试时，简历能让老师更快速、便捷地了解自身的情况，并展现出优点和长处。

简历应简洁明了，突出优势，包含以下内容：

① 基本信息：包括姓名、联系方式、籍贯等，邮箱尽量使用学校邮箱或常见服务商，避免使用过于复杂的邮箱名称。

② 教育背景：简要介绍学历、GPA 及专业排名。若有辅修学位或出国交流经历，应作

为亮点体现。

③ 科研竞赛经历:按含金量排序,简洁描述具体角色和成果,不必赘述细节。

④ 获奖经历:列出关键奖项,如国家奖学金等,优先突出含金量高的荣誉。

⑤ 社会实践:涵盖实习、志愿活动等经历,体现社会责任感和实践能力。

⑥ 格式要求:标题简洁清晰,内容按序号排列,避免表格过多显得杂乱。照片需正式,不宜使用生活照。

⑦ 注意事项:在撰写简历时一定要注意,第一,实事求是。可以适度渲染修饰,但必须保证内容真实,能够在自己的知识能力范围内应对面试提问。第二,重点突出。明显的劣势点到为止或不提,学会扬长避短。第三,简历风格凝练准确。保持稳重、中庸的风格,避免花哨和语言轻浮,追求严谨和考究。第四,注意篇幅。简历不宜超过一页,要学会取舍。

2) 推荐信

推荐信指本科生或硕士研究生在申请其他大学攻读硕士或博士学位时,请老师撰写的推荐信,这里所说的推荐信特指保研推荐信。保研推荐信根据各研究生院校的规定,一般需提供1～3封本院系不同老师的推荐信。虽然推荐信名义上是由推荐老师撰写的,但是因为老师可能对保研同学不是特别了解,或者保研同学本科期间根本没有跟着推荐老师做过科研项目,所以在大部分情况下,推荐信都是同学们自己撰写,最后交由推荐老师审核签字。但不可否认的是,会有少部分同学跟推荐老师很熟悉,老师会亲自为他们撰写推荐信。

推荐老师自己撰写的推荐信当然没有必要进行修改,但是如果是自己撰写并交由推荐老师签字,又该怎样书写推荐信呢?

① 推荐信应以导师的口吻撰写:推荐信的第一句应该是介绍“我”是谁,也就是推荐你的老师是谁。

② 推荐信要包括被推荐人的基本情况:需要在推荐信中写清楚自己的学习成绩、在校所获得的奖学金等情况,让评审老师快速了解你的个人基本情况。

③ 突出个人核心优势:是否在大学有不错的竞赛成绩或科研经历,这是评审老师所关注的。如果同学们竞赛经历特别丰富,如获得ACM区域赛的金牌,那么可以重点撰写自己参加比赛的经历;又或者同学们科研成果比较硬核,如发表SCI,那么可以重点撰写自己参加科研的经历。

④ 以老师的口吻描述个人的性格与能力:推荐信靠后的内容一般也会撰写自己的性格与能力,这部分比较宽泛,但也是推荐信必不可少的内容。这部分需要以老师的口吻撰写你是一个具备何种优良品质的学生,让评审老师看到推荐老师对你的评价。

⑤ 文书差异化:有的院校要求提供2封推荐信,同学们可以根据不同老师和自己共事的经历撰写不同内容的推荐信。比如,某个老师是你某项竞赛的指导老师,那就重点撰写竞赛经历;另一个老师是你科研的指导老师,那就着重描述科研经历。

总的来说,推荐信也是非常重要的文书材料。尤其对于申请博士类项目(直博/硕博连读)的同学而言,推荐信更为重要,如果能有学界顶尖老师推荐并且给予正面积极的评价,那么会是很大的加分项。

3) 个人陈述

个人陈述是对自己过往经历的书面总结和呈现,需要向老师展现自己的学习能力和科研潜力。个人陈述可以大致分为基本情况、学业情况、竞赛经历、科研经历、学生工作、社会实践及其他。不同板块有不同的撰写技巧。

① 基本情况:交代清楚自己是谁,来自哪所学校。这部分是最基本也是最关键的信息,绝不能遗漏。

② 学业情况:列举成绩排名、所获奖学金和主要荣誉等。

③ 竞赛经历:如果有比较丰富且有价值的竞赛经历,那么这部分需要下功夫撰写。对于一些重要的竞赛获奖,可以使用加粗方式予以强调,并清晰描述有价值的竞赛经历。

④ 科研经历:科研经历几乎是每所院校保研面试中都会重点考核的内容,丰富的科研经历会为你加分不少。因此,同学们一定要重视科研经历在个人陈述中的地位,需要详细描述自己的科研实践经历,列出使用的专业技能,并说明项目的最终成果。

⑤ 学生工作:这部分并不是个人陈述中的重点项目,只是起到锦上添花的作用,故简单说明即可。

⑥ 社会实践/实习经历:如果拥有比较不错的实习经历,如BAT(百度、阿里巴巴、腾讯)或三中一华(中国中信集团有限公司、中国国际金融有限公司、中信建设证券股份有限公司和华泰证券股份有限公司)等知名企业的实习经历,那么可以在个人陈述中特别强调这一部分。对于金融、新闻传播、法学等专业硕士来说,实习经历是一个重要的加分项。

⑦ 研究生规划/职业规划:研究生规划(计划)是个人陈述中必不可少的部分。可以详细描写自己研究生三年/直博五年/硕博连读的具体研究计划,比如具体的研究方向,希望的研究成果,以及自己大四至研究生期间的学习、科研安排等。

职业规划对于专业硕士的申请者来说极为重要。申请专业硕士的同学可以考虑在个人陈述后半部分着重说明自己的职业规划,如未来是否进入特定行业就业或继续深造读博。明确的职业规划也能帮助老师快速了解你的个性特征和想法,因此这部分内容应慎重考虑。同时,所有的保研同学最终都将步入社会,清晰的职业规划也有助于审视自己的职业发展道路。

⑧ 结尾:进行升华与感谢。有时,简单地升华一下主题,就能为文本画上完美的句号。

总的来说,个人陈述是保研必要的文书材料,因此同学们应该提前做好准备。每份个人陈述都是对自己的一项介绍,同学们需要突出自己的优势,并明确表达自己的研究计划和想法,让评审老师看到自己的研究潜力。但需要明确的是,撰写文书的技巧仅仅是一种包装,真正决定能否获取 offer 的关键还是自身的专业能力和综合素质。

除了上述关键文书材料，保研过程中可能还需要准备其他材料，如成绩单、学术证明等。这些材料同样需要提前做好准备，以确保申请过程中不出现疏漏。例如，需要提前到教务处或学校官网获取最新成绩单并加盖公章。此外，还需要整理好所有科研、竞赛、实习等经历的相关证明材料，确保材料真实、完整，如外语成绩、交换经历等可附加的材料，最好也准备齐全。

(3) 笔试和面试准备

在保研的考核中，笔试和面试成绩决定了你是否能够顺利拿到 offer。因此，笔试和面试的准备也是软实力的重要部分。

1) 笔试

在部分高校的保研考核中，笔试仍是评选优秀营员的主要考核方式。无论是线上或是线下夏令营，均可能存在笔试。笔试主要考查专业知识，形式包括但不限于：文商科专业可能涉及名词解释、选择题、判断题、简答题、辨析题、论述题等；理工科专业可能涉及机试、计算题等。同学们在准备笔试时可以从以下几点入手：

① 侧重关键问题和基础性知识。不同院校的考核范围有所差别，为了减轻压力以及短时间内涵盖较广范围的知识，建议同学们挑选书籍中最关键和最基础的部分复习。在保研笔试中，院校通常都会挑选其所认为准研究生应该储备的基础知识，以及应该了解的当前研究热点问题。作为试题中的重要成分，一方面考查同学们对专业基础知识的灵活运用能力，另一方面考查同学们对当前研究热点问题的敏感度和深度思考的能力。因此，同学们没必要过于细致、呆板地将书籍里的知识刻存在脑海中，而是要学会辨别和思考具有更高价值的问题。

② 关注专业热点与前沿性问题。保研笔试也会关注申请者对于学科前沿理论、研究方向等的了解，因此同学们需要阅读学科领域内的重要文献，跟进专业热点。

一方面，浏览高质量文献。在选取文献时，同学们需要关注以下内容：第一，期刊分类级别，如 SCI、SSCI、CSSCI、CSCD、EI 源刊、EI 会议等不同等级的期刊。选择高等级的综合类期刊进行追踪，同时也可以关注研究领域内具有权威性的一些专业类期刊。第二，期刊主办单位。尽量选择由重点高校、领域内权威机构出版的期刊。第三，编委团队。由院士、知名专家学者等领衔的编委团队的学术期刊的专业度和质量层次通常更高，应优先选择。第四，期刊收录情况。选择刊登的文献被领域内主流、权威数据库收录的学术杂志。第五，影响因子(IF 值)。通过知网、中国科学技术信息研究所官网、WOS(看 JCR 分区和影响因子)、中国科学院文献情报中心(看中国科学院分区和影响因子)以及其他一些权威网站查询影响因子，选择领域内影响因子值相对较高的期刊进行追踪。

另一方面，跟进重要专家学者的最新论文成果和研究动态，尤其是目标院校顶尖导师的研究方向和研究著作，从而了解研究领域的前沿信息。

③ 搜集历年真题与模拟练习。真题是最直接的复习材料，通过分析历年笔试真题，同学们能够准确把握目标院校考查的重点内容和题型。首先，可以通过询问已保研成功的学长，获取历年真题和经验分享，尤其是参加过相同院校夏令营或预推免的学长的反馈。其次，通过保研论坛、QQ群、微信群等平台，也能够获取各校的历年真题和试题解析。通过整理和分析这些真题，同学们可以了解每所院校的出题风格、考核侧重点以及难度变化趋势，提前有针对性地进行准备。

2）面试

保研面试是决定同学们能否最终获得录取资格的重要一环，通常采取一对多的形式，即由多位导师组成面试小组对一个学生进行考核。面试的时长从五分钟到数十分钟不等，视院校和项目的不同而有所变化。保研面试的内容丰富，主要分为自我介绍、简历面试、专业面试、压力面试、英文面试等，考查学生的综合素质、科研潜力及口头表达能力。有的院校还会进行群面或要求学生进行学术论文汇报。80%的保研面试问题都可以提前准备，因此合理规划和准备面试将极大地提升保研的成功率。下面将详细介绍保研面试的策略。

① 自我介绍：精准展现你的优势。自我介绍通常是面试的第一个环节，也是老师们对同学们建立初步印象的重要环节。自我介绍应控制在1—2分钟，语言简洁、条理清晰，重点突出自己的学术背景、科研经历与未来规划。

➢ 学术背景：简要说明本科院校、所学专业，以及在本科阶段取得的重要学术成绩，如专业排名、所获奖学金情况等。示例：我来自××大学××专业，目前的专业成绩排名是年级前10%，并且获得国家奖学金。

➢ 科研经历：重点介绍参与的科研项目、发表论文、获得的竞赛成绩等，尤其要突出与申请专业方向相关的经历。示例：本科期间，我参与了××课题组的××项目，主要负责××部分，并成功发表了一篇相关论文。

➢ 个人兴趣与未来规划：说明自己对该专业的兴趣点，并表明对未来研究方向的思考和规划。示例：我对××研究方向非常感兴趣，尤其希望在研究生阶段进一步探讨××问题。

自我介绍不仅仅是对简历的重复叙述，更重要的是展示出同学们对学术的热情和科研潜力。可以适当加入一些让导师感兴趣的细节，如某个科研项目中的创新点或研究中的独特见解。

② 简历面试：熟练掌握简历中的细节。简历是展示个人经历的核心材料，在简历面试环节，老师通常会根据简历中的内容进行提问。常见问题有：

➢ 介绍一下你分数最高/最低的一门课？

➢ 为什么选择我们学校/专业？

➢ 如果你被录取，想研究什么方向？

➢ 未来的职业规划是什么？

➢ 你的科研/竞赛经历对你的学术能力有何帮助？

……

所以保研同学要提前将简历上提到的篇幅占比最多的内容着重回忆和思考,做到心中有数,预设可能会被问到的问题,并做好充分的准备。例如,如果列举了较多专业课程,就要多复习课程的相关知识;如果科研竞赛较多,就要熟悉相关学术成果和专业知识,避免被问倒。对于自己提交的学术成果和简历上的论文、课题项目等更要做到了如指掌,包括熟悉项目背景、原理、理论框架、研究思路、案例介绍,以及关键结论、创新点与不足、挑战与收获等。

③ 专业面试:考查学术能力与研究潜力。专业面试是考查同学们学术能力的核心环节,老师们通常会根据你所申请的研究方向提出相关的学术问题,涉及本科阶段的核心课程、学科前沿问题及研究方法。常见问题有:

- 你认为××理论在当下研究中的应用是什么?
- 解释一下××概念及其实际应用?
- 最近学科内有哪些前沿热点?你对这些热点的看法是什么?
- 你是怎么理解××方法的?

在复习时,如果时间比较紧急,那么同学们需要抓住重点,有的放矢。一般来说,专业面试以本专业的基础知识为主,所以核心课程的基本名词概念和基础理论一定要牢记。简历上提到的课程也是老师们提问的重点。针对这些课程,同学们需要着重复习。此外,同学们需要关注与自己申请专业相关的学术热点,阅读最新的学术论文和研究进展。老师可能会提问当前领域的研究动态,并考查你对某些前沿问题的看法。同学们也可以根据目标院校往年考核真题和院校老师研究方向搜集高频考点,充分复习。

④ 压力面试:应对突发问题与挑战。压力面试通常是考查同学们的应变能力和心理素质。老师可能会提出一些高难度、开放性或刁钻的问题,故意打断你的思路或质疑你的答案,以此观察你如何应对压力。常见问题有:

- 如果我们学校拒绝了你,你的打算是什么?
- 为什么你选择我们而不是其他院校?
- 六级/××课程分数这么低是怎么回事?

很多压力面试就是为了戳中保研同学的痛点,这时候同学们一定要放平心态,不要回避问题,自乱阵脚。你可以适当承认自己的不足,但一定要展示出自己的应对能力和积极的态度,向老师传递出坚韧、踏实的科研精神。保研同学要突出自己对于学校、学院、专业、老师和具体研究领域的了解情况,这就需要在面试前做足功课,不要给老师留下你只是来凑数并不是特意准备来面试的坏印象。

⑤ 英文面试:考查语言表达能力与学术英语。英文面试是对同学们英语表达能力的一项重要考核,尤其在一些国际化项目或需要外语能力的专业中,英文面试往往是重要环节,老师可能会要求你用英文进行自我介绍、回答学术问题或进行英文文献翻译。常见问题有:

- 个人问题,如 What are your strengths and weaknesses?
- 专业问题,如 Can you explain your project in English?
- 未来规划,如 What are your career plans after graduation?

一方面,同学们要提前准备并熟练背诵一份简短的英文自我介绍,重点突出学术背景、科研经历和研究兴趣。另一方面,老师可能会用英文询问一些与本专业相关的问题,所以同学们需要提前准备一些常见的专业术语,熟悉如何用英文表达自己的科研成果。英语口语的练习非一日之功,同学们需要注重日常积累。另外,在回答时要保持自信、表达清晰,语言尽量简洁明了。对于不熟悉的专业术语或词汇,可以提前准备一些常用表达,避免在面试中卡壳。

⑥ 思政面试:考查思想政治素质。在保研面试中,部分院校可能会加入思想政治方面的考核,通常是为了考查学生的社会责任感、政治觉悟和综合素质。老师可能会询问同学们对某些时事热点的看法或要求同学们阐述自己对于社会问题的认识。常见问题有:

- 四个意识是指什么?
- 大学生应如何为社会做贡献?

一方面,同学们需要关注国内外重要的时事新闻和政策动向,形成自己的见解,并能够逻辑清晰且精准地表达。另一方面,结合自己的社会实践经历,阐述你在志愿服务、社会活动中获得的感悟,展示出良好的社会责任感和积极参与社会事务的态度。最重要的是保持积极正面的态度,表达对党和国家政策的支持,展示出自己作为新一代青年的政治素养和责任感。

整体而言,保研面试是对同学们综合素质、学术能力与应变能力的全面考查,合理准备能够极大提高面试成功的概率。通过提前准备自我介绍、简历、专业、思政等问题,并积极应对压力测试和英文面试,同学们定能在面试中展示出最佳状态,赢得老师们的认可。

4.2 留　　学

前一节已经详细介绍了保研的方方面面,但是保研名额非常有限,竞争也非常激烈。其实,除了保研,家庭条件允许的同学们还可以考虑风险更低、更加稳妥的方式——留学。

保研院校仅限于境内高校,境外也有很多优质的院校,相同背景下,留学有机会到教学层次更高的院校。

留学申请上可冲刺、下可保底,但需要提前谋篇布局,从大一、大二开始就需要瞄准正确的方向,付出持续的努力。

4.2.1 留学概述

1. 留学的优缺点

从留学的优点来看,院校的选择较为自由,可以申请多个院校,获得多个 offer,上可冲刺、下可保底,同时转专业的难度也相对较低。但是留学的缺点也是显然的,如需要一定的经济基础,部分家长还可能担心国际形势、安全等问题,并且留学准备的战线同样较长,需要付出持续的努力。各位同学可以根据自身情况判断自己是否适合通过留学升学。表 4.2 列出了留学的主要特点。

表 4.2 留学的特点

模式	申请—面试
可报名院校	无上限
可获得 offer	无上限,可能需要交留位费
时间线/流程	大四上学期(个别项目存在提前批次情况)陆续开始申请,大四下学期 6 月前出结果

2. 留学地区的选择

留学地区主要包括美国、英国、中国香港、新加坡、欧洲(除英国以外)、澳大利亚、日本及韩国,针对各个地区的特点及适合人群,笔者制作了一份详细表格(表 4.3)。同学们可以根据自身情况,如自己的兴趣和追求等,并结合各地区的介绍,综合选择适合自己的留学地区。

表 4.3 各留学地区的特点及适合人群

留学地区	特点	适合人群
美国	多样性和灵活性:院校、学科和专业选择广泛,项目制度特色鲜明,学生选课自由度高;每个学生的学习都是独特的、有针对性的 研究和创新机会:高校在科研和创新方面处于世界领先地位,教育质量高,教学资源丰富;学生有机会接触新兴科技并有机会参与到各种研究项目和实践中 强调综合教育:注重培养学生的综合能力,这同样也体现在申请中,高校会更加注重考量申请者的综合背景而非只关注学术成绩,因此在转专业方面相对更为友好 丰富的职业机会:拥有世界上最多的科技、商业和创意产业,留学生可以拥有更多的实习机会和职业机会	追求学科多样性、研究机会和实践经验的学生;希望获得全面教育并探索职业发展的学生

续表

留学地区	特　　点	适合人群
英国	极高的学术水平和声誉:拥有悠久的学术历史和众多世界一流的大学,在许多学科领域都享有很高的声誉,尤其是在人文科学和商科领域 多样的课程选择:高校同样提供广泛的课程选择,从传统学科到新兴领域都有覆盖,学生可以根据自己的兴趣和职业规划选择适合的课程 短学制:学士学位通常为3年制,硕士学位通常为1年制,留学时间相对较短,有助于节约时间和金钱 文化体验:拥有丰富的文化遗产和多元的社会环境,留学生可以接触到不同的文化、历史和艺术形式,拓宽视野	对学术传统和历史感兴趣的学生;希望短期内获得学位提升的学生
中国香港&新加坡	商业和金融中心:均为亚洲的商业和金融中心,留学生可以获得丰富的商科实践和实习机会;此外,中国香港和新加坡也是亚洲科技创新的重要枢纽之一 安全和稳定:相较于西方的留学热门地区,中国香港和新加坡距离境内近且安全稳定;具有良好的基础设施、相近的文化和相似的生活习惯 高质量、国际化的教育:拥有世界一流的大学,学校不仅排名高,还提供高质量的教育;授课语言均为英语,无需另学新语言	对国际化、跨文化体验感兴趣的学生;希望获得与国际商业和金融接轨的职业发展的学生;偏好安全稳定的学生
欧洲(除英国以外)	花费小,质量高:大部分公立高校免除学费,留学生只需要负责生活费部分;高校在各自领域内具有卓越的声誉和优质的教学资源,提供高水平的学术研究和学习机会 多元文化和语言环境:欧洲是一个多元文化的地区,各国拥有独特的历史、文化和语言;留学生可以感受不同国家和文化的魅力,增强跨文化交流的能力;多数国家使用英语作为教学语言,这有利于不会当地语言的学生进行学习;为了生活的便利性,留学生还是被鼓励掌握当地的语言 交通便利和旅游机会:各国之间的交通非常便利,留学生可以在周末或假期轻松前往周边国家进行旅行和探索;拥有丰富多彩的历史和文化遗产,这给留学生提供了广阔的旅行机会,丰富了留学生的生活体验	对学术研究和深造有浓厚兴趣的学生;喜欢多元文化体验和跨文化交流的学生;希望在跨国公司、国际组织或文化艺术领域发展的学生;热衷于探索欧洲历史和文化的学生
澳大利亚	高质量的教育:澳大利亚八大校在全球享有良好的声誉,本地认可度极高;高等教育质量有保障且科研水平很高 宜人的自然和生活环境:拥有壮丽的自然风景和独特的野生动植物;留学生可以享受到宜人的生活环境和丰富的户外活动,如冲浪、潜水等 就业和移民机会:作为发达国家,同样拥有丰富全面的就业机会,而且对于留学生的移民/永居政策友好 宽进严出:申请门槛较低,但学术要求并不低,同样需要认真学习才能顺利毕业	追求高质量教育和丰富生活体验的学生;喜欢户外活动和自然环境的学生;学术和软背景不具备较强实力的学生

续表

留学地区	特　　点	适合人群
日本&韩国	先进的科技和创新：在科技和创新领域都不乏巨大成就，是世界领先的科技国家之一，留学生可以在高校内接触到最新的科技和研究成果 独特的文化和艺术：各自拥有独特的文化和艺术形式，无论是日本动漫还是韩国流行音乐，都拥有非常庞大的粉丝群体和极高的知名度 安全且花费低：都是安全、有序和高度发达的国家，拥有优质的基础设施和先进的生活方式，同时留学费用远低于英国、美国、澳大利亚等西方发达国家 语言要求：虽然部分项目提供全英文授课，但通常情况下留学生需要掌握当地语言以应对学术和生活	对科技和创新感兴趣的学生；对日本、韩国文化和艺术具有浓厚兴趣的学生；有日语、韩语基础的学生；预算有限的学生

3. 留学项目的选择

（1）按学位类型划分

授课型硕士(taught master)是通过课程、讲座、研讨会、实验室工作或远程教学等多种相对结构化的课程模块进行教学的，通过每门课程的考试即可毕业获得学位。

研究型硕士(research master)又叫基于研究论文的硕士(thesis-based master)，要求学生在专门的研究领域开展自己的研究项目，并将完成论文作为毕业要求。

研究型硕士学位通常比授课型硕士学位需要更长的时间来完成，学制一般为2—3年，而授课型硕士大多1年时间就可以完成。授课型硕士能够在较短时间内获得更高学位，有利于更快毕业参加工作。而研究型硕士更加适合想要继续做学术研究的同学，因为这类学位很多项目都是博士的预备课程，有利于博士学位的申请。

一般来说，英国、中国香港、新加坡、新西兰等授课型硕士多，而美国、加拿大等研究型硕士多。

Ph.D.(doctor of philosophy)也称哲学博士，但其并非哲学专业的博士，它基本上可以授予任何学科的博士毕业生。Ph.D. 通常是学历架构中最高级的学衔，其拥有者一般在大学本科(学士)及/或研究院(硕士)毕业后再进行一定年数的研修，撰写毕业论文并通过答辩后获得哲学博士学位。所谓哲学博士，是指拥有人对其知识范畴的理论、内容及发展等都具有相当的认识，能独立进行研究，并在该范畴内对学术界有所建树。

部分学科的博士毕业生通常有特别的学衔，例如，工程科学的博士毕业生常称为工程学博士(doctor engineerin, D. Eng.或 Eng.D.)、教育学的博士毕业生常称为教育博士(doctor of education, Ed.D)等。较特别的是法律博士(doctor of jurisprudence/juris doctor, J.D.)，一般是指已拥有其他学科学士学位的法学学生的基本学位而非高级学衔。

另外，文学博士(doctor of letters, D. Litt.)通常属于荣誉性质，拥有人通常是已拥有另一个博士学位的学者。

一般来说，美国、加拿大、英国、中国香港、新加坡、澳大利亚等都提供直博项目。

(2) 按学科与课程类型划分

按学科与课程划分的硕士学位类型更加多样，如常见的MA、MSc、MRes等。因为各个国家和高校对学位类型没有极为标准的分类系统，因此同一专业所属的学位类型与课程内容可能存在较大差异。

1) 文学硕士(master of arts, MA)

文学硕士通常是授予文学、艺术或社会科学等学科的学位，具体专业包括传播学、教育学、语言学、文学、地理、历史和音乐等。通过授课、讲座和研讨会相结合的方式对硕士生授课，并根据独立研究项目考试或学术论文对学生进行评估，合格后给予硕士学位。该学位属于授课型硕士，学制通常为1—2年。

2) 理学硕士(master of science, MS或MSc)

理学硕士通常是在生物、化学、工程、健康和统计学等学科类别中所授予的硕士学位，经济学和社会科学等某些领域的专业可以同时属于文学硕士和理学硕士两个范畴，而具体属于哪种学位类型由各个高校自行决定。

理学硕士可能有更强的研究成分，因此在某些行业中，理学硕士学位比文学硕士学位有更大的权重。该学位也属于授课型硕士，学制通常为1—2年，需要进行考试和论文评估，学生最终需要提交毕业论文，通过后才能获得学位。

3) 研究硕士(master of research, MRes)

研究硕士学位旨在提供有关如何成为研究人员的培训，教学方法主要是参加研讨会，开展研究座谈。该学位旨在培养相关研究人员，一般只有理工科专业开设。

与文学硕士或理学硕士课程相比，研究硕士学位包含的研究元素更多，学生拥有更大的自主性，可以在研究上投入更多时间。该学位属于研究型硕士，学制通常为1—2年。如果希望攻读博士学位或从事研究工作，研究硕士学位可能会带来申请优势。

4) 哲学硕士(master of philosophy, MPhil)

哲学硕士是以研究为基础的高级学位，允许学生深入和独立地专注于特定主题，以完成单个大型研究项目，经常被作为学生在开始博士项目前的“试水”。

该学位属于研究型硕士，学制通常为2年，而且申请难度很大。除此之外，哲学硕士也是对攻读Ph.D.课程但因研究进度不够、考核不合格或其他原因而中途肄业的学生颁发的学位，表明该学生接受过Ph.D.的训练但最终没有达到Ph.D.的研究水平。

对于不同学位类型的申请，主要可以从以下两方面进行考虑：一方面，要视自身条件而定。哲学硕士的申请难度很大，而且招收人数较少。研究硕士学位的申请难度也较高，大于理学硕士和文学硕士，如果有从事研究的想法，而且已经有不错的科研成果和学术论文，可以尝试申请。而理学硕士和文学硕士则更为常见，申请的成功率也更高。另一方面，清楚自己申请学位的目的和对未来的规划。如果打算毕业后直接就业，可以选择理学硕士或文学硕士，毕竟研究硕士学校和哲学硕士的申请难度和课业压力都更大。但是，如果想要继续做研究、攻读博士，可以选择研究型硕士，申请哲学硕士或研究硕士学位。

4. 费用参考

本小节所指的生活费如无特别指出，一般包含住宿费、交通费等各项生活支出。

(1) 美国

美国不仅教育实力雄踞世界第一，其高昂的留学费用也常年占据全球榜首。美国大学分为公立和私立两种，私立大学学费要高出公立大学很多，但其整体知名度明显高于公立大学，如大家熟知的常春藤高校联盟均为私立大学。

美国大学的平均学费每年 27000 美元～80000 美元(19 万元～55 万元人民币)。其中，商科学费要高于普通人文社会科学专业，理工科专业更容易申请奖学金或通过担任助教等形式赚取生活补贴。资金担保方面，美国硕士阶段为 50000 美元～65000 美元(35 万元～45 万元人民币)。此外，生活费受学校所在地和个人生活习惯影响较大。总体来说，美国留学生每月的生活费在 1500 美元～3000 美元(1 万元～2 万元人民币)。

(2) 加拿大

许多同学会把加拿大当作前往美国留学的跳板，但随着加拿大教育水平的不断提高，前往加拿大的留学费用也在逐年上升。在加拿大留学，不同城市的学费标准也是不一样的，随着各省的物价指数、教育政策、学生身份及所修专业的不同而不同。一般情况下，中心城市的大学学费高于东海岸和中西部省份的大学学费。根据加拿大官方统计的加拿大留学生平均学费可知，研究生的平均学费较本科低，平均每年 1.5 万元～3.5 万加元(8 万元～18 万元人民币)，生活费每年 1 万加元～1.5 万加元(5 万元～8 万元人民币)。

(3) 英国

作为老牌的资本主义国家，英国教育水平常年稳居世界前列。尽管前往英国的留学费用不菲，但由于英联邦学制较短，硕士仅需 1—2 年，因此综合考虑仍然具有较高的性价比。英国的热门留学专业有商科、理工、传媒等。英国硕士学费每年 1.8 万英镑～3.5 万英镑(15 万元～30 万元人民币)，受专业影响较大。商科和艺术类专业费用一般最高，每年 2.5 万英镑～3.5 万英镑(20 万元～30 万元人民币)。生活费分为伦敦地区和非伦敦地区，国际学生在伦敦地区的生活费每月 1000 英镑～1800 英镑(9000 元～15000 元人民币)，非伦敦地区的生活费每月 700 英镑～1200 英镑(6000 元～10000 元人民币)。

(4) 澳大利亚

澳大利亚教育水平较高，同时移民政策较为宽松，一直是热门的留学目的地。澳大利亚硕士项目大致花费为每年3万澳币～5.5万澳币(14万元～25万元人民币),商科专业费用较高,澳大利亚八大硕士商科专业学费基本每年不会低于20万元人民币。澳大利亚留学生的平均生活费每月1500澳币～1800澳币,即7000元～8500元人民币。

(5) 中国香港

与英国、美国相比,中国香港的性价比较高。学费方面,各专业差距较大。人文社会科学专业的费用每年10万港币～20万港币(9万元～18万元人民币),商科和理工科专业相对较高,每年20万港币～40万港币(18万元～36万元人民币)。近年来,随着香港留学的日趋火热,学费也在逐年增加。例如,香港大学部分理工科专业,自2023年起,学费每年上涨近15%。

香港地少人多,寸土寸金,本科生一般可以申请校内学生公寓,而硕士特别是授课型硕士很难申请到学生公寓,需要自行租房。住宿费是留学开销的一大部分,房租浮动范围较大,低至每月3000港币(约2700元人民币),高至每月8000港币～10000港币(7000元～9000元人民币),综合平均水平每月3500港币～5500港币(3000元～5000元人民币)。一年的生活费为10万港币～14万港币(9万元～13万元人民币)。

5. 奖学金

在常规的认知中,同学们可能都认为留学需要花费很高的费用,起码在本科、硕士阶段是如此。但实际上,境外大学也为硕士(包括授课型硕士)提供了丰厚的奖学金,所以留学并不一定会花费父母的钱,同学们也可以凭借自己的实力赚取一笔不菲的奖学金,支撑自己的教育费用。

(1) 申请阶段

通常来说,硕士留学申请阶段可以从以下几个渠道获得奖学金,主要包括国家留学基金委员会(China scholarship council,CSC)、校方和留学所在地区政府。

1) CSC奖学金

CSC通常只会外派博士或博士后,但也提供部分的硕士项目。以热门留学目的地英国为例,CSC就提供了不同的奖学金用于申请。这些项目主要来自国际合作项目、国际区域问题项目、政府互换奖学金项目以及艺术类和乡村振兴类项目,但名额比较有限。也有部分高校与CSC签订了协议,提供相应的合作项目。但总体来说,从CSC渠道获得硕士阶段的奖学金难度较大,尤其是目前CSC仅在个别项目上提供攻读硕士名额。因此,对于一些本科背景较好、成绩较高且恰好符合所申报项目的同学来说,可以尝试申请CSC的奖学金。

2) 校方奖学金

校方奖学金多种多样,基本每所学校都会提供类似的奖项吸引学生。但值得注意的是,校方奖项并不一定是全奖,其金额可能有所浮动。例如,英国布里斯托大学的 Think Big 奖学金①是专门为国际学生提供的奖学金,每位学生能够获得 6500~26000 英镑的学费减免。金额越高,获奖的人数越少。在校方奖学金中,含金量最高的是校长奖学金。以牛津大学为例,校长奖学金②能够全覆盖硕士的学费与生活费。校方奖学金的优势在于种类较多,申请难度较 CSC 低很多,但缺点是不一定能够获得全奖,有的学校只减免部分费用。

3) 留学地区的政府奖学金

所在地区的政府奖学金是所在地区对国际学生颁发的最高级别荣誉,通常用于吸引其他地区的优秀学生。同样以英国为例,英国政府推出了国际学生研究奖学金(postgraduate scholarships for international students)。该奖学金的申请条件较为简单,但需要工作满 2 年,英语成绩达标,且获得政府机构认可机构的学士学位。从经验来看,该奖学金的不确定性因素较多,但是申请人需要全面发展。不同地区的要求有所不同,同学们可以根据自己留学所在地区的具体情况而定。但一般而言,北美和我国香港的奖学金较多,英国奖学金偏少。

(2) 结课阶段

优秀毕业生奖学金:项目结课时,校方会根据学生的成绩和班级排名来提供不同金额的奖学金。该种项目不同学校的规定有所不同。以英国布里斯托大学为例,在每年项目结束时,校方会评选出 Coursework-best 和 Dissertation-best student,这两个奖项分别是指所有课程中成绩最高的学生和毕业论文成绩最高的学生,以此颁发奖励。学校通常会为上述两类同学发放 8000 英镑的奖学金以资奖励,但不同学校有所不同。一般情况下,该类信息可以在入校后不同项目的手册中找到,同学们可以届时再仔细关注。

(3) 各国/地区高校硕士国际生奖学金案例

1) 英国

前文已经对英国的两所高校和政府奖学金做了总结。但由于英国目前是最热门的硕士留学国,这里以英国帝国理工学院的硕士奖学金申请路径为例,向同学们进行介绍。

首先在谷歌中搜索:Imperial College London International Master Student Scholarship,找到帝国理工学院国际生硕士奖学金的相关网站:https://www.imperial.ac.uk/study/fees-and-funding/scholarships-search/postgraduate/,点击进入后可以找到各式各样的奖学金。以公共卫生硕士奖学金为例(https://www.imperial.ac.uk/study/fees-and-funding/scholarships/school-of-public-health-masters-scholarships-20232024.php),进入网

① 布里斯托大学 Think Big 奖学金:布里斯托大学官网 http://www.bristol.ac.uk/students/support/finances/scholarships/think-big-postgraduate/。

② 牛津大学国际学生奖学金:牛津大学官网 https://www.ox.ac.uk/admissions/graduate/fees-and-funding/fees-funding-and-scholarship-search/scholarships-a-z-listing。

站可以发现奖学金的 Degree level、Suitable Academic Year 和 Application deadline。对于英国这种硕士入学时间固定的国家来说,通常情况下截止日期在 5 月之前。在该网页中,还详细阐述了具体攻读哪个项目才具有资格申请,以及申请人的国籍和工作时长。一般情况下,英国高校的硕士奖学金都是通过这种模式进行申请的。

2) 澳大利亚

同属英联邦的澳大利亚,在奖学金上较英国更为慷慨。澳大利亚同样为国际学生提供了丰厚的政府奖学金,同学们可以在其官方网站①上进行了解。

这里搜索了墨尔本大学对于国际硕士生的奖学金项目②。与英国奖学金对国籍的规定有所不同,墨尔本大学的硕士项目奖学金是本土学生与国际学生同时进行竞争,并且名额较英国高校少,但在数额上要高于英国,大约每年 10000 澳币。此外,墨尔本大学的奖学金种类较少,供国际硕士生可申请的只有 3 种,分别是墨尔本研究生奖学金、理科研究生奖学金和未来领导力奖学金。这 3 种奖学金基本涵盖了国内学生的热门留学项目。

3) 中国香港

作为我国热门的留学目的地,香港特别行政区的奖学金一直以慷慨著称。相信同学们早有耳闻 Ph.D.的香港特别行政区政府奖学金(这里指 HKPFS 奖学金,每年约 331200 港币)对很多同学来说充满了诱惑。香港背靠内地,是很多内地顶尖学生的首选,这也导致不仅是奖学金,就是正常的留学申请难度都令人难以想象。事实上,香港特别行政区政府奖学金不仅是 Ph.D.可以申请,持有本科学位以上的学生也可以申请,具体名称为 HKSAR 奖学金③。HKSAR 奖学金对研究型硕士更加友好。这里建议本科就读于国内 Top 2(清华大学和北京大学)和"华五"(复旦大学、上海交通大学、南京大学、浙江大学和中国科学技术大学)的同学可以积极尝试在硕士阶段申请 HKSAR 奖学金,对于非香港地区的学生来说,每年约 8 万港币。

除了该种奖学金,香港地区各所高校也为同学们提供了丰厚的奖学金申请机会。以香港大学④为例,对于入读个别专业的硕士生,香港大学为其提供了丰厚的奖学金。但需要注意的是,香港地区的留学竞争已经到了白热化的阶段,纵然奖学金提供非常慷慨,奈何每年申请人数过多,仍供不应求。此外,香港地区高校的录取时间和奖学金申请都会比其他地区的高校提前 1—2 个月,因此建议同学们如果想申请香港地区的高校要尽早准备,以免耽误材料的递交。

---

① https://www.studyaustralia.gov.au/english/study/scholarships。

② https://scholarships.unimelb.edu.au/awards/melbourne-graduate-scholarship。

③ https://www.edb.gov.hk/en/edu-system/postsecondary/local-higher-edu/publicly-funded-programmes/scholarship.html。

④ http://www.scholarships.hku.hk/news/detail/146。

4) 美国

美国硕士申请受到签证的影响，在我国的申请总量有所下降。近年来，随着枪击案等公共安全事件的频发，申请数量一直与英国不相上下，甚至相当一部分美国本科（美本）的同学也申请英国硕士。所以，近年来申请美国硕士是一个机会，但坏消息是原本部分取消 GRE 成绩的院校又重新将 GRE 作为申请的硬性指标。

虽然申请难度较大，但是美国对于硕士的奖学金和助学金也十分丰富。通常来说，可以分为服务性奖学金、非服务性奖学金和校外部分奖学金。

服务性奖学金一般分为助教金（teaching assistantship, TA）和助研金（research assistantship, RA）。助研金主要是协助教授完成日常的教学工作，例如，给本科生上辅导课、批改本科生的作业等。助教金主要是加入教授的课题组，协助教授进行学术研究、完成数据处理等工作，会根据课题项目获得相应金额的奖学金。

非服务性奖学金一般可以分为全额奖学金（fellowship）、奖学金（scholarship）和学费减免（tuition-waiver）三大类。全额奖学金通常是指学校为学生免除学费杂费、住宿费、保险费、书本费等，另外还会提供一笔资金作为学生日常的生活开销。奖学金的金额虽然低于全额奖学金，但其类别和形式非常多样。有的学校会免除学费和杂费，或类似于英国的校长奖学金，奖励给成绩突出的学生，或积极参与学院研究的学生。奖学金通常有校级、院级等不同级别。学费减免在美国也被作为奖学金的一种，一般是指学校或学院为学生单独免除学费的一种奖励形式，这种形式的奖学金金额少于全额奖学金，但可能略高于奖学金。

校外奖学金通常是由政府、机构、个人、企业等捐赠或项目合作提供的。由于美国大学数量较多，且不同大学提供的奖学金类别又有细微差异，这里为同学们提供两个常用的奖学金检索网站，可以单独检索硕士项目，它们分别是 Scholarship365 和 ProFellow，后者美国项目占主导。

5) 加拿大

加拿大是英联邦国家，同时又背靠美国，位于北美大陆，因此加拿大的教育制度同时具有美国和英联邦国家的优势。加拿大的研究型硕士同 Ph.D.一样，需要提供全额奖学金，但同学们也可以从事助教和助研等补充申请奖学金，以及争取各省政府或中央政府提供的奖学金。授课型硕士在加拿大占有较大的比例，与研究型硕士有所不同，授课型硕士大多需要自费，或是领取学校的少额奖学金。相较于英国，加拿大的奖学金种类整体多样化且适合不同的群体，因此对于授课型硕士，通过认真搜集信息，也能够找到适合的奖学金种类。

加拿大所提供的奖学金种类繁多，并且根据不同的学科设有一些特定的奖项用于补充生活费或研究费用，建议同学们根据自身情况详细查询网站：https://www.educanada.ca/scholarships-bourses/index.aspx?lang=eng。加拿大各高校对于奖学金的信息非常透明且公开。以加拿大知名学府不列颠哥伦比亚大学为例，同学们可以直接搜索 University of

British Columbia International Master Student Scholarship，进入网页后根据自身情况筛选，便可以找到相应的奖学金。目前，2025 年 9 月入学的硕士生可供选择的奖学金共有 50 余种，同学们可以仔细阅读选择适合自己的进行申请。值得注意的是，加拿大的奖学金对于国籍的要求非常严格，为国际生提供的奖学金要求国际生不能持有任何国家的永久居民(permanent resident，PR)。加拿大奖学金的金额也较为丰厚，基本上都是从开学提供至毕业，所以到加拿大留学基本不需要担心费用的问题。

以上总结了各个留学热门国家或地区对于硕士国际生的奖学金政策，希望同学们可以在申请前认真研究这些奖学金，争取能够为自己节省留学开支。对于家庭情况暂时不允许但一直怀揣留学梦的同学来说，这些奖学金为大家提供了宝贵的机会。同学们可以在本科期间努力提升自己的专业素养，丰富自身简历，为日后奖学金的申请打下坚实的基础。

4.2.2 留学时间线

留学申请一般在大四上学期的 9 月至大四下学期的 3 月，大四下学期的 2 月开始陆续发放录取 offer。同学们从获得的录取 offer 中选择项目并接受录取，大约拿到毕业证后开始办理相关签证，7 月以后可以前往所选院校攻读研究生。

表 4.4 简单总结了留学申请的时间轴，供同学们参考。

表 4.4 留学申请的时间轴

<table>
<tr><th></th><th>大一、大二</th><th>大二暑假</th><th>大三</th><th>大三暑假</th></tr>
<tr><td>专业能力</td><td colspan="3">① 保持并提升 GPA，注意基础课和专业课的成绩；
② 做好专业背景补充，如先修课(prerequisite)和推荐课程(recommended course)的选修和成绩；
③ 转专业申请的同学可以考虑转专业、修第二学位和辅修</td><td>开具中英文成绩单、在读证明，进行 WES 认证等</td></tr>
<tr><td>标准化考试</td><td>① 首考托福、雅思考试；
② 背 GRE/GMAT 单词</td><td colspan="2">托福、雅思二考和三考(TOEFL：100～110＋，小分 25；IELTS：7.0～8.0，小分 6.5)；
GRE：大三寒假一考，目标 320(V：150＋，AW：3.5＋)；大三下学期二考，目标 325(V：155～4.0)；
GMAT：大三寒假一考，目标 680；大三下学期二考，目标 720</td><td>最迟于大三暑假完成标化目标</td></tr>
</table>

续表

	大一、大二	大二暑假	大三	大三暑假
实习科研	人文社会科学	① 国家大学生创新性实验计划项目； ② 挑战杯； ③ 社团活动	① 国家大学生创新性实验计划项目、挑战杯； ② 校内教授的科研项目； ③ 学期中 PAT 实习	① 校内教授科研项目； ② 暑假实习
	商科	① 社团活动； ② 挑战杯； ③ 各类商赛和创业大赛； ④ 数模大赛（尤其是金工、BA 等项目申请者）	① 学期中 PAT 实习； ② 量化类实习机会相对较少时，可以跟着本校教授参加量化分析相关的科研项目	暑假实习（非常重要）
	理工科	① 专业相关的社团类活动； ② 数模国赛、美赛、机器人大赛、开发者大赛等	跟着本专业教授进行相关科研项目	暑假实习或跟着本专业的教授进行相关科研项目
境外交换活动	① 参加暑期学校（可以通过暑期学校参读一些先修课程），尤其是目标学校的暑期学校； ② 参加学校的境外交流交换项目，提升境外背景和 GPA； ③ 争取境外推荐信			

4.2.3 留学准备

1. 留学背景提升

在正式申请前，准备留学的同学需要重点从以下方面做好背景提升：

（1）绩点

绩点的提升是一个长期过程。大一、大二的课程比较多，其间需要非常重视课程学习，尽可能提高绩点，和其他同学拉开差距。大三开始课程减少，排名基本上变化不会太大，在绩点排名上拉开差距的机会并不多，所以排名靠前的同学要保持优势，排名靠后的同学则要把握住最后的机会提升绩点。

（2）科研和论文

科研和论文在保研、留学中都是重要的考核因素，很多情况下也都是必需项，同时也是体现自己与申请项目匹配性的最好方式。

科研和论文是需要长期投入的，所以同学们应尽早参与科研项目或尝试撰写论文。大一开始可以主动和本校专业课老师沟通，参与本科院校老师的课题，或联系学长帮他们做一些辅助性工作，或在老师指导下参与大学生科研训练计划（student research training program，SRTP）等科研训练项目、竞赛等活动。

除了充分利用本校资源，也可以考虑联系国内其他实验室、境外科研项目或者和其他高校的同学合作。在积累一定的经验和方法后，大二和大三期间可以考虑就感兴趣的方向进行选题、撰写论文并尝试发表。可以重点考虑发表英文学术论文，因为英文学术论文既能体现自己的科研能力，也能反映自己的语言水平，在留学申请中也会非常具有优势。

（3）实习

除了科研和论文，实习经历也是体现自身差异化的途径。申请境外的授课型硕士时，评审老师都会非常看重实习经历。以竞争非常激烈的商科为例，想要申请商科授课型硕士，至少拥有3段比较高质量的实习经历是标配。

寒、暑假是相对自由的大块时间，同学们可以充分利用这段时间参加实习项目。但是，同学们不要盲目参加实习，最好参加大厂或国际企业的实习，如全球500强企业比较核心的岗位，并注重实习中的总结和思考。在实习中，要和实习导师（mentor）多多交流，争取获得实习导师的推荐信。

（4）准备好语言成绩

语言成绩在留学申请中非常重要，同学们最好在大一时就一次性通过英语四、六级且成绩达到一定门槛（500分以上），避免在英语四、六级方面占用过多精力、耽误太多时间。此外，由于大四上学期留学申请季就正式开始了，所以同学们应该至少在大二下学期至大三下学期准备好雅思、托福等语言成绩，争取雅思成绩达到7分、托福成绩达到100分，同学们可以结合自己的实力，把语言分数刷到越高越好。

2. 留学申请材料

前期做好背景提升，在准备留学申请材料时可以更加游刃有余。下面将介绍详细的留学申请材料准备攻略，助力同学们斩获理想offer。

（1）规划与定位

留学申请中相关材料的素材不是现成的，都是需要精心规划与准备的。此外，留学申请过程中可能会面临非常大的压力，如果没有提前做好规划，那么可能会措手不及、手忙脚乱。大一、大二是打基础和找方向的好时机，尽早确定方向，就可以更有针对性地准备科研经历、实习与语言成绩。比如，想转商科的同学可以尽早参加商赛、商科实习。每个人确定未来方向的时间不同，这里建议大二上、下学期的寒假是比较合适的时间点，此时准备时间已经过半，同学们需要针对性地补短板、强弱项。

(2) 留学相关文书

1) 个人陈述

个人陈述(personal statement,PS)是由申请人撰写的一篇关于自我的漫谈体文章,主要用于描述个人的背景、申请目的、研究方向等信息,是留学申请过程中必不可少的材料。在申请一些学校时,PS甚至代替了面试环节,作为评价学生的一个重要依据。可以说成也PS、败也PS。很多同学用优秀的PS成功逆袭,也有的同学因为不够重视PS而与梦想学校失之交臂。不是所有的学校都称其为PS,不同的学校可能会冠以不同的标题,同学们在申请材料列表中没有见到PS也不用慌张,如果学校要求同学们描述动机、兴趣、经历等,那么也同样是PS。

① 准备工作:在正式撰写PS前,同学们需要做到两个了解,即知己、知彼。知己就是了解自己,知彼就是了解学校/专业/项目。正所谓知己知彼,方能百战百胜。

了解自己,就需要对自己反思,进行自我探索;了解学校/专业/项目,可以通过官网、目标院校留学的学长,以及网络论坛,如留学论坛、知乎、小红书等。

以上做的所有了解就是为了回答以下几个问题:

(1) 为什么选择这个专业? (2) 为什么选择这个项目?
(3) 为什么选择这个学校? (4) 为什么适合这个专业?
(5) 为什么适合这个项目? (6) 为什么适合这个学校?

通过对自己的提问和反思,同学们就能理清自己选择背后的动机,然后再用反思的答案回答以下问题:

(1) 怎么样的过往让申请者形成了最初的选择(评审老师要了解申请者的过去,以及申请者选择这个专业的理由,从而判断申请者是否真的喜欢这个专业)?

(2) 申请人在选择后经历了怎样的磨炼?有哪些收获(什么样的经历造就了现在这个申请人)?

(3) 申请这个专业/项目/学校,对申请人未来的发展有什么帮助和影响?

而要具体回答以上问题,同学们要对自己进行更加深入的剖析,看看自己有哪些经历是可以作为素材使用的:

(1) 你的个人爱好;

(2) 你完成过的项目或课题;

(3) 你做过的特别工作或承担的责任;

(4) 你获得过的荣誉和成就；
(5) 改变你的主要事件；
(6) 你克服过的挑战或个人障碍；
(7) 激励你申请这个专业的个人经历；
(8) 影响你或是鼓励你的人；
(9) 你培养的特质、工作兴趣、态度和灵敏度；
(10) 你的目标和规划；
……

② 正式撰写：在正式撰写 PS 前，还需要明确文章结构和文章风格。

在准备工作中，同学们应该已经知道自己大概要写哪些内容了，那么又该如何展开呢？如果同学们仔细查看 PS 的优秀模板，会发现虽然万变，但不离其宗。PS 的主流框架有：

➢ 并列式：文章各部分的内容没有主次、轻重之分。

➢ 总分式；先总述，再分说。这种关系还可以演变为“分—总”或“总—分—总”的结构方式。

➢ 对照式：文中两部分内容或进行对比，或用这部分内容烘托另一部分内容。

➢ 递进式：文章几部分内容逐层深入。

相对而言，总—分—总(开头、主体、结尾)是 PS 最常见的结构。一般，板块内容分为兴趣/动机、能力、目标/计划、项目匹配度等。这样的板块划分是由基本的叙事逻辑决定的，附加条件越多的逻辑越后置。同学们的职业计划、研究计划一般要依附于自己的研究兴趣、相关背景能力等，所以一般放在文章后半段。而兴趣和动机等所依赖的条件较少，所以逻辑上可以放在文章前半段。当然这是主流的框架，并不是说第一段写兴趣、第二段写能力，这样写也没有错误，但是应该尽量追求灵活。比如，可以第一段前半段撰写动机 A，后半段撰写能力 A；第二段前半段撰写动机 B，后半段撰写能力 B。

PS 要严谨。PS 虽然是一篇关于自我的文章，但绝对不是散文，更不能想到哪里写到哪里。和文学创作不同的是，PS 的写作框架更加死板。同学们要做的就是在有限的框架内尽可能地展现自己的个性和特质，因为要撰写的主题基本上都是固定的，它要求你的每段经历、每句话都要有目的性，都是在阐述主题、表达自己。正所谓“戴着镣铐起舞”，尤其是研究生申请的 PS，与其称为漫谈，不如叫做学术写作，所以严谨是最基本的要求。这样就给整篇文章定下了基调，拒绝浮夸、虚假、无关的信息。作为校方，他们希望从你的字里行间看出申请人是一个思维严谨、逻辑清晰、认真对待事物、积极向上且充满热情的有为青年。

另外，还要注意语言表达逻辑。评审老师阅读每个申请人的 PS 时间非常短，所以要纲举目张，直接切入主题，让人一眼就能看到重点，从而提升印象分。切忌弯弯绕绕，犹抱琵琶半遮面,导致重点被人忽略。

文章的风格一定程度上也与同学们的用词有关,如果 distinguished、excellent 之类的单词用得多时,整篇文章的风格就会显得很浮夸。PS 中表现自己的方式无疑是直接列举具体的事例,当然同学们也可以别出心裁吸引评审老师的注意,但这绝对不包括使用浮夸的单词。要言之有物。比如,同学们评价自己:学习能力优秀,团队合作能力强……其实,无论你撰写多少优点,作为陌生人,都很难相信,所以同学们可以用行动证明,当然也可以将优点转化为具体的事例。

在 PS 写作中,同学们讲述自己的具体经历时,可以遵循以下框架:做了什么,怎么做的(如具体过程,用了什么方法),结果是什么,收获了什么。不要单纯重复简历上已有的内容。同学们介绍自己学习能力强时,一定要撰写一个具体的实际例子。比如,老师发布了一个课题任务,它不仅需要梳理专业知识,还需要学习相关软件,而你通过自己优秀的学习能力,自学了相关软件和课堂上未涉及的学术理论,并得出了翔实的结果。当评审老师看到如此充实的表述时,会对同学们更有信任感,还可能发现你的其他闪光点。

注意,泛泛而谈的 PS 只会是一篇扩充成文章的简历。个人简历中已有完整的客观事实,而 PS 是利用个人的规划、高光时刻等将重要事例串连起来,讲述自己有意义的心得与收获。如果评审老师在 PS 中得不到更多有效信息,那便白白浪费了陈述自己的机会。同学们应该抓住 PS 核心,表达出最完美的自己。

2)简历

在留学申请中,简历(curriculum vitae,CV)作为同学们学术背景和能力的综合展示,其重要性不言而喻。CV 不仅是申请人向评审老师快速展示自我、推销自己的重要工具,更是评审老师初步了解申请人、评估其学术能力的关键依据。下面将详细介绍一些留学申请 CV 的撰写要点,助同学们打造出一份脱颖而出的 CV。

① 个人信息包括姓名、联系方式(电话、邮件、地址),这一部分通常可以放在页眉。

➢ 姓名:按照国际惯例,名在前,姓在后,如 San Zhang。

➢ 联系方式:提供准确的手机号码,并加上地区区号,以备不时之需。邮箱地址建议使用学校邮箱或 gmail、outlook 等国际通用邮箱,并尽量包含自己的名字,如 san.zhang@gmail.com。这样的邮箱地址不仅便于评审老师识别,还能提高邮件的送达率。

➢ 地址:常用通信地址。

② 教育背景包括学位、专业、就读院校、入学时间和毕业时间、GPA 等信息,撰写时应遵循原则,突出亮点。

➢ 起止时间:使用年月形式,按照倒叙顺序排列教育背景。这样的排列方式能让评审老师一眼看到同学们最新的教育经历,便于他们了解你的学术成长轨迹。

➢ 教育阶段:清晰标注教育阶段,如本科(bachelor)、硕士(master)等。如果可能的话,还可以进一步细化,如理学学士(BSc)、文学硕士(MA)等,以展现学术专业性。

➢ GPA与排名:如果同学们的GPA和排名较高,一定要在简历中突出显示。一方面,它可以证明同学们的学术实力;另一方面,增加同学们在评审老师心中的竞争力。有些同学的GPA较低,其实并不是因为学业表现不佳,而是由于所在学校采用了较为严格的评分标准。针对这种情况,建议同学们前往学校教务处,请求他们出具一份反映学校评分政策的排名证明文件,并将其与成绩单一同提交给申请的学校,以便更准确地评估你的学术能力。

➢ 院校标注:如果在国内"985""211"或"双一流"等高水平大学就读,要在简历中标注出来。这不仅代表了同学们的本科教育的含金量,还能让评审老师对你的学术背景有更深入的了解。

③ 科研经历包括发表的论文和本科期间参加的项目。

➢ 论文:对于本科生来说,论文不是必需的。如果发表过期刊论文,要详细列出自己参与发表的论文,包括论文标题、作者顺序、期刊名称、发表时间等。对于自己是第一作者的论文,可以放在列表的最前面并进行突出显示。同时,注意将SCI等高质量期刊的论文放在中文论文之前。

➢ 项目:在描述项目时,可以突出项目的意义、目的,以及在项目中自己的具体贡献和获得的成果。同时,注意将自己主持的项目放在前面,并按照项目的重要性或自己参与的程度进行排序。

④ 工作/实习经历包括时间、地点、公司名称(级别)、岗位、工作职责以及所获的成绩等。

工作经历和实习经历同样需要具体的描述,不要用总结性的描述,可以列举一些具体的成绩或案例来支撑自己的描述。此外,还需要注意语言要尽量简洁明了,可以让评审老师清晰地了解同学们所做的工作。例如:

Managed the company's media accounts to promote corporate culture, gather materials, and engage with fans, leading to a 15% increase in followers and over 10000 views during the tenure.

⑤ 课外经历包括社团活动、创业、暑期学校(summer school)、竞赛、学术会议等,要挑选与专业相关或能够全面展现自身能力的经历。

有些同学可能未在社团中担任要职,便认为自己在社团的经历不重要。但其实重要性不仅体现在职位上,更体现于你在社团活动中的贡献。同学们完全可以使用"played an important role in..."这样的表述来突出自己的作用。注意,要详细描述自己所承担的责任、执行的具体任务,以及在这些活动中自己取得的成果。它们同样也能体现自己的价值和能力。

⑥ 所获荣誉:简洁列出校内外获得的奖项,注明时间和颁发机构。对于国外院校不熟

悉的国内奖项，需说明评选标准、获奖难度及其意义。奖项应与专业相关，以展示自己的专业能力和成就。非专业相关的荣誉可以不列入 CV 中，因其对申请的直接帮助有限。

⑦ 其他：可以涵盖个人技能、标化成绩、语言能力、兴趣爱好等。可以简单罗列 TOEFL、IELTS、GRE、GMAT 等考试成绩，同样遵循亮点突出原则。即成绩好的写，不好（有明显硬伤）的就不写；优秀的单项成绩可以进行单独标注。在技能部分，计算机技能可以简洁列举，如 C、C++、Python、Java 等编程语言的熟练与掌握程度。至于其他模块，如兴趣爱好、特殊经历等，应根据个人情况和专业要求进行定制化描述。

3）推荐信

推荐信（recommendation letter，RL），顾名思义就是别人推荐自己的介绍信。一般来说，获得本校教授的推荐信难度不高，但也需要提前与老师建立联系，如课后多与老师交流和请教、参与该老师的科研项目等。获得境外高校或国内其他名校教授的推荐信，则是一件不确定性非常高的事情，需要主动创造机会并把握机会。比如，在大二下学期的暑假可以参加学校的境外交流项目，在参与国内其他课题组或境外课题组的科研项目中获得导师们的认可，通过本校导师引荐参与本校和外校的合作课题，从而接触到学界顶尖导师。此外，对于跨专业升学的同学来说，一定要努力找到与自己升学专业方向一致的老师撰写推荐信，这样才能达到更好的推荐效果。

留学推荐信根据各个目标院校的规定，一般需提供 2—3 封本院系不同老师的推荐信。与保研部分类似，具体可以参考前文保研部分的推荐信撰写攻略。主要注意以下几个方面：推荐信的口吻、被推荐人的基本情况、突出个人核心优势、以推荐老师的口吻描述申请留学同学的性格与能力，以及与文书的差异化。

4）其他材料

这一部分一般密切关注官网通知即可。通常来说，包括以下材料：成绩单、学位证、毕业证、标化成绩、论文、获奖证明、财力证明等。这些材料相对而言准备起来比较简单，但是也需要注意，这些都是必要材料，一定要按照要求提前准备。

3. 留学定位攻略

从《中国留学发展报告蓝皮书》中可以看到，目前留学市场依旧非常火爆。越来越多的同学将目光转向留学，比如，来自“双非”院校的留学生大大增加，留学家庭中普通家庭占比也在迅速增长。可以预见，接下来几年留学生的人数还会持续增加。

留学定位作为留学申请的第一步，让很多同学陷入迷茫，“我的背景能上什么档次的学校？”成为一个非常普遍的问题。各种社交平台上“求定位”“这个选校定位如何”的求助帖和发言显示出很多留学申请人的无措。他们不知道应该如何选择合适自己的学校，或是不确定自己的选校是否合理。

“害怕申高了变分母，申低了又不甘心”成为很多同学定位时的心理状态。显然，留学定位在整个申请过程中有着举足轻重的地位，会对后续的申请过程甚至整个申请结果产生巨大的影响。作为申请人，同学们首先要清楚“为什么”，再研究“怎么做”。

(1) 留学定位的意义

1) 梳理自身的情况，做到“知己知彼，百战不殆”

在留学申请前，定位可以帮助同学们更好地了解自己的实际情况。这包括了解自己的专业背景、学术能力、语言水平、职业经历等方面。通过对自身情况的深入梳理，同学们可以更加清晰地了解自己的优势和短板，有助于在后续的申请中更好地展现自己。

2) 制订合理的申请策略，提高申请成功率

通过精准定位，同学们可以更好地了解自己的目标院校和专业，并根据自身情况和目标院校的要求，制订合理的申请策略。这包括选择合适的申请项目、准备申请材料、合理安排时间等方面。精准定位可以帮助同学们更好地规划整个申请过程，从而提高申请的成功率。

3) 发掘洼地，突破上限，把握下限

在科学的定位过程中，同学们可能会发现一些自己之前没有考虑到的申请机会。比如，一些较为冷门的专业或学校，可能在某些方面有着很好的教学资源，如科研机会或就业帮助，但是知名度不高，所以申请难度相对较低。同时，精准定位也可以帮助同学们了解自己的申请下限和上限，以便更好地把握自己的申请方向。

4) 针对性提升，提高竞争力

定位后，同学们应该对目标院校对申请人的具体要求有更明确的了解。针对这些要求，结合自身实际情况，同学们可以有效地弥补自己在相关领域的知识和技能，提升竞争力。比如，如果部分项目偏好有工作经验的同学，那么应届生申请人可以通过实习来弥补自己在这方面的劣势。

了解了留学定位的重要性后，接下来更关键的是到底该“怎么做”。

(2) 定位途径

1) 关注官方数据，分析趋势

同学们可以通过查看和分析目标院校或项目在过去几年的招生情况和录取要求，以了解该院校的录取标准和申请难度。正常情况下，项目大小、项目课程设置及已录取学生的标化成绩等数据都可以在相应官网中找到，这些数据可以帮助同学们了解自己是否符合目标院校的录取要求，以及应该如何准备申请材料和面试。

比如，美国研究生商业分析(business analyst, BA)方向的大热项目，以及杜克大学(Duke University)的量化管理硕士(master of quantitative management, MQM)，就在官网的 class profile(班级概况，网站特定位置)部分展示了包括录取人性别、工作经验、GRE/GMAT 平均成绩、平均 GPA 以及本科专业在内的众多信息。同学们可以通过自身申请项目的官方网页进行更深入的探索。

2）参考网络上的留学经验分享

互联网的发展带来信息爆炸式的增长，在各种平台和软件上，同学们可以很容易地搜索和找到其他人的留学经验和故事。这可以帮助同学们了解不同院校和专业的情况，以及申请过程中需要注意的细节。但是需要注意，这些经验仅供参考，具体情况还需要结合自身实际进行考虑。

3）关注同届，了解竞争对手

如果同学们身边有同届的同学或朋友也在准备申请，可以与他们多交流沟通，了解他们的基本信息和申请进展。通过了解他们的情况，同学们可以更好地横向比较自己的优劣势与竞争力，以便更好地进行准备。

4）寻求专业人士的帮助，提高效率

没有经验的同学可以向专业的留学机构咨询，了解各个院校的申请要求、录取标准、留学生活等方面的信息。留学机构可以帮助同学们制订完整的申请计划和申请策略，提供专业的建议和指导，帮助同学们更好地完成留学申请。同时，留学机构通常拥有整合好的信息以及一些优质资源，通过向他们寻求帮助可以与单打独斗的同学产生信息差，从而获得额外优势。

总的来说，定位途径有多种，同学们可以根据自身情况和需求选择适合自己的一种或多种途径，以便更好地了解自己和目标院校，制订合理的申请计划和申请策略。

（3）参考因素

了解定位途径后，“如何选”也是一个问题。同学们在选择途径时，可以参考以下这些定位因素，综合分析，以便更好地认识自己的情况，把握选择。

1）个人能力水平

个人能力水平是最重要的定位参考因素，包括本科院校、标化成绩、专业方向、修过的课程、实习、科研、交换经历、竞赛等方面。

留学目的地和专业方向不同，对个人水平的要求也不同。例如，中国香港的高校比较看重本科院校和均分，而美国高校更注重综合能力。商科、管理类的项目更偏好工作实习经验丰富的申请人，而对于理工科、研究型的项目来说，科研经历和论文发表情况才是重点。

通常情况下，个人能力水平是非常客观的因素，但也有一定的提升空间。在有限的时间里，同学们可以通过重修课程刷绩点、重刷语言成绩或在 Coursera 等网课平台上有针对性地学习先修课程，通过实习等方法来提高个人能力水平。

2）主观意愿

主观意愿是很多同学容易忽视的因素，包括未来发展方向、专业兴趣、个人偏好、文化生活习惯等诸多方面。

① 未来发展方向：就业还是读博？回国就业还是境外就业？

如果未来希望直接就业,那么应该选择就业导向的授课型项目;如果未来希望继续攻读博士,那么应该选择学制较长的研究型项目;如果未来打算回国就业,那么定位时要注重学校排名;如果未来决定境外就业,那么重点考察项目的就业情况。

② 专业兴趣:转码还是转数据?坚持文科还是选择商科?

转码、转数据的热潮已经持续好几年,但是否能成功、是否真的感兴趣还需要申请人慎重判断。同理,对于难就业的文科和热门的商科,是否要为了就业妥协个人爱好,是否能够承受转专业的压力,这些都需要进一步的衡量。

③ 个人偏好:欧洲文化还是北美文化?更习惯相近的东方文化还是想体验西方文化?

有的同学喜欢二次元的日本,有的同学喜欢古老的欧洲,也有的同学喜欢自由的美国。有的同学可以迅速融入新环境、新文化,有的同学却在不同的文化环境中寸步难行。在定位留学目的地时,文化偏好也是非常重要的考虑因素。

选择自己感兴趣的专业和方向,可以让自己更加投入学习和生活,获得更多的乐趣和成就感,也可以让自己更容易适应学习和工作的压力,更可能取得优秀的成绩和表现。而选择有良好就业前景和市场需求的专业和目标国家,可以让自己在完成学业后更容易找到工作。合理的定位,不仅可以为自己的职业发展奠定基础,还可以帮助自己在未来获得更好的收入和更高的生活质量。

3) 客观情况

客观情况属于限制因素,具有极小的弹性空间,包括但不限于留学预算、院校位置、学校排名、项目课程设置、自身精力与时间等。

① 地理位置:欧洲、亚洲、澳大利亚还是北美?城市还是“农村”(指较偏远的城市)?

总的来说,亚洲、欧洲的花费低于澳大利亚、北美,“农村”低于城市。选择“农村”学校可以生活得比较宽裕,既可以住大房子,也可以经常旅游,但大城市带来的实习和就业机会更为丰富,美食也更多。

② 学校排名:QS、U.S.News 还是 THE(泰晤士)排名?综合排名还是专业排名?

欧洲、澳大利亚、亚洲查看 QS,北美查看 U.S.News。想要留在美国,同学们需要关注目标院校的专业排名;如果毕业后回国发展,就要重视目标院校的综合排名。这些并不绝对,但作为申请人,同学们一定要多加考虑。

③ 项目情况:项目是否自带 CPT(curricular practical training,为在校读书的国际学生提供校外实习的机会,但工作领域必须与学习专业相关且这份工作必须是学生课程的一部分)或实习?是否为 STEM[science、technology、engineering、mathematics 分别对应科学(S)、技术(T)、工程(E)和数学教育(M)]?是小班还是百人大班?往届的就业情况如何?

如果同学们想要留在美国工作,那么需要申请 STEM 项目来获得专业实习(optional practical training,OPT)。OPT 是美国 F1 签证学生毕业后的实习期。F1 签证学生可以在毕业之后有1年OPT时间(STEM有3年时间),这段时间同学们有工作许可,可以为任何公司服务,但要求同学们做的工作必须跟自己所学的专业有关。如果同学们不希望出国后身边还都是中国人而无法提高自己的口语水平,那么可以选择华人占比小的项目;如果同学们想将硕士作为转码的跳板,那么需要选择一个选课自由度高的项目;如果同学们想与教授多多交流,那么可能需要选择一个人数少的精品项目;等等。

④ 精力与时间:全脱产申请还是边工作边申请?距离申请还有很长时间还是迫在眉睫?

时间充沛、精力旺盛的同学,可以考虑自己进行留学申请,学习或工作繁忙的同学,可以寻求中介或代理的帮助。

总的来说,留学定位时,同学们首先需要面对现实,衡量自己的经济能力,根据家庭和个人的经济状况,权衡预算和项目所需花费,以确保未来的可持续性。其次,同学们还需要考虑院校的位置、课程设置和排名等因素,往未来考虑,做长远规划。

随着留学申请的竞争日渐激烈,没有准确的定位,就像是无头苍蝇,可能会错过最合适自己的学校或项目,从而造成遗憾。只有通过科学的留学定位,才能确保自己的留学之路更加明确、目标更清晰、时间和精力的分配更合理。

4. 院校选择标准

在选择具体升学路径时,很多家长和同学可能会因为想去留学而担心被人冠上“水硕”的帽子,害怕找工作受歧视。事实上,每个人的观念和看法不一样,得出的结论也不一样;具体的目的和场景不一样,评价的关键标准也会发生转移。在此,本小节挑选几条关键因素或标准,简单向同学们分析一下留学的认可度。在正式论述之前,必须说明,因为不同的维度和因素之间可能存在交叉与重叠,所以同学们结合自己的实际情况,采取下文提到的相关因素和标准来分析即可,不用过于纠结细枝末节。

(1) 首要考量:学校层次与知名度

在升学时,同学们的首要考量都是学校层次。“只要能去QS前50,什么地区和项目都没关系!”相信很多同学都有过这样的观点,这也充分说明大家对于学校层次与知名度的追求和渴望。而此种“名校梦”的狂热,大多数是由两种关键因素导致的:一是个人心理和预期。绝大部分同学都希望通过留学给自己“镀金”,而“含金量”的重要标准便是学校层次和排名。二是社会观念和求职压力。不管是社会大众的普遍认知,还是在考公、考编、市场化求职等现实场景中,学校排名都是最广泛被提及和讨论的要素。更进一步看,专业实力的强弱可能几年内就会发生变化,留学的形势也可能短时间内发生巨变,但一所大学的整体名气在较长周期内都不太可能发生颠覆性的变化,所以优先考虑学校层次与知名度,也是绝大多数同学和家长在留学择校中会采纳的较为稳妥的策略。

那么,如何衡量一所学校的整体层次与知名度呢?下面提供几条参考标准,同学们可以有选择性地采用。

一是综合排名。学校的综合排名在未来的就业中非常重要,大部分用人单位也会看重学校的综合排名。目前,QS、U.S.News、THE(泰晤士)和ARWU(软科)是当前公认的四大权威世界大学排名机构(提示:这几种排名侧重点有所不同,如ARWU侧重学术,QS的应用面最广)。

二是特定的圈子和说法。留学中会有很多特定的"小圈子"或"俗称",这些称呼和说法也能在一定程度上反映院校的知名度。就留学而言,比较常见的"圈子"有美国常春藤(The Ivy League)、美国法学T14/T30、港三/港五/港八、坡二、英国牛剑/G5/王爱曼华/罗素集团、澳八等。同学们在留学择校时,可以着重考虑此类具备一定圈子/称呼/title的院校,一般此类院校的名气和影响力都有足够的保证。

三是特定招聘场景下的目标院校清单(target school list)。因为同学们的求职路径和方向比较多元,招聘场景很难完全列举,所以这里以考公、选调为例进行简单的介绍:如果未来打算考公、选调,那么同学们可以参考上海市给出的面向留学生招录定向选调生的具体院校要求(如QS前100、QS前200等)。注意,留学生能否参加选调,需要密切关注官方公告。

(2) 重要因素:地区与项目类型差异

无论保研还是留学,都会有所谓的"水校""水项目",不少同学在院校项目选择过程中犹豫不决,就是担心自己申请到这些容易踩雷的项目。对此,同学们在分析留学院校认可度时,可以着重考虑地区、项目类型、专业特征等因素。

1) 地区

在地区方面,留学首要考虑的是该地区整体的认可度(鄙视链)。比如,大部分人一般会认为:北美>英国>中国香港≈新加坡>澳大利亚>其他。然后考虑具体的城市区位因素,如美国的硅谷高新产业更密集、伦敦的金融类实习资源较丰富等。

2) 项目类型

对于留学来说,申请境外博士(Ph.D.)项目的同学应主要看重和考虑导师与奖学金的情况;而申请硕士项目的同学应更加看重和考虑具体的项目类型,如英联邦教育体系下的授课型硕士和研究型硕士,一般研究型硕士的申请难度和含金量更高。

3) 专业特征

不同专业,偏重的因素也不一样。同学们在分析留学项目认可度与含金量时,也要结合专业特征来评判。比如,金融、商分、管理类等泛商科项目的同学,在选择留学院校时,可以优先考虑中国香港、伦敦、纽约等金融中心,好的城市对于院校的认可度和含金量也有一定的加成作用。

(3) 以终为始:考虑就业路径的差异

不同的就业路径和职业取向,我们对院校认可度和含金量的评判结果也会大相径庭。

这里选取三类比较典型的就业路径，同学们可以对号入座进行思考。

1）市场化求职

如果目标是市场化求职，希望到一些目标行业内的头部企业和大厂，那么在评判留学项目的认可度时，同学们就要着重考虑城市地域、就业氛围、校友资源、行业影响力等因素。

① 城市地域：如果所在城市的相关企业和工作岗位较多，那么找到对口工作的概率就越大，该项目的含金量就会更高。

② 就业氛围：每所学校甚至同一所学校内的不同院系，就业氛围也会存在显著差异。同样是QS前50的院校，有的院校的就业氛围就非常淡薄，最终可能导致该校的就业情况并不理想。

③ 校友资源和行业影响力：校友资源与行业影响力的重要性，在特殊"圈子"的院校上表现得淋漓尽致。例如，伦敦商学院（London business school，LBS）、伦敦政治经济学院（The London school of economics and political science，LSE）、巴黎高等商学院（École des Hautes Études commerciales de Paris，HEC）等商科院校的同学在就业上的表现会显著强于其他Top级别的综合性强校。因此一般而言，如果某一院校属于某个特殊圈层，具备一定的行业影响力，且在该行业的校友众多，那么该院校和项目的含金量也会更高。

2）泛体制求职

如果目标是泛体制求职，如考公、选调、银行、国企、央企、事业单位、高校行政岗、军队文职等，那么同学们需要着重考虑学校层次和专业属性这两重因素。一方面，许多泛体制的招录招聘工作，都会特别看重学校层次。如果同学们的学校层次没有达到基准门槛，那么履历再优秀也无济于事，尤其是对于留学生而言。泛体制招聘对境内学生更为宽容（"985"高校和特色"211"高校就能达到大部分泛体制岗位的招录门槛），但是对于留学生的要求总体更加严苛（基本在QS前100甚至前50，才会有较多的选择机会）。另一方面，专业的选择也非常重要。一些泛体制的紧俏岗位，都会十分严格地限制专业。如果同学们是计算机、法学、经济金融等考公、选调热门专业，那么所选院校和项目的含金量也会有所加成。

3）学术类求职

如果目标是高校教职或科研类工作，那么学术方面的因素就会更加重要，如本土博士（简称"土博"）/境外博士（简称"海博"）、导师头衔和人脉、专业实力等。举个最简单的例子，在教职应聘时，海博相比土博一般更有优势。再如，不少高校在招录海博教职时，筛选院校背景都以ARWU的学术排名为核心参考标准，而非QS排名。

（4）核心建议：明确个人诉求，注重项目匹配程度

前文的核心结论和建议就是：对留学项目的认可度和含金量的分析，并没有唯一的衡量标尺；同学们在评判留学院校的认可度，以及在进行具体的院校选择时，都要以实际情况为准，明确自己的核心诉求和职业目标，深入思考和分析院校项目与自己的匹配程度，这样才

能做出较满意、较优的决策。

5. 留学跨专业攻略

跨专业在留学中也是可行的，也有一些项目很方便同学们跨专业。比如，商业分析专业，很多理工科专业可以很容易跨入。在跨专业准备过程中，需要注意以下几点：

(1) 提高语言能力

语言是留学生进行专业学习和研究的基础，为了顺利完成专业课程和研究项目，同学们需要具备足够的语言能力。同学们可以考虑通过参加语言培训课程、阅读相关学术文献、参加语言交流活动等方式，提高自身的语言能力。

(2) 补充前置知识

转专业需要具备有关新专业的前置知识和基本技能。如果目标专业和原专业有较大差异，那么同学们可以通过修双学位、自学、参与相关科研或参加相关课程等方式补充前置知识。另外，也可以咨询目标专业的导师或学长，了解相关课程，获取学习资料。

(3) 提前规划职业发展

转专业后，同学们需要重新规划自己的职业发展路径。可以通过咨询学术导师、参加实习和实践项目、了解就业市场等方式，规划自己的职业生涯。

(4) 提前了解目标专业

同时，同学还可以通过积极参加相关学术会议和研讨会、进行相关的科研课题、参与对应方向的实习工作等方式，增加自己的竞争力。

(5) 认真准备申请材料

在材料准备上，同学们要明确自己的意向，突出自己的特色。在文书方面，最好能与本科专业相结合，强调自己个性化的特点，突出自己的优势和动机，表明自己的转专业决心。还要反复修改和检查文书，确保其准确、简明且具有说服力。

4.3　考　　研

尽管近两年考研人数一直在下降，但是考研人数依旧非常庞大。比如，2025 年考研人数虽然下降了 50 万人，但是依然有 388 万人。除了保研和留学，考研是国内很多同学升学的又一个重要途径。考研竞争非常激烈，需要做很多准备。本节将着重介绍考研攻略，助力同学们升学成功。

4.3.1 考研概述

1. 考研的定义与流程

想要进一步攻读全日制硕士研究生学位，主要有两条途径：一是保研，即指全国369所优秀大学的优秀毕业生通过学校推荐而无需参加全国硕士研究生统一招生考试攻读硕士研究生；二是考研，即指个人通过参加全国硕士研究生统一招生考试攻读硕士研究生。

很多人都说，考研就像是第二次高考，其原因是考研也是通过全国统一招生考试来决定能否被学校所录取。考研分为初试和复试两个环节。初试主要为笔试，即参加全国硕士研究生统一招生考试。一般来说，初试的考试科目分为公共课和专业课两大类。详细介绍可参照表4.5。

表4.5 考研初试简介

形式	笔 试
总分	300分[管理专硕项目，比如工商管理(MBA)、公共管理(MPA)、会计专硕(MPAcc)、旅游管理(MTA)、工程管理(MEM)、图书情报(MLIS)等] 500分(学硕全部项目以及专硕非管综项目)
科目	公共课 政治：统考，统一试卷 外国语：分为英语1和英语2。其中，英语1更加偏重专业术语，主要为学硕的考试科目；英语2更加偏重应用，是专硕的考试科目 数学：部分专业不考，不同的理工科专业也会分为一、二、三等不同的考试试卷。其中，一卷难度最大，考试范围涉及高等数学、线性代数、概率论与数理统计等全部内容，考查全面且深入；二卷难度次之，考试范围只包括高等数学和线性代数，考查较为细致和深入，虽然少考一门，但难度丝毫不减；三卷难度相对较低，其考试范围与一卷相当，但是所学具体知识点少且考试难度相对较低
	专业课 分为统考专业课和院校自主命题，其中大部分为院校自主命题，考试科目根据学校发布的招考目录来定。统考由教育部组织统一命题，如(311)教育学专业基础、(312)心理学专业基础、(313)历史学专业基础、(408)计算机学科专业基础等

复试由学校组织考核，主要方式有笔试和面试。考研的最终分数由初试和复试共同组成，复试占30%～50%。多数学校复试总分为100分，也就意味着复试中的1分相当于初试的3～5分，对考研最终的录取结果影响很大。

笔试考查内容通常比较固定，基本是专业课内容，但是每个学校和专业也有所不同。有的学校笔试比较简单，比如，考核的基本是初试专业课的内容；有的学校笔试难度比较大，比如，需要复习一些和初试要求完全不一样的参考书。具体笔试的考核内容可以在学院校发布的复试细则中查看。

面试考查的内容主要包括专业课问答、英文自我介绍、英文问答、自由问答等环节。专业课问答主要是抽题作答，评委进行打分，这一部分基本是本科所学的相关专业课知识，也会有老师进行适当的拓展，考查同学们的应变能力。英语部分的考查主要包括自我介绍和自由问答两个环节。自我介绍一般分为一分钟版本和三分钟版本，可提前进行准备。英语自由问答主要以聊天的形式进行，侧重考查同学们真实的英语能力，这部分需要同学们日常注重积累。自由问答环节主要是老师针对个人经历，如简历、个人介绍、PPT 等相关材料进行深入问答，有时甚至会进行压力测试，旨在考查同学们的应变能力和抗压能力。需要注意的是，对于外国语和管理类联考的考生，学校可能会在复试阶段考查政治科目。

2. 考研相关概念

(1) 专业门类限制

考研设定有不同的专业门类，会对日后找工作产生很大的影响。例如，有的岗位只招收教育学硕士，不招收理工科硕士；也有的岗位只招收经济学硕士，不招收其他类别的硕士。因此，明确考研的专业门类对于报考学校和选择专业来说非常关键。根据目前教育部发布的《学位授予和人才培养科学目录》，我国目前共设置 14 个学科大类，分别是哲学、经济学、法学、教育学、文学、历史学、理学、工学、农学、医学、管理学、军事学、艺术学和交叉学科(2021 年新增)。其中，交叉学科顾名思义，就是不同学科之间相互交叉、融合、渗透而出现的一门新兴学科，如集成电路科学与工程为理学与工学的交叉、设计学为工学与艺术学的交叉等。这些学科大致可以分为两大类，即自然科学(理、工、农、医)和人文社会科学(经、管、文、法、史、教育、哲学、艺术、军事)。

(2) 跨专业考研

由考研专业门类引申而出，便有了跨专业考研。在准备考研的过程中，考生可以根据个人需要考取不同方向的研究生。理论上，各科都可以进行跨考。但是一般情况下，自然学科的本科生可以跨考人文社会科学；而人文社会科学的本科生跨考自然科学的难度却极大。另外，人文社会科学内部可以进行跨考，自然学科内部则需要根据学科具体情况而视。例如，医学的门槛壁垒相对较高，所以其他专业的考生可能并不容易跨考。

(3) 考研分区与国家线

我国幅员辽阔，东、西部的经济发展程度和教育水平有较大差异，为了保障考研的公平性，全国被划分为“一区”和“二区”，即 A 区和 B 区。通常来说，A 区的国家线比 B 区高 10 分左右。其中，一区的省份包括北京、天津、河北、山西、辽宁、吉林、黑龙江、上海、江苏、浙江、安徽、福建、江西、山东、河南、湖北、湖南、广东、重庆、四川、陕西；二区的省份包括内蒙古、广西、海南、贵州、云南、西藏、甘肃、青海、宁夏、新疆。因此在选择院校时，同学们应注意学校所在的考区，从而制订相应的考试策略。

(4) 34所自划线、院校线、拟录取线

虽然存在考区的问题，但与此同时教育部也设定了34所可以自主划定分数线的高校，即这些学校可自行决定进入复试的最低分数线，不遵循国家线的相关要求。这类高校通常竞争较大，分数较高，国家线对其并无参考意义，所以想要报考这些高校的同学需要特别注意历年分数线的变化情况。34所高校即为除中国海洋大学、西北农林科技大学、中央民族大学、国防科学技术大学、华东师范大学5所以外的其他“985”高校。院校线则是在国家线的基础上，招生单位根据本校有关专业余缺实际情况确定的分数线（一些学校会直接采用国家线），院校线是真正的复试线，考研初试成绩达到复试线才能进入该专业的复试环节。所报考的拟录取线则是该专业录取的最低分，通过此线表示被正式录取，通常在复试结束后公布。

表4.6是对考研相关线的总结。

表4.6 考研相关线的总结

不同点	国家线	34所自主划线	院校线	拟录取线
含义	教育部依据硕士生培养目标，结合年度招生计划、生源情况及总体初试成绩情况，确定报考统考、管综及自命题专业学位考试进入复试的基本要求标准	教育部审批的部分招生单位可以根据本单位情况自主决定考研复试分数线	在国家线的基础上，招生单位根据本校有关专业余缺实际情况确定的分数线（一些学校会直接采用国家线）	所报考专业录取的最低分
实际意义	进入复试的最低要求，通过国家线才有可能被录取或调剂	进入34所高校复试的最低要求，通常高于国家线，极少数低于国家线	学院线，真正的复试线，大于等于校线，初试分数达标后才能进入该专业的复试环节	通过此线则证明被正式录取
对分值的要求	对总分和单科分数都有要求	对总分和单科分数都有要求	对总分和单科分数都有要求	对总分和单科分数都有要求
发布时间	3月发布	比国家线略晚	比34所自划线略晚	复试结束后

(5) 调剂

部分院校可能会出现一志愿上线人数不足等情况，导致招生名额大量空缺，这时就会采取调剂的方式补充招生。通过国家线没有进入第一志愿的考生且满足院校的招生要求后（如符合调入专业的报考条件且调入专业与第一志愿报考专业相同或相近，一般都会在公告中详细说明），便可以选择调剂。没有“上岸”或复试不是很确定的考生都应密切关注相应学校的官网,及早提交相关材料,进行复试。调剂相关流程如图 4.2 所示。

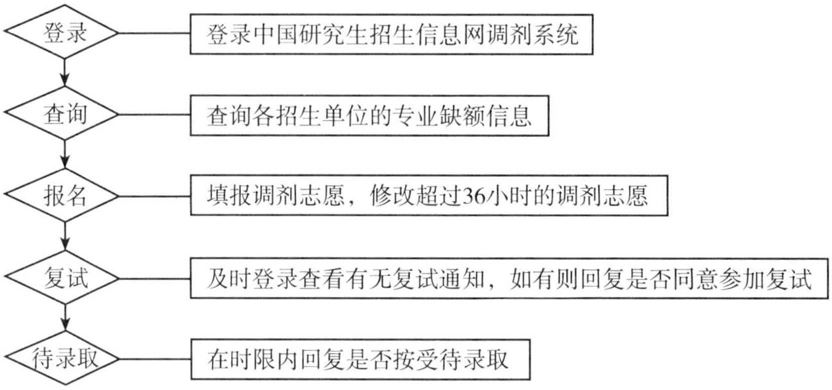

图 4.2　调剂相关流程图

(6) 报录比

考研的报录比是报考人数除以总录取人数得到的指标。该指标是同学们考研择校过程中需要着重关注的因素,主要衡量学校的上岸难度。例如,当一所学校的报录比为5∶1,而另一所学校的报录比为 10∶1 时,同学们应当优先选择报录比为 5∶1 的学校,因为竞争压力会相对较小。

(7) 复试比

与报录比的概念相当,复试比是进入复试的人数除以录取总人数,该指标主要用来衡量能够顺利进入复试的难易程度,也是最终能否被正式录用的关键因素。一般情况下,如果一个专业进入复试 10 人,最终录取 5 人,那么该专业的复试比为 2∶1。但是一般情况下,学院设定的复试比在 1.2∶1 和 1.5∶1 之间。

3. 考研常见对比

(1) 学硕和专硕

考研选择学硕(学术型硕士)还是专硕(专业型硕士)一直都是比较热议的话题。总的来说,还是因为同学们对于学硕和专硕的特性和差异不够了解,下面对此做了详细梳理。具体来说,学硕和专硕的区别主要在以下几个方面,同学们需要根据自身的未来职业发展等情况来定夺。

1) 考试难度有所不同

一般来说,学硕考试相较于专硕更难。例如,学硕考英语一,专硕一般考英语二;学硕考数学一,专硕考数学二;学硕考数学三,专硕考 396 联考;等等。难度相差较大。

2) 招生专业范围有所不同

学硕学位按照招生门类分为哲学、经济学、法学、教育学、文学、历史学、理学、工学、农学、军事学、医学、管理学和艺术学、交叉学科等 14 个大类,这 14 个大类又分为 117 个一级学科。专硕的目的是培养具有扎实理论基础,能够适应特定行业或职业实际工作需要的应用型高层次专门人才。《研究生教育学科专业目录(2022年)》公布的硕士专业学位类别有31个,博士专业学位类别有36个。

3) 学制有所不同

学硕一般为3年,也有的学校采取2.5年在校学习、0.5年进行实习的方式。专硕一般也为3年,但从近几年的趋势来看,很多学校也做出了相应的调整。以教育专硕为例,华中师范大学为2年,南京师范大学和西北师范大学为3年。具体的学制情况还需要根据目标院校当年的招生简章。例如,四川外国语大学2019年的研究生招生简章中,规定专硕的学制均为2年,而到2023年招生时,所有的专硕学制又都调整为3年。再如,南京大学的全日制专硕中,学制为2年的项目目前仅剩5个,其余的均为3年。

4) 学费有所不同

学硕的学费相对便宜,一般为每年6000～8000元,由教育部统一定价。专硕的学费更高一些,一般是12000～15000元,有的专业甚至是学硕的2～3倍。不过,目前各所高校针对全日制硕士生都有一定的奖学金,可以适当弥补学费,减轻就读的经济压力。

5) 对调剂的要求有所不同

学硕的初试科目可以涵盖专硕初试科目或超过专硕的考试难度,因此在大部分情况下,学硕可以调剂到专硕,而专硕很难调剂到学硕。例外情况当然也存在,如临床医学的专硕可以调剂到学硕,但是学硕则很难调剂到专硕。这需要根据不同学科的具体情况来定夺。

6) 学位论文要求有所不同

学硕的学位论文形式相对比较传统,更加强调其科学理论研究和学术创新性,这也与学硕的培养目标相匹配。专硕的毕业论文则更加强调应用性,形式多样化,对于学术创新并没有过多要求。

7) 导师制度

学硕采取的是单导师制度,即只有一名导师负责研究生期间的学习指导情况,与导师之间主要以探讨学术问题为主。专硕则更多采取双导师甚至导师组的形式对学生进行集中指导,很难出现一对一指导的情况。

8) 未来升学前景

我国的学硕学位基本可以算作欧美地区的哲学硕士学位,也称为博士预备役,因此学硕可以选择直博或在考博的过程中更加有优势。专硕则无法直博,而且考取学术型博士的难度也非常大。现在正在悄然兴起的专业类博士可能是众多专硕的不错选择。

这里的建议是:如果“双非”本科的同学计划考取名校硕士,建议选择专硕;如果未来想要继续攻读博士,建议选择学硕;如果想要考研复习较为简单、轻松,且“上岸”率更高,建议选择专硕;对于家庭经济状况一般的同学,建议选择学硕。

（2）全日制和非全日制

根据学习方式，我国的硕士研究生分为全日制硕士研究生和非全日制学位硕士研究生。其中，非全日制硕士研究生是指符合国家研究生招生规定，通过研究生入学考试或国家承认的其他入学方式，被具有实施研究生教育资格的高等学校或其他教育机构录取，在学校规定的修业年限内（或适当延长的基本修业年限内），从事其他社会职业或实践的同时，采取多种方式和灵活时间安排进行非脱产学习的研究生。

该种区分方式自2017年起开始实施。非全日制硕士研究生是否值得攻读需要根据个人的未来职业规划进行综合评判。一般来说，对于应届生，能够考取全日制硕士研究生则要尽量考取；对于二战、三战的同学，在难以考取全日制硕士研究生的情况下，可以考虑非全日制硕士研究生；对于一些已经有稳定工作或是在编人员，且不想放弃当前的工作但同时又想提升学历，非全日制硕士研究生不失为一个较好的选择。

非全日制硕士研究生的学费通常比较高，这对于已经工作多年且有一定积蓄的同学来说也是可以接受的。一般情况下，非全日制硕士研究生无法享受很多福利，如宿舍、奖学金等，并且其录取的类别主要为定向、自筹经费和委托培养。在毕业证书上，非全日制硕士研究生仅有“非全日制”的字样，其他与全日制硕士研究生并没有本质差异。虽然非全日制硕士研究生的含金量和社会认可度一般，但毕竟也是国家承认的学历，好学校的非全日制硕士研究生对于经济条件较好的人来说依然值得攻读，所以还要结合自身的情况进行综合考虑。

4. 特殊招生计划

考研过程中存在一些特殊的招录计划，主要是针对不同特定人群的优待计划。主要包含以下三个类别：

（1）少数民族骨干招生计划

该计划是国家定向培养计划，在全国研究生招生总规模之内单列下达，不得挪作他用。虽然包括一部分汉族学生，但招生专业主要向工科和应用型研究生方向倾斜。招生实行定向招生、定向培养、定向就业。

（2）强军计划

强军计划的招生名额主要由教育部和总政治部商定。强军计划的招生人数不占用统考总人数，招生名额一般由解放军政治部分配到各单位，获得分配名额的单位才具有相应的报考资格。一般采取单独考试形式，相对来说比统考简单。但具体的考试流程，需要咨询所报考院校的研招办老师。

（3）退役大学生士兵计划

根据学校申请及相关学校的招生情况，全国每年大约安排8000名退役大学生士兵计划，包括清华大学在内的523所普通类院校，凡是符合全国硕士研究生报考条件的退役大学生均可参加考试。退役大学生达到报考条件，3年内参加统考，初试总分加10分；也可以走士兵计划单独划线,在退役大学生内部竞争。两者只可二选一。

4.3.2 考研时间线

一般情况下,考研的周期根据同学们的备考情况有所不同。有的同学大三下学期初开始准备,也有的同学大三暑假才开始准备,还有的同学可能刚进入大学就已经开始筹备考研事宜了。虽然进度因同学们的备考策略有所不同,但关键时间线是一致的。下面将详细介绍考研的时间线和流程。

1. 当年9月,研招网、招生单位发布招生简章

招生简章,是指各个招生的高校或科研院所颁布的介绍性文件,主要向考生介绍学校的情况、报考条件、报考关键时间点、各个院系联系方式、学制、费用等具体事项。招生简章包括大量关键信息,需要同学们进行有效抓取。例如,招生简章中会详细介绍报考条件、报考日程、录取总数、参考书目等。虽然每年高校的招生简章绝大部分都会沿用之前的信息,但是也可能会存在一定程度的细微改动,所以同学们千万不可错过重要信息。例如,有的学校可能恰逢当年更换了考试科目和参考书目,如果没有及时关注,就会错误引导自己的复习方向。所以针对招生简章,一定要了解最新动态,并且结合自身条件以及对未来职业发展的规划,选择合适的目标和专业。这是前期最为关键的准备环节。

除此之外,大约在9月中旬,考研大纲也会跟随招生简章一同发布。考研大纲主要分为两类,分别是公共课考试大纲和专业课考试大纲。公共课考试大纲主要包括考研政治、考研英语和考研数学的考试大纲,该大纲由教育部统一公布,根据往年经验主要集中在9月中旬公布。专业课考试大纲包括教育部统一公布、各个招考院校公布以及不公布这三种类型。其中,各大院校公布的时间一般集中在6—9月,同学们需要根据想要报考的院校自行查询。就一般情况,考试大纲的内容每年变化并不大,所以同学们可以先根据前一年的进行准备。等到新大纲公布之后,再将其和旧考试大纲进行对比,理清新大纲的具体变化,以免在复习过程中发生方向性的偏差或遗漏重要知识点等。

2. 当年9月,网上咨询周

网上咨询周为广大考生和招生院校搭起一座沟通的桥梁。同学们一定要充分利用这次机会,积极主动向学校咨询有关疑问。原则上,同学们可以咨询院校任何问题,包括但不限于报录比、真题、推免人数、报考要求等。学校的招生办老师在符合原则的情况下都会给大家做出相应的解答。虽然有的问题可能很难得到正面的回答,只是很官方的回复,但这是一次提问的良机。同学们可以直接在网上咨询周致电目标院校的研招办,或是到研招网进行咨询。

3. 当年9月,网上预报名

在考研正式报名之前,研招网都会开通考研预报名渠道。预报名,一方面可以帮助同学们了解报名的基本流程，防止在最终报名时因不熟悉系统而影响考研报考；另一方面可以缓解在集中报名时造成的网络访问高峰。所以从这个角度来看，预报名并非简单的演练，其报名信息也是有效的。如果同学们在预报名期间已经生成了报名号且完成了报名缴费，那么在正式报名期间并不需要重复报名，只需要登录系统检查信息即可。

4. 当年 10 月，正式报名

正式报名与预报名的系统和流程完全一致，预报名只是为正式报名提前填写报名信息，所以无论是预报名还是正式报名，同学们一定要认真核对自己的报名信息，并且仔细核对报考资格，谨慎报名。

5. 当年 11 月上旬，网上确认

网上确认时间需要根据各省教育招生考试机构自行确认和公布，同学们需要上传本人身份证、学历证书和网上报名编号进行确认，并采集相关图像信息。同学们尤其要注意网上确认，每年都有很多考生报名之后忘记确认，最终导致无法参加考试。

6. 当年 12 月，打印准考证

一般在考研前夕，系统开放后可以打印考研准考证。建议同学们打印前再次核对准考证上的信息，如果有任何问题，可以联系当地招生考试机构进行修改或报备。建议同学们多打印几份准考证，避免出现到考场后准考证忘带的情况。

7. 当年 12 月底，考研初试

对一般专业而言，考研持续 2 天。与高考有所不同，考研初试科目的具体顺序为：① 政治；② 外语；③ 专业课一（数学、396 联考、333 教育综合等）；④ 专业课二；等。心理学、历史学等专业，考试时间是 1.5 天；而对于外国语和管理学联考的考生来说，考试时间仅需 1 天 。具体情况需要根据所报考的专业和具体院校而定。

8. 来年 2 月，查询初试成绩

初试成绩直接决定能否进入复试，所以来年春天查询成绩的同时，一定要及时关注研招网发布的国家线，以及各自主划线院校的复试线。如果成绩不达线，就要尽早准备调剂。如果成绩能够比较稳妥地进入复试环节，那么建议同学们尽早开始准备复试的相关内容。

9. 来年 3—4 月，考研复试与调剂

自 2025 年考研起，教育部统一确定复试时间。一般来说，复试过程包含以下步骤：首先，准备材料。在复试之前需要提交一系列材料，包括但不限于体检证明、本科成绩单、身份证等，这些材料是复试过程中必不可少的，用于全面评估考生的学术能力、专业素养和个人素质。其次，笔试。部分学校会在复试时进行笔试，笔试范围一般会给出参考或在网络上进行查找。同等学力的考生还会另外加考几门专业课（根据不同学校的具体情况而定），加试的科目并不计入总分，但要求考生必须合格。再次，实践考查部分。部分实践性较强的专业可能会要求考生进行上机实操或是现场实验，这要求同学们提前根据学校的考查内容进行备考和准备。最后,复试基础内容的准备,包括但不限于专业课问答、自由问答、英语自我介绍及英文自由问答等。有的学校会要求考生在复试时准备个人简历和个人介绍(PPT),这需要根据院校的具体要求而定。

对于第一志愿没有“上岸”的同学来说,通过国家线即有调剂的机会。对于调剂的同学,需要及时关注各个学校官网公告和研招网的信息。自2025年考研起,国家开始严查透露调剂信息的情况,一切调剂信息都要以研招网为准,不允许任何学校向个人透露。调剂的同学尤其要注意研招网的两个系统:调剂意向采集系统和调剂服务系统。调剂意向采集系统一般于3月底开通,已完成第一志愿录取的招生单位但是合格生源不足时,可在系统上发布调剂信息,有调剂意愿的考生可查询、填报意向信息。调剂服务系统一般于4月上旬开通。调剂申请必须通过调剂服务系统。调剂考生按照招生单位要求进行准备,相当于多了一次“上岸”的机会。

10. 来年5—7月,拟录取后进行调档

在确定录取后,6月或7月本科毕业后(应届毕业生),学校会对档案进行调档,完成考研的全部关键环节。

以上便是一个详细的考研时间节点解析。每年的时间节点可能会有一定调整,具体时间仍需根据教育部或官方部门所发布的信息而定。

4.3.3　考研准备

1. 对自身情况进行准确评估

“知己知彼,百战不殆。”考研不同于高考,高考是先考试知道分数后再报考志愿,而对于考研人来说,学校选得好就等于成功了一半,而择校的关键在于对自身情况有着清晰的认知。因此,建议同学们在正式开始准备考研复习之前先对自身情况进行一个评估,可以参考SWOT分析方法。

具体来说,分为以下四个方面:

① strengths(S):主要指的是个人在考研方面的优势,如学习能力强、意志力强、自控力强、对复习节奏有着清晰的把握、信息捕捉能力较强等。

② weakness(W):考研期间由自身性格或能力可能导致的劣势,如基础知识不扎实、底子比较薄弱、容易受到外界的干扰、复习进度慢、信息搜集能力较差等。

③ opportunities(O):考研期间自己可能遇到的机会在哪里,如掌握哪些资源、能够获取到其他同学无法获取的一手信息和资料等。

④ threats(T):考研期间的不利因素,如信息不通畅、过分依赖辅导班、无法找到合适的网课等。

通过 SWOT 分析，同学们能够让自己对考研以及自身能力和情况有较为清醒的认知。如果自己的短板比较明显，那么可以选择相对较为保守的方案。例如，目标院校为东部地区的普通一本或是偏远地区的“985”或“211”院校，以一战“上岸”为主。如果自身优势比较显著，那么可以选择放手一搏，冲击热门地区的“211”或“985”名校，即使不成功，也能调剂到其他不错的学校。

2. 正确筛选学校和专业

在完成上述分析且充分了解考研的科目后，为了更好地制订学习计划，同学们还要确定报考的专业和院校。专业方面，考虑是继续目前的专业还是转专业。因为即使报考同一个专业，不同学校的考试科目也有可能大不相同。值得注意的是，自划线院校的专业课考试一般没有规定具体书目和考试范围，尤其是人文社会科学类，需要同学们自行打探消息，内部资源非常重要，这时就要借助学长的人脉资源或淘宝等网站寻找一些往年真题。

下面分享一个通过研招网获取相关考试科目信息的查询方法。具体方式是：打开研招网，在硕士目录栏中进行查询(图 4.3)。一般有两种查询方式，即按专业查询和按招生单位查询。专业查询模式下，在该专业有招生计划的招生单位都会显示在列表里，可以查看各个学校的研究方向、考试科目等信息。如果有非常明确的目标院校，那么可以直接按招生单位查询，输入专业名称，即可看到相关信息。

图 4.3　考试科目信息的查询

以自然地理学专业为例，南京大学的考试科目是政治、英语一、数学二和(813)自然地理学；北京师范大学的考试科目为政治、英语一、数学三和(830)地理学基础。从专业课角度来看，南京大学自然地理学专业的考查内容更贴近于自然地理的相关范畴，北京师范大学则需要考生统领全局，对 GIS 和人文地理等相关知识有所掌握。不仅如此，虽然两所学校都考查数学的相关内容，但数学二和数学三在难度和考试范围上都相差较大，因此考试科目上也会有很大差异，所以同学们在选择专业和学校时，也要考虑自身优势。

不仅如此，选择学校和专业对于同学们来说也非常具有挑战性。全国研究生招生单位颇多，即使按照考试科目、排名等进行初筛，也很难有确定的学校和专业，所以推荐同学们按照下列步骤对学校进行筛选，最终确定一所冲击学校、两所稳妥学校和一所保底学校。

（1）选择专业

很多同学希望通过考研转换专业，因此同学们要首先考虑自己原有专业和喜欢的专业二者之间是否有交叉和融合。在不跨专业的情况下，尽量不要选择跨专业考研，因为“上岸”难度会很大。如果决定跨专业考研，就要尽快开始准备。

（2）粗筛学校

粗筛主要是针对大体的信息。考虑的因素包括但不限于学科排名、地区、学校报考限制、奖学金、住宿条件、生活成本、招生政策等。在此过程中，同学们应当将学校和专业的范围缩小在10个左右，以便进行下一步的细筛。

（3）细筛学校

细筛是希望同学们能够最终确认冲、稳、保的三档学校。具体来说，推荐同学们重点考虑招生人数、历年的报录比、试题难度及考研风评。比如，有的学校钟爱“211”和“985”高校的考生，可能会淘汰“双非”一本学校的考生；有的学校不支持调剂（对于保底院校）；有的学校保护第一志愿；等等。

以上筛选仅仅是大致的步骤，其间需要考虑的具体内容还有很多，同学们需要根据自身情况而定。一般来说，考研期间应当更加看重专业排名，因为研究生的专业方向比较窄，专业排名较高可以在毕业时提供更高的就业或升学平台。不建议同学们只为考取研究生而随意选择专业（例如，两个完全不相干的专业，其中一个专业上岸难度小，但和自己过往的教育经历关系不大，另外一个专业上岸难度大，但与自己本科专业和未来职业规划息息相关），这样做会存在很大的投机性，风险非常高。因为同学们自身其实很难判断哪个专业容易考取，试题简单的专业往往考生会更多、分数线会更高，可能最终不一定容易考取；并且选择了自己不感兴趣的专业，学习起来会非常痛苦，也不容易考取高分。

粗筛过后的细筛是关键。建议同学们多关注下列几个指标，它们在一定程度上能够辅助大家进行学校和专业的筛选。

① 报录比。即报名和录取的比例，可以在招生院校官网或中国教育在线查询，该数据主要反映该专业的火爆程度。

② 分数指标。重点关注国家线、学院复试线、实际录取最低分和实际录取最高分，它们能够帮助同学们判断分数区间和上岸的难易度。

③ 目标院校的学科排名。可以参考第四轮学科评估或软科中国所发布的大学排名榜单，研究生阶段更加推荐专业排名高的学校。

④ 计划招生人数。各所学校的招生网会有官方数据和说明，该数据通常具有迷惑性，

因为招生人数多的同时可能报考人数也大大增加，同样增大难度。

⑤ 实际录取人数。复试和调剂结束后，各所学校会公布，可以对照计划招生人数等数据进行对比。

⑥ 推免人数。热门学校的热门专业老师通常更加青睐推免生，如果推免人数占计划招生人数的比例很高，那么留给统考生的名额就会变少，通过考研上岸的竞争就更加激烈，难度更大，因此推免人数是一项重要指标。

通过上述数据，同学们可以准确计算出该专业的报录比。此外，同学们还要关注复试比例和最终成绩的计算方式。差额复试比例越高，上岸难度越大；复试、面试的成绩占总成绩的比重越高，上岸的不确定性越大。

3. 购买或查询资料的渠道

考研真题不像高考真题，在网络上较难查到，所以考研准备的第一步，就是打破信息差，拿到资料。确定目标院校后，其历年的真题非常重要，通过真题能够了解目标院校专业课的出题风格、出题重点等。另外，也有的学校喜欢将学院近一年的研究重点放入考题中，所以一定要在第一时间获得可靠的真题。

真题的购买渠道主要有以下几种，供同学们参考：首选官方渠道。有的学校真题可以直接在研招网或学院官网上找到，点击下载后查询即可。然而，很多学校并不会将真题公布在官方网站上，可以尝试联系目标学校的研招办，询问具体获取渠道。有的学校的研招办可能会售卖真题，虽然价格昂贵但是可以保真。其次，如果距离目标学校较近或认识相关同学，那么可以到学校附近的打印店咨询情况，打印店内通常都会有历年的真题，保真程度同样较高。下下策就是通过淘宝或学长购买，因为往年的确有同学出现被坑的情况，所以同学们一定要擦亮双眼，鉴别真伪。

上述三种渠道是主要渠道，还有一些其他渠道。例如，中国教育在线考研频道(https://kaoyan.eol.cn/)，在这里至少可以找到政治、英语、数学等考研真题。其次是B站。B站上有很多的免费视频，除了考研数学的真题，还有英语、政治、专业课等众多学习资料。同时，B站也是考研经验、咨询的主要平台，是考研者的天堂，几乎所有比较著名的公开课视频和少部分专业课视频都能在这里找到而且无广告，不开通会员就可以加速播放。但B站中大部分视频没有版权，所以近年来资源数量也在进一步下滑。最后，中国大学MOOC(慕课)也是一个不错的渠道，如果同学们所要报考的学校恰好在平台上有相关专业课的视频，那么可以认真学习，其中一些老师所强调的重点极有可能也是考研考试中需要关注的重点。

4. 制订合理、科学的学习和生活计划

有了充足的前期准备，接下来就要制订合理的计划，按部就班地进行复习。考研最关键的是学习时间的保证，所以同学们首先要制订适合自己的作息时间表，并严格执行到考试结束。形成规律的生物钟,养成良好的习惯对于备考有很大的帮助。建议同学们一天的有效学习时间不要低于8小时,并且在有条件的情况下可以按照不同科目的考试时间安排相关的学习时间。

其次是合理的学习计划并切实执行。从大的方面来说,各科的整体规划需要几轮复习,如一轮复习、二轮复习等;每轮复习大致又可分为基础阶段、强化阶段和冲刺阶段。往小的方面说,每月计划、每周计划和每日计划等也都要安排到位。在制订一个相对较长期的目标时,可以将其分为多个小目标,便于完成和把握复习节奏,避免前松后紧、临阵慌乱,也有利于督促自己。另外,循序渐进也非常重要。考研的内容很多,同学们不可能一口将自己吃成大胖子。

考研涉及的科目较多,因此不同科目要用不同的方法进行复习。例如,政治、英语等需要背诵的内容很多,而理科题目的计算和逻辑分析较多,所以各科的复习方法会有所不同,需要同学们根据不同学科的特点对症下药。

前文提到了真题对考研的重要性。真题通常较为稳定,有规律可循,所以无论是题型、难度,还是考试的范围和重点都有一定的连贯性,不会有太大的变化甚至很多知识点会一再出现。因此,仔细研究真题有助于把握复习的方向和难度,明确复习目标。建议同学们先选取近三年或近五年的考研真题,在规定的时间内尝试完成,对于错题要及时收集、总结,让自己可以有的放矢地完成学习计划。

除了复习知识,考研的配套服务等方面也很关键。考研时间大多在12月,这也意味着考研的后期已进入寒冬。对于北方的考生来说,准备一件军大衣或保暖的长羽绒服很有必要,这能够有效提高自己在自习室的学习效率,并且可以做好保暖工作,防止感冒。不仅如此,选择固定的学习场所也十分重要。如果图书馆需要每天预约,那么建议同学们寻找固定自习室学习。总之,一个固定的场所可以帮助同学们节省寻找学习场所的精力。

5. 公共课的备考攻略

(1) 考研英语

考研英语主要分为三部分内容:英语知识运用、阅读理解和写作。以英语一为例,第一部分英语知识运用的考查题型以完形填空题为主,提供一篇240~280个单词的文章,着重考查词汇、语法和结构,20道题目,共记10分。第二部分阅读理解又分为三个小部分:首先是A节,共4篇文章,总计1600个单词,以选择题为主,20道题目,共计40分;B节是一篇500~600个单词的文章,以选择搭配题为主,5道题目,共计10分;C节是一篇约400个单词的文章,文章中一般设有5处画线部分(约150个单词),以英译汉为主,共计10分。第三部分写作主要分为规定场景写作和学术写作,分别为10分和20分。

考研英语着重考查考生的英文读写能力。所以针对考查内容,同学们可以主要从以下几个方面进行准备:

1）单词

通过历年真题和复习资料，背诵其中的高频词、核心词和重点词。在背诵单词的过程中，要善于总结，了解单词的构成规律，如核心词的结构主要是词根加上前缀或后缀，所以同学们可以通过词根减少记忆单词的数量。不仅如此，考研英语经常依靠熟词生义，如很多词汇有常见的意思，但在文章中表示的意思可能相对小众。这要求同学们日常要善于积累。不仅如此，同学们可以充分利用零碎时间，如刚起床时、快睡觉时、在路上时等背诵单词。最后，背诵单词不是一锤子买卖，需要不断重复，从重复中加深自己的记忆。

2）长难句

在单词量有了一定储备后，语法部分也要跟上。如果经常出现每个单词都认识但整句话却看不懂或似懂非懂，容易做错题目。从某种意义上说，考研英语的本质就是以单词为基础对长难句进行分析和翻译。在完形填空、阅读理解、选择搭配、英译汉等题型中，会存在大量的长难句，而且在作文中如果同学们使用了一些长难句，也会使文章更加出彩，更易获得高分，因此对长难句的分析和理解直接关乎考研英语的成绩。建议同学们在有条件的情况下多做英译汉试题，同时搭配一些英文原版的素材进行阅读，培养自己的语感。

3）阅读

阅读题在考研英语中占比非常高，因此对于英语基础不太好的同学，建议大家选取适当的阅读材料，培养阅读能力。材料可以选自历年真题，也可以选择教材上的课文或原版的新闻媒体报道、评论等。如果基础较差，那么同学们可以把历年的英语四级真题作为训练材料，之后再慢慢升级为六级或专八。总之，要根据自己的实际水平选择适合的材料，一开始难度过高容易让我们打退堂鼓。

4）写作

① 建立自己的写作框架：最好根据不同的写作类型建立写作框架，清楚每个写作类型的框架具体包括几个段落，每个段落的写作思路和内容是什么，包含几个句子，每个句子所表达的内容和逻辑是什么，哪些部分是需要根据话题和主题的不同进行变换的。如果自己的英语水平有限，撰写的框架可能会有各种错误，无法体现写作水平，那么可以请英语水平较高的同学帮忙，当然也可以自己撰写后请英语老师进行修改。框架的要求是适用性强、词汇和句式能达到学术或半学术写作的要求，没有错误且比较独特，要免于陈词滥调。由于考研作文灵活性比较强尤其是小作文类型较多，为了避免因准备时间不足而对所有类型的作文使用一个框架，建议同学们尽早进行建立框架的工作。

② 根据话题搜集语料：建立框架后，就要开始搜集适当的语料对框架进行充实和丰富。这一步也是非常重要的。如果只有框架而没有合适的语料，那么写出的作文就会空洞无物甚至模板化痕迹严重，得分自然也不会高甚至很难及格。高水平、适用性强的框架且含有丰富的语料填充，这样的文章会赢得阅卷老师的好评，得到理想分数。搜集语料时，最好用近

两年的事例,有些太过陈旧、缺乏新鲜感的事例建议少用或不用。为了减轻记忆负担,要注意对同一语料的多角度分析和高效利用。

③ 按话题练习写作:完成前两步后,就要利用框架和语料进行写作练习。这一步的目的是通过练习熟悉框架和相关语料,同时也可以验证框架和语料的实用性。如果逻辑牵强,就需要做出妥善的调整,不断加以完善。练习时,可以先用真题,再用模拟题,最后根据近年来写作的命题方向挑选考试可能性高的话题进行练习。

④ 关于模板:模板是一个老生常谈的话题。模板是肯定需要记忆的,因为在紧张的考场环境下,凭空想象出一篇作文是比较困难的,因此考试前脑子里必须要有东西。建议通过分析高分作文归纳出一套自己的作文模板。背诵模板的时间最好从 11 月下旬开始,太早容易忘记,太晚压力过大,因为后面还要背诵政治。

5) 挖掘真题,强化训练

真题是考研英语的命脉,所以把握住真题才能把握住考研英语的脉搏。考研英语主要考查两大模块:阅读和写作。同学们可以从以下方面提升自己的考研英语能力:

① 在阅读的过程中根据上、下文的逻辑关系理解词义。

② 注意分析段落结构和语篇结构。

③ 单独提取文章中的长难句,分析其语法结构;有时间的情况下先翻译成汉语,分析后对照书中的解析,检查自己的理解哪里出现了问题。

④ 总结干扰选项的特征,如离关键词所在段落比较远、由原文不相干的几个词拼凑而成、选项里的关键信息存在于不同的句子中、原文根本没有提到或是原文的改写等。

⑤ 总结做题的技巧,从出题者的角度审视试卷。

⑥ 做阅读理解时把文章中常用的句型和成语抄录下来。

⑦ 总结常考的语法点。这就犹如数学考试中的公式一般,具有基石作用。

(2) *考研政治*

考研政治主要包含五大学科,其中马克思主义原理占 24 分,习近平新时代中国特色社会主义思想概论(包括毛泽东思想概论、毛泽东思想和中国特色社会主义理论体系概论)占 30 分,中国近代史纲要占 14 分,思想道德修养与法律占 16 分,形势与政策占 16 分。五门学科的分数分布并不平均,而是有多有少,因此同学们复习时也要有轻有重,抓住重点和难点记忆背诵。

① 对于马克思主义原理,一定要熟悉教材,厘清逻辑框架后再重点记忆哲学原理。

② 习近平新时代中国特色社会主义思想概论需要背诵的知识点很多,也要在理解的基础上记忆。可以把概念分组或利用一些记忆技巧等。同时,还要做好及时归纳和总结,把特殊事件、特殊会议等进行分类整理,提高记忆效率。

③ 中国近代史纲要可以把时间轴画出来,将历史事件串联,深入探究历史事件发生的

原因、过程、代表人物、意义、影响和经验等,并进行对比。

④ 思想道德修养与法律最简单且容易理解,以选择题为主,考查的内容大部分是教材原文,可以着重熟悉概念所处的位置和名言部分;分析题可以分为多个板块,需要在理解的基础上进行记忆。

⑤ 形势与政策只能从 11 月开始准备,因为每年的题目都有所不同。当代世界经济和政治要从宏观层面把握,平时可多积累一些万能表达。

从复习时间上来看,复习规划不尽相同,应该根据每个人的情况来安排复习时间。这里建议同学们以两个月为周期,到考试前要大概复习三轮。

➢ 8 月之前:需要对考研政治大纲中所要求的知识点都有所理解,并且做好笔记。

➢ 9—10 月:做历年真题和其他试题,如肖秀荣编写的相关考研政治书籍。对于错题,要反复分析,做好笔记。

➢ 11—12 月:冲击时事政治,做模拟试卷。巩固核心知识点,理解出题思路,对全年的时事政治进行总结和梳理,保持做题手感。

4.4 保研、考研、留学小结

4.4.1 保研、考研、留学三者的比较

保研、考研、留学三者的比较,具体内容见表 4.7。

表 4.7 保研、考研、留学三者的比较

	保　研	考　研	留　学
模式	申请—笔试/面试	报名—笔试—面试	申请—面试
可报名的院校	无上限	1 个	无上限
可获 offer 数	无上限	1 个	无上限,可能需交留位费
时间线	背景提升:大一至大三 夏令营与预推免:4—9 月 正式填报系统:9 月 28 日左右 结束填报:10 月中下旬	报名:10 月中下旬 初试:12 月末 复试:来年 3—4 月	申请:基本在大四上学期开始 结果:大四下学期 3 月前出结果

续表

	保研	考研	留学
学费	全日制学术硕士约为8000元/年；大部分全日制专业硕士为10000元～20000元/年；部分专业可能更高	全日制学术硕士约为8000元/年；大部分全日制专业硕士为10000元～20000元/年；部分专业可能更高	授课型硕士，美国为30万元～50万元/年，英国、新加坡和中国香港20万元～35万元/年；研究型硕士奖学金覆盖率高
学制	学硕一般为3年；专硕一般为2—3年；直博/硕博连读的一般为5年	学硕一般为3年；专硕一般为2—3年；硕博连读的一般为5年	授课型硕士，英国、新加坡和中国香港为1年，美国和澳大利亚为1—2年；研究型硕士为2—3年
优点	① 风险低，保研资格成功率高； ② 自由选择院校、导师； ③ 成本低，学费少，奖学金多	① 准备时间短； ② 条件宽松； ③ 可报考任意院校和专业	① 选择灵活； ② 学制短，提升快
缺点	① 名额有限，竞争激烈； ② 时间战线长	① 风险较高，可能调剂或考不上； ② 导师选择机会少，保研同学已占先机	① 成本高； ② 安全、生活压力大，与亲友分隔

保研、考研和留学是三种主要的研究生深造途径，三者在多个方面存在诸多差异。

在时间线方面，保研考核整个大学期间的表现，同学们需要从大一开始规划，成绩、科研、社会活动等都需要逐步积累，准备过程较长；留学的准备时间也相对较长，大一至大三需要积累成绩、科研竞赛、语言成绩等，大四需要重点准备申请材料。保研和留学具有较长的申请制战线，申请结果的好坏与大学期间的努力息息相关。考研则主要集中在大三下学期至大四上学期，备考时间相对集中，不太看重大学前期积累，能否“上岸”主要与考试结果相关。

从申请范围和选择灵活性来看，保研和留学都可以同时申请多个学校，并在多个offer之间进行选择，灵活性较高、落榜风险低；而考研只能报考一所学校，录取后才确定是否被录取，因此考研的选择范围较小，而且考研的初试和复试存在较大不确定性，风险较高。

在经济成本和学制方面，保研和考研的学费相对较低，学制一般为2—3年，适合大部分国内学生的经济能力；而留学的费用较高特别是欧美国家，生活费用对家庭的负担也较大，但留学的学制通常为1—2年，时间成本较低。

在心理压力方面，保研的压力集中在申请过程中的面试和考核环节，生活环境熟悉，压力相对较小；考研的压力集中在备考期，初试和复试的压力也很大；留学的压力更多来自文化适应、语言障碍以及与家人、朋友的距离感，特别是在刚出国的阶段，心理负担较重。

从导师选择与科研环境方面，保研生通常有机会提前联系导师，了解研究方向甚至进入实验室参与科研工作，选择范围较大；考研生在录取后选择导师的余地相对较小，很多名额已被保研生占据；留学则提供了更大的导师选择空间，同学们可以根据自己的研究兴趣选择国际化的研究团队，但这也要求同学们自身有较强的适应能力和独立性。

总的来说，保研适合成绩优秀、长期规划的同学，风险低且机会多；考研适合愿意通过集中备考、面对较高竞争的同学；留学则适合有经济条件、希望接受国际化教育的同学，虽然成本高，但可以在短时间内完成学业，也更容易“上岸”名校。

4.4.2 保研、考研、留学三者的协调

1. 保研与留学的协调

保研与留学虽然在模式上不同，但是准备过程中的很多方面都是相似的，特别是在成绩、语言能力、科研经历等方面，通过备考雅思、托福等语言考试、准备科研经历等，既能满足保研要求，又能为留学申请提供支持，可以为两者的申请增加竞争力。整体而言，两者的准备时间段和内容重叠较多，因此保研和留学可以同步进行，互不冲突。

表 4.8 为同时准备保研和留学的时间规划建议表，具体还需要根据个人情况调整。

表 4.8　同时准备保研与留学的时间规划建议表

阶　段	时　间	保　　研	留　　学
蓄力准备阶段	6—8 月	① 确定夏令营目标院校，及时关注报名信息并申请； ② 参与夏令营并获得 offer，或分析夏令营失利原因，有针对性地备战预推免笔试和面试考核	① 初步选择学校和专业，针对目标院校尽快拿到合格的语言成绩； ② 开始撰写文书，整理申请材料
预推免冲刺＋第一轮留学申请	9 月	① 申请预推免，接收复试通知，参加复试考核； ② 申请本校保研资格； ③ 根据保研资格和 offer 情况，选择保研还是留学	① 进一步确定目标院校与专业； ② 准备申请材料，完善和润色文书稿件； ③ 网上递交申请材料； ④ 若语言成绩不理想，可以继续刷分
全力冲刺留学申请	10—12 月	—	① 集中网申，填写和递交申请； ② 确认申请状态； ③ 不断根据 offer 更新情况补充申请
最终选择 offer	次年 1—3 月	—	① 准备和参加面试； ② 选择 offer 并交付定金； ③ 准备签证材料等事宜

2. 保研与考研的协调

考研和保研的准备内容重叠较大,专业课复习、英语能力提升等都是两者的共同基础。通过双线并行,可以确保保研和考研都有充足时间准备。近年来,保研名额呈增长趋势,部分位列保研边缘的同学拿到本校保研名额的概率也会有所增加。若在9月突然获得保研名额后再准备投递申请,此时部分院校的预推免项目都已截止报名,且文书材料准备也会非常仓促,外保的机会将十分有限,会让自己处于极其被动的状态,因此建议处于保研边缘的同学可以同时进行保研与考研的两手准备,能保则保,不能保也有后路。

表4.9为同时准备保研和考研的时间规划建议表,具体还需要根据个人情况调整。

表4.9　同时准备保研和考研的时间规划建议表

阶段	时间	保研	考研
蓄力准备阶段	大三下学期	① 熟悉保研流程,准备保研文书材料,将保研准备工作前置; ② 投递申请,特别关注心仪院校及有考研优惠的夏令营; ③ 查看保研细则,选择性参加竞赛,且发论文补短板	① 搜集整体考研院校信息,初步确定目标院校; ② 优先进行专业课和英语复习; ③ 制订考研复习计划,开始定期练习模拟题
全力复习阶段	暑期(6—8月)	① 准备期末考试; ② 如果有入营机会,准备夏令营的内容并参加考核	① 暑期专注复习考研内容(专业课、英语); ② 制订详细的复习计划和时间表,开始考研真题训练
预推免冲刺	9月	① 申请预推免,分出部分精力准备推免资格评定; ② 积极投递院校并寻求本校保底	① 继续加强考研复习,特别是薄弱科目; ② 如果未保研成功,集中精力考研
最终冲刺阶段	10—12月	根据保研情况,决定保研还是继续考研复习	① 全力备考政治和专业课,冲刺模考; ② 提前准备复试材料
考研复试阶段	次年1—3月	—	若初试通过,准备复试;若初试失利,可以重新规划是否申请留学

3. 考研与留学的协调

在当今全球化的教育环境中,考研与留学可以同时进行准备,使自己未来有多条通往成功的路径。考研和留学都需要较高的英语水平,备考过程中既可兼顾雅思、托福等语言考试，也可强化英语专业课知识，从而达到两者的语言要求。两者的申请时间有所不同，考研初试结束后，仍有时间确认留学申请状态，可以在最终阶段根据考研结果选择最佳方案。如果同学们具备出国留学的条件和实力，但不想放弃国内考研机会，那么可以选择双线并行。

表 4.10 为同时准备考研和留学的时间规划建议表，具体还需要根据个人情况调整。

表 4.10 同时准备考研和留学的时间规划建议表

阶段	时间	考研	留学
蓄力准备阶段	大三下学期	① 开始全力复习专业课和英语； ② 制订考研复习计划，集中精力备考	① 初步选择学校和专业，确定目标院校； ② 准备语言考试(如雅思、托福，如果需要准备 GRE，需要将雅思或托福考试的准备时间进一步提前)和申请材料
双线并行准备阶段	9 月	开始冲刺考研内容，特别是英语和专业课	开始递交部分院校的留学申请，递交申请材料
考研冲刺阶段	10—12 月	① 全力备考，特别是政治、英语和专业课； ② 完成初试	① 完成留学申请递交； ② 确认申请状态，补充材料，跟进 offer 情况
最终选择阶段	次年 1—3 月	① 参加复试； ② 若考研失利，考虑申请留学	① 选择留学 offer 并准备签证材料； ② 根据考研结果决定是否出国

同时准备考研与留学并不是“非此即彼”的选择，通过合理规划与协调，同学们可以在两条道路上都有备无患。无论最终选择是在国内深造还是出国留学，这种双线并进的策略可以让同学们在未来的竞争中更具优势。最重要的是，不要让焦虑成为同学们前进的绊脚石，唯有实际行动才能确保未来获得理想的结果。

第5章 就　　业

近年来,全国高校毕业生人数持续增长,从 2001 年的 114 万人增加到 2024 年的 1179 万人。据教育部统计,2025 届全国普通高校毕业生规模预计达 1222 万人,同比增加 43 万人。如此庞大的就业群体涌入人才市场,就业竞争压力不言而喻。这不禁让每位大学生深思,在这么激烈的竞争环境中,自己将何去何从?是进入体制考选调做公务员、考事业编?还是进入高校任职?又或是直接去企业?面对不同的目标,同学们要做好对应的规划。

表 5.1 列出了公务员、事业单位、央企/国企与民企之间的比较,供同学们参考。

表 5.1　公务员、事业单位、央企/国企、民企之间的比较

就业方向	概　念　解　释	关　键　时　间　线
公务员	指依法履行公职、纳入国家行政编制、由国家财政负担工资福利的工作人员,包括中央和地方各级党政机关、社团等部门的工作人员	中央机关及其直属机构公务员考试:报名时间固定在每年 10 月下旬,考试时间固定在每年 11 月的第四个星期日
		地方公务员考试时间差异大,部分省份有小联考,在国考之后,以江苏、浙江、上海、山东为代表;然后有春季联考,一般为 3 月,具体需要关注各地招考信息
		选调也是考取公务员的一种路径,分为中央选调和地方选调;中央选调一般用国考副省级试卷,地方选调一般从 9 月发布通知,到来年 3 月左右陆续结束
事业单位	一般是国家设置的带有一定公益性质的机构,不属于政府机构,主要包括科教文卫以及各行政单位的二级单位等,其经费一般由国家事业费开支,工作人员拥有事业编制,从事教育、科研、文化、卫生等社会公益服务活动	全省统一组织的事业单位考试(简称"事考")一般在 5 月,联考一年考两次;各单位会在一年中组织零星的事考,几乎每月都有;除此之外,事业编还有人才引进途径,1—5 月报名,2—6 月考试

续表

就业方向	概念解释	关键时间线
央企/国企	央企是由中央人民政府直接控股或管理的企业，是国家的经济支柱，承担国家重大经济任务以及战略性产业的发展	央企和国企的校园招聘集中在每年的秋季，部分企业也会在春季进行补招；社会招聘时间不固定
	国企是由国家所有或控股的企业，是国家重要的基础设施和公共服务提供者，承担国家经济建设和社会发展的重要任务	
民企	民营企业（简称“民企”）是由自然人投资设立或由自然人控股，以雇佣劳动为基础的营利性经济组织；涵盖各种行业和领域，包括制造业、服务业、金融业、互联网等	大部分民企的校园招聘集中在秋季，也有很多企业会在春季进行补招；社会招聘全年都有招聘，不同行业和企业的招聘高峰期有所不同，如互联网行业一般在春季和秋季招聘较多，制造业可能在年初和年中需求较大

5.1 公务员

5.1.1 方向概述

公务员是依法履行公职、纳入国家行政编制、由国家财政负担工资福利的工作人员。主要工作内容包括：执行国家政策法规，为社会提供公共服务；参与政策制定和决策，为政府提供政策建议；负责政府部门的日常管理工作，如人事、财务、物资管理等；协调政府部门间的关系，促进政府工作的顺利进行；监督和检查政府政策执行情况，保证政策效果；处理社会矛盾和纠纷，维护社会稳定；开展调查研究，了解社情民意，为政府决策提供依据；等等。公务员的工作内容涵盖国家治理的方方面面，是干部队伍的重要组成部分，是人民的公仆。

对于应届生，公务员划分为两大类：一类为报考要求更高、培养机制更加明确、被称为“后备干部预备人才”的选调生；另一类是普通公务员。同学们可以把选调生看作一种公务员的录用形式，其身份和国考、省考的公务员没有本质区别。由于中央各部委、地方政府期望能给重要岗位匹配更加优秀的人才，设置了选拔条件更为严格、晋升发展更“不拘一格降人才”的选调生。由于选调生是公务员队伍选拔中要求较高、更为热门的选择，本小节以选调生为切入、覆盖考公共性内容，详细解析考公的就业选择。

5.1.2 报考要求

表5.2列出了公务员的基本概况与报考要求，供同学们参考。

表5.2 公务员的基本概况和报考要求

层次类型	基本概况	报考要求
中央选调生	由中央各部委面向全国部分重点高校毕业生选拔公务员，是层次最高的选调生，整体上起点高、发展空间好，但每年招录的岗位凤毛麟角，甚至很多学校都不公开相关岗位的报名信息，按照学校、学院设置的标准采用推荐制	① 学校层次要求高，为"985"和"211"高校，2024年中央部委选调资格的大学共有34所（32所"985"高校和2所"211"高校），包括清华大学、北京大学、中国人民大学、北京航空航天大学、北京理工大学、北京师范大学、中国农业大学、中央民族大学、南开大学、天津大学、大连理工大学、吉林大学、哈尔滨工业大学、复旦大学、同济大学、上海交通大学等，具体名单不公开，一般是学校点对点通知，从一些同学反馈来看每年会有很小的调整； ② 硬性门槛设置，据参考同学总结来看，2024年中央选调生的报考要求包括：必须是应届毕业生，本科25周岁以下，硕士30周岁以下，博士35周岁以下；中共党员，预备党员包含在内，校级以上（含校级）优秀学生干部、三好学生、优秀毕业生获得者（满足一项即可）；成绩优秀、政治素养良好、品学兼优；具有较强的组织和实践能力，具有正常履行职责的身体条件，具备拟任选调生的其他资格；等等
定向选调生	"定向"是指定学校和专业，一般指定为世界一流大学建设高校A类（或"985"高校）或世界一流学科建设高校（或"211"高校）、省内重点高校的省内急需紧缺专业； 一般优先分配到区县，然后基层工作2年后调回省直机关或市直机关。如果想在基层发展，经选调机关和当地组织部门同意，可以留下来工作（很少有人会这样选择）	① 由各省针对本省部分重点高校毕业生选拔公务员，要求学校档次较高，多为本省重点高校，其他省份重点高校也可以报考（需在省份给出的定向选调高校的名单内）； ② 各省对于定向选调生的具体要求可能有所不同，但一般会包括中央选调生报考要求中的部分条件

续表

层次类型	基本概况	报考要求
普通选调生	面向国内部分重点高校定向选调一批全日制应届优秀大学毕业生以及国家承认学历的国(境)外大学应届毕业生;普通选调生的报考条件相对较低,但岗位通常为各地基层岗位,未来发展空间相对有限	对学校档次要求不高,需要学生自己确定自己的学校是否具备报考选调生的资格
普通公务员	可以通过国考、省考、市考、区考、聘任制公务员考试等方式进行统一报名;门槛相对较低,报录比因岗位、地区差异大,部分岗位甚至出现过 6000∶1 的激烈竞争	国家公务员招录公告中的要求如下: ① 具有中华人民共和国国籍; ② 遵守国家法律法规; ③ 具有良好的品行; ④ 具有正常履行职责的身体条件; ⑤ 具有符合职位要求的文化程度和工作能力; ⑥ 具备部门规定的其他条件

以上四种公务员类型,同学们均可以选择适合的岗位进行报考,主要区别在于学校档次。学校档次高优先推荐报考选调生,从门槛上减少竞争,增加自己上岸的机会,例如,部分省份的清北专项选调、清北人大特招等。

本科生报考公务员的竞争力整体低于研究生,具体受多种因素影响。比如,本科生基数较大,导致竞争压力大;本科生可报考的岗位受限,导致报录比过高,竞争激烈。再如,与研究生相比,本科生缺少 2—3 年的历练时间,考试经验可能不如研究生,从而缺乏竞争力。

5.1.3 准备流程

1. 备考阶段

同学们可以根据个人条件进行准备。公务员考试主要分为笔试和面试两个部分,笔试部分主要为行测(全称为行政职业能力测验)和申论,部分岗位会有语言、专业技能知识的考查。国考、省考的主要区别在于机关属性:简单来说,国考属于中央机关,省考属于地方机关。选调则更具各地特色,考试形式会有细微差别,比如,浙江选调笔试科目为《综合能力测试》,但主要题目依然是行测和申论。所以,这里主要讨论行测和申论(表 5.3)。

表 5.3 行测和申论的比较

	行测	申论
考查能力	考查对政治、经济、法律、文化、社会生活等方面的基础知识，以及数理、逻辑等基础能力	① 综合分析能力：能够对给定材料进行逻辑分析和综合； ② 解决问题的能力：针对材料中的问题，提出切实可行的解决方案； ③ 写作能力：清晰、准确、有逻辑地表达自己的观点
主要题型	① 判断推理题：类比推理、定义判断、逻辑判断等； ② 数量关系题：数字推理、计算题、数据分析等； ③ 资料分析题：对图表、数据分析，回答问题； ④ 言语理解与表达题：词语填空、句子填空、阅读理解等； ⑤ 常识判断题：政治、经济、法律、文化、社会生活等方面的基础知识	① 归纳概括题：考查的是对材料的理解和归纳概括，以及根据题目要求提炼材料信息； ② 综合分析题：针对材料的某一观点进行相对应的分析评价； ③ 提出对策题：根据材料发现问题，并提炼出解决问题的对策，也可以发表自己的看法； ④ 贯彻执行题：考查对于各类公文格式的掌握； ⑤ 大作文：根据材料分析出论点，撰写一篇议论文
考试时间	一般为 2 小时，具体时间可能因省份和年份有所不同	一般为 2～3.5 小时，具体时间可能因省份和年份有所不同
备考技巧	① 熟悉考试大纲和题型，了解考试的题型和要求，有针对性地进行复习； ② 系统学习相关知识，包括逻辑、数学、语言表达等基础知识，为考试做好准备； ③ 大量练习，提高解题速度和准确率； ④ 关注时事，积累政治、经济、法律、文化、社会生活等方面的常识	① 熟悉题型和要求，即了解考试的题型和要求，为考试做好准备； ② 学习阅读方法和技巧，重点提高对材料的阅读和理解能力，记忆回答模板，学习如何踩点等； ③ 练习写作，优化文章结构，提高逻辑表达能力、快速写作能力； ④ 积累素材，关注时事热点、总结名言、典据等

2. 选岗阶段

（1）国考

搜索“国家公务员局”，查看招录公告，查询招考人数、具体职位、考试类别、资格条件等具体信息。国考一般在 10—11 月公布招录公告。

（2）省考

多省联考在每年 3—6 月举行，北京、上海、广州、浙江、山东在 11—来年 1 月，搜索“××省人事考试网”，查看招考公告、报考条件、职位表等具体情况。

（3）选调

搜索学校的“招生就业网”，查看哪些省市在你的学校招收选调生，具体包括报名条件、报名流程/入口、岗位信息等。处于毕业年级时,及时关注毕业生年级群,实时获得选调的招录信息(特别是学校所在地省份的选调信息)。

3. 材料准备

根据报考条件,准备相关材料,资料一定要真实、准确、完整,千万不能伪造、变造证明资料。

4. 报名阶段

国考、省考的时间不同,省考一般比国考晚几个月,所以同学们可以根据报考的省份查看对应公告。中央选调生与国考同步进行,地方选调生的时间安排各异,一般从 9 月开始报名,到来年 3 月左右陆续结束。以 2025 年度国考为例,报名流程为:2024 年 10 月 14 日发布公告和岗位表,2024 年 10 月 15 日—10 月 24 日线上报名,考生需要在规定报名时间内进入指定网站进行注册、填写详细报名信息;报名完成后,招录机关进行资格审查,其间未审查未通过资格审查的可以改报其他职位;资格审查通过后,11 月 1 日—11 月 6 日,进行报名确认及缴费、上传照片、打印准考证等后续步骤。报名费各省会有所不同,一般每科 50 元,打印准考证时建议多打印几张备用。

5. 笔试阶段

以 2025 年度国考为例,2024 年 11 月 30 日和 12 月 1 日笔试。其中,公共科目的考试在 12 月 1 日开始,上午(9:00—11:00)行测,下午(14:00—17:00)申论。

6. 面试阶段

以 2025 年度国考为例,2025 年 1 月公布进入面试的人员名单,查询成绩和最低合格分数线。

7. 面试时间

以 2025 年度国考为例,2025 年 3—4 月各单位自行组织面试,时间不定,以通知为准。同学们可以重点关注面试方式、资格审核要求和审核地点。

8. 体检政审

以 2025 年度考为例,2025 年 3—4 月体检。正式体检前可以自行进行一次体检,提前调理身体的各项指标,以防万一。政审主要以座谈方式进行,但需要提前准备相应的材料。

9. 正式入职

以 2025 年度为例,2025 年 6—7 月入职报到。

5.1.4 薪资待遇

公务员的薪资水平会因地区、城市级别、经济区域的不同而有所不同,一般为:珠江三角区、长江三角区的薪资普遍较高,广东、江苏、浙江尤其明显;直辖市、省会城市、较大城市的薪资一般较高;开发区、保税区、新区等薪资一般也较高。

公务员的薪资基本由三部分组成，分别是：

① 基本工资。基本工资即职务工资和级别工资，与当地的发展水平有关，通常与当地GDP 呈正比关系(现实中基本工资只是公务员收入的一小部分)。

② 津贴。津贴由地区津贴和岗位津贴构成，其中地区津贴又包括地区附加津贴和艰苦边远地区津贴。一般而言，公务员的津贴不会低于基本工资。

③ 奖金。奖金实际上是指公务员的年终一次性奖金，凡在定期考核中被确定为优秀、称职的公务员均可享受。

以上是基本的薪资情况介绍，但是不同地区、不同部门，薪资待遇有所区别。同学们可以搜索官方网站公布的预决算内容，测算目标岗位的薪酬，也可以搜索网络上体制内人员的一些分享，了解相关薪资信息。

5.1.5　晋升路径

公务员的晋升路径可以分为职务晋升和职级晋升两个方向。职务晋升是指从低级职务向高级职务的晋升，如从科员晋升为科长、从处长晋升为局长等。职级晋升则是指在同一职务级别内，从低级职级向高级职级的晋升，如从一级科员晋升为二级科员、从二级主任科员晋升为一级主任科员等。两者之间可能存在交叉晋升的关系，具体如图 5.1 和图 5.2 所示。

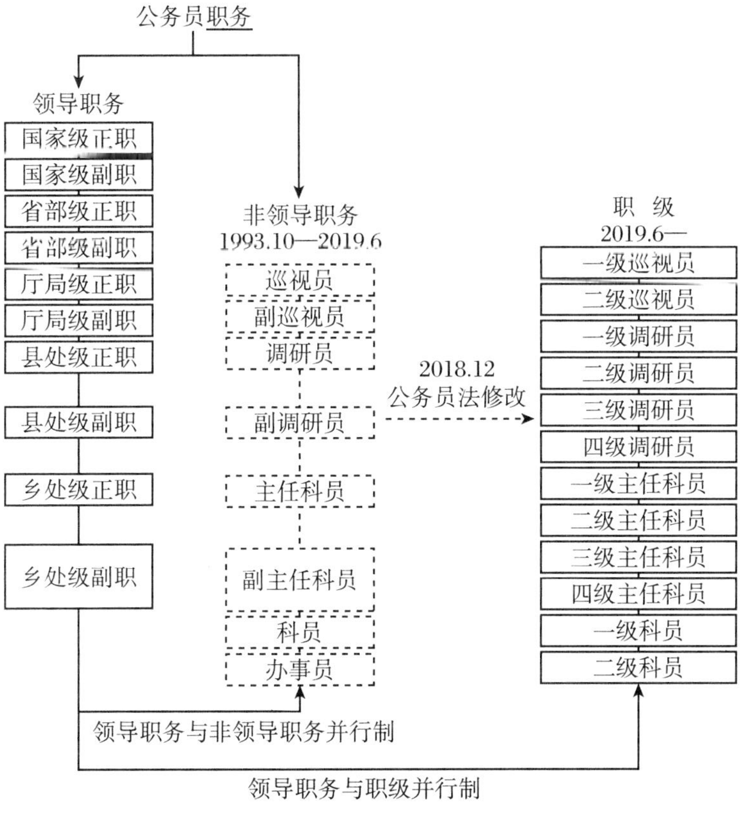

图 5.1　公务员职务晋升路径

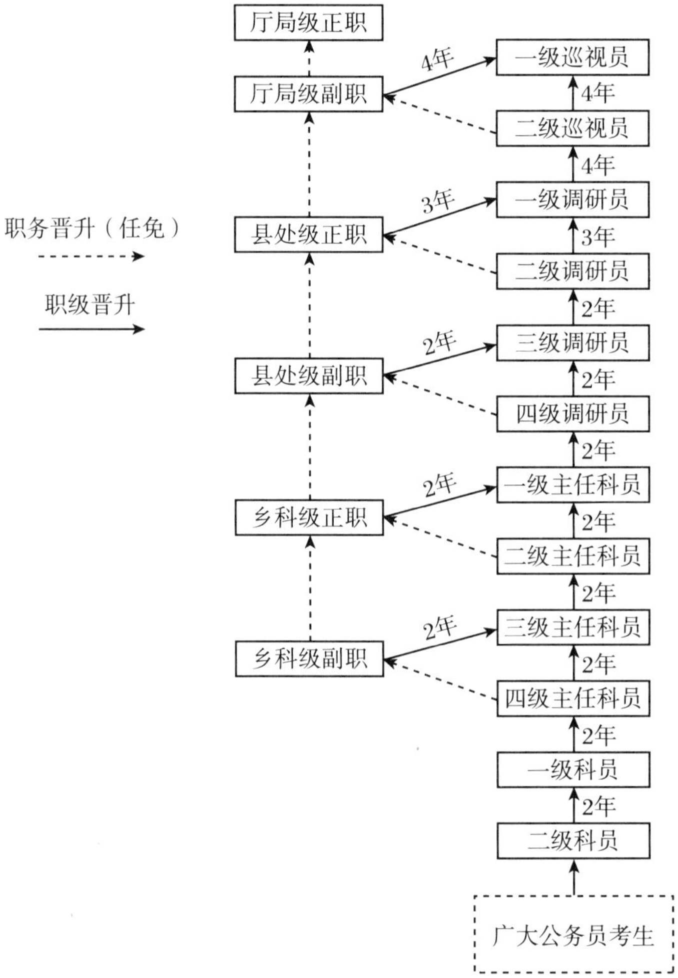

图 5.2　公务员职级晋升路径

公务员晋升的条件包括显性条件和隐性条件。显性条件是明确写在政策档中的晋升条件,如工作年限、学历、任职年限等。隐性条件是指那些虽然没有明确写在政策档中,但在实际操作中会影响晋升的条件,如个人工作能力、工作表现、在部门中的人际关系、直接领导的评价等。特别说明,对于选调生,职位的晋升和调动遵循公务员管理方式,须满足最低服务期限(通常为 2 年)。此外,选调生的晋升一般更快,且个人努力、能力的成分占比更大。一般情况下,选调生包括硕士以上学历者在 1 年内可以定位为副科级,本科学历者在 2—3 年定位为副科级,但具体的晋升空间还是取决于个人的工作能力和机遇。

5.1.6　规划

1. 背景提升

公务员考试会对院校、专业背景、政治面貌、奖励、任职等有所要求。越好的岗位,要求越高。普通考公也会有学校、专业、政治面貌等要求。一般来说,法学类、财会类、经济学类、中国语言文学类、计算机类、统计学类、工商管理类等专业考公非常走俏，可以选择的岗位比较多，但对应的报考人数也比较多。如果打算本科毕业后直接选调或考公，那么同学们尤其要注重自己的背景提升。本科生院校和专业虽然在入学后大体确定，但后续也可以通过转专业使自己更符合岗位的要求。对于打算先读研再考公的同学，还可以通过保研进入更好的学府深造，以此满足考公对学校档次的要求，甚至还可以跨保到考公中可以选择较多岗位的专业。此外，同学们还可以从入党、奖励、任职等方面着手提升自己的竞争力。

表5.4列出了一份背景提升建议，供同学们参考。

表5.4　背景提升建议表

	本科生	研究生
院校、专业背景	院校和专业在高考填报志愿后大体确定，本科期间可以转专业	可以通过保研或考研转变院校与专业背景
入党	入党流程较为复杂，一般需要2年以上，需尽早规划，大一提交入党申请书，争取大三成为正式党员	入学即需要提交入党申请书，争取研究生毕业前成为正式党员
奖励	奖学金种类非常多，至少努力获得校级奖学金等奖励	争取拿到更高级别的省、市、国家级奖励
任职	可以竞选班干部、加入校级或院级团委或学生会，同时跟辅导员建立良好关系，获取更多的选调、考公信息	

2. 地域选择

公务员工作较稳定，也就意味着未来只要不辞职，工作地点很难有较大的变动，因此地域是同学们的首要考虑因素。

（1）热门城市

一般来说，经济越发达的地区，竞争也会更为激烈。以热门选调地区——成都市为例，从成都市2024届紧缺（定向）选调拟录取名单来看，2024届成都市急需紧缺专业选调共录用652名，其中“985”高校437人，占比近7成。但同时，经济发达地区的选调生，其薪酬福利也更好。比如，深圳的选调生转正后年薪在25万左右，而武汉选调生转正后的年薪在15万左右。不过在经济发达地区，生活压力也会更大，如果想要定居甚至考虑到未来子女的教育，经济负担可能较重。

（2）家乡二三线城市

二三线城市主要是离家更近，生活环境更为熟悉，生活压力更小，可以和家人互相照应，而且选调生录取一般也更偏向于本地人。但是二三线城市的晋升空间可能受限，一般来说，单位的级别决定了自己的级别，二三线城市单位本身的级别不高，所以自身的上升空间也会受到限制。

（3）学校所在地

一般来说，公务员考试对本地院校的要求更低。以广东省 2025 年选调生高校范围为例，省外要求至少为一流学科建设高校，省内则放宽到部分“双非”院校。此外，录取时也会更青睐于本地院校。以成都市 2024 届紧缺（定向）选调拟录取名单为例，共录取 652 人，其中四川高校就有 248 人，占比高达 38.04%，远超人数排名第二的北京高校 107 人。

3. 日常积累

公务员笔试一般都是行测和申论，部分省份会以公基（全称为公共基础知识）代替行测。公基的覆盖面比较广，同学们日常需要多关注时政，尽可能拓宽自己的知识面。行测题量大，覆盖范围广，日常需要多关注时政，增加常识，可以在考试前半年开始系统性复习。申论主要考查写作能力，一般分为青年、党员和基层这三个主题词，可以将三者结合起来，谈谈青年人（青年干部）该怎么做。同学们日常可以多关注半月谈、人民日报评论、求是网、学习强国等微信公众号或 APP。

4. 体制内实习

提前进入体制内实习，一方面可以判断自己是否适应体制内的工作，另一方面可以提前熟悉体制内的运作机制，锻炼自己的笔试和面试能力。想要进入体制内实习，一般可以通过以下几种途径：政府官网、政府与学校联动项目或亲戚朋友的推荐。

5.2 事业编

5.2.1 方向概述

事业单位的事业编亦是毕业生就业的主流选择之一。一般而言，事业单位涵盖的范围较为广泛，包括各类科研院所、社会服务机构、文化传播组织、教育培训机构、公共管理单位等。

事业编不同于公务员。在编制性质上，公务员是行政编制，从事行政管理工作；事业编是事业编制，工作内容多样，涵盖教育、医疗等领域。在招聘方式上，两者也有所不同。公务员主要通过国考和省考，而事业编的招聘方式多样且考试内容因地区岗位而异。在工资待遇上，公务员由国家财政统一发放，稳定且福利较好；事业编工资之间差异较大，部分以绩效奖金发放。在晋升方式上，公务员按职务级别晋升，注重业绩和综合素质；事业编人员按职称评定和岗位晋升。

5.2.2 报考要求

毕业生获取事业编主要有两种途径：一是通过人才引进；二是参加事业单位考试，又称事业编制考试。

人才引进，是指引进符合城市发展需要的高技能人才，包括院士、海内外学术带头人、具备各类技术职称的专业人才等。针对应、往届本科毕业生和研究毕业生的人才引进，通常以××市××区面向社会招聘高层次紧缺人才、××地区域重点发展项目综合选拔专业人才、××地区面向学校招聘青年储备人才等为题，发出公告。人才引进对学历的要求较高，一般免笔试，且有人才生活补贴等福利，比普通招考的事业编待遇略好，但也有3～5年的最低服务年限。

事业单位考试分为多省联考、地方统考和地方单招（表5.5）。

表5.5 事业单位考试的具体介绍

考试类型	多省联考	地方联考	地方单招
招聘公告	各省发布时间不同，但考试时间、内容一致	发布公告时间不同，但考试时间、内容一致	具体看各地情况
考试时间	每年2次，一般为上半年5月和下半年8—10月	考试每年1或2次，具体以各省的招考公告为主	一年多次，时间不固定，单位缺人就招聘
考试形式	省人事考试中心命题，多省份以相同时间、相同内容、相同评分标准统一进行	省内统一考试	用人单位单独招聘，考试内容、考试时间由用人单位确定
考试科目	分为A、B、C、D、E类，具体内容分为职业能力倾向测验（简称“职测”，考查常识判断、言语理解与表达、数量关系、判断推理、资料分析等）和综合应用能力（简称“综应”，不同岗位设置不同类别，差异较大）： ① 综合管理A类，主要适用于事业单位中的行政性、事务性和业务管理等岗位，招聘的人数一般最多； ② 社会科学专技B类，主要适用于事业单位人文社科类的专业技术岗位，如经济、法律、新闻、出版、翻译、计算机、档案管理、作曲演奏等相关岗位；	职测、公基、综应中的1或2门科目；有的省份将公基和职测的混合版试卷称为“综合素质测试”；将公基、职测、事业单位常识、本市市情混合版试卷称为“综合知识”或“综合知识和能力素质”等	考试科目：各地不同，内容自定；一般是职测、公基、综应中的1或2门科目；部分地区会加考专业科目，考查岗位要求对应的专业知识，如医学岗考查医学基础知识等

续表

考试类型	多 省 联 考	地 方 联 考	地 方 单 招
考试科目	③ 自然科学专技 C 类，主要适用于事业单位自然科学类的专业技术岗位，如工程、农艺、畜牧、统计、船舶、民航飞行等相关岗位； ④ 中小学教师 D 类，主要适用于中小学和中专等教育机构中的教师岗位； ⑤ 医疗卫生 E 类，主要适用于医疗卫生机构中的专业技术岗位		
考试地区	由最初的宁夏、内蒙古等地区，逐步推广到湖北、广西、云南、贵州、青海、甘肃等多个地区；影响力不亚于全国公务员联考，并且有逐步推向全国的趋势	参与地方联考的地区分布较广，不同地区的多个地市统一时间进行考试。如安徽、湖北、贵州、云南、广西、宁夏、青海、陕西、甘肃、内蒙古、黑龙江、海南、辽宁、上海、山西、吉林(长春)、新疆、四川(绵阳)、湖南、江西、天津、重庆等的部分地市经常参与联考。具体到某一次联考，参与的地区会根据当地的招聘计划和安排来确定，考生需要关注官方发布的公告	各地市或县区根据自身的用人需求单独组织的招聘考试，考试地区较为分散，如湖北的襄阳、孝感、荆州、宜昌、荆门等多个地市都曾进行过单招考试；不同地市、县区都有可能在不同时间组织单招考试
招考要求	① 具有中华人民共和国国籍； ② 年龄条件：年满 18 周岁，最高年龄限制根据地区和岗位各不相同，一般在 35 周岁至 45 周岁； ③ 学历要求：具体要求会根据招聘岗位的不同而有所变化，有职业技能等级要求的岗位，可以适当降低学历要求，或者不再设置学历要求	① 通常要求具有中华人民共和国国籍，遵守宪法和法律，具有良好的政治素质和道德品行，具有符合岗位要求的专业知识或技能，具有适应岗位要求的身体条件等； ② 学历要求：一般要求大专及以上学历，不同岗位对学历的要求会有所不同，一些专业性较强的岗位可能要求本科、硕士甚至博士；	① 基本条件：与地方联考类似，要求考生具有中华人民共和国国籍，遵守宪法和法律，具有良好的品行和职业道德，具备岗位所需的身体条件； ② 学历和专业要求：学历要求一般为大专及以上，专业要求根据具体岗位而定，部分岗位可能对专业的限制相对较宽松，一些通用类岗位

续表

考试类型	多省联考	地方联考	地方单招
招考要求		③ 专业要求：岗位会有明确的专业限制，专业要求按照国务院学位委员会和教育部等相关档执行； ④ 其他要求：部分岗位可能对政治面貌、工作经验、资格证书等有特定要求	可能对专业不做严格要求，但专业性较强的岗位会有明确的专业限制； ③ 其他要求：部分岗位可能会有特定的附加要求，如户籍限制、工作经验要求、相关证书要求等
报考流程	制定招聘计划—发布招聘信息—受理报名—单位初审—资格审查—考试考核—成绩复议—确定拟聘人员—资格复审—体检—签订合同		

从表中可以看到，对于本科生来说，考取事业编的机会比较多，大部分岗位也没有限制必须硕士以上学历，所以本科生考事业编具有一定的竞争力。但是也如同考公务员一样，人数基数很大、考试经验不足等也是本科生考事业编的劣势。

这里特别说明部分高等院校也有事业编制。对于这些岗位是否有编制，主要看两个因素：第一，是否是公立高校，公立高校部分岗位是有编制的(但近年有取消趋势)；第二，招聘公告中是否说明"纳入事业编制管理"，需要和学校确认。高校招聘的岗位大致分为三大类，具体为：第一，管理岗，负责高校的行政管理、教育教学管理、学生管理等工作；第二，专业技术岗，主要包括专任教师、辅导员、其他专业技能岗，这类岗位要求具备一定的专业知识和技能，能够为学生提供专业指导和服务；第三，工勤技能岗，主要负责高校的后勤保障工作，如校园绿化、卫生清洁、安全保障等工作。其中，专任教师一般需要博士学位，有些高校还需要博士后经历。学校档次越高，要求也就越高。目前，辅导员岗位也需要硕士甚至博士学位。行政岗的学历要求稍低，但是近年也有提高的趋势。随着学历的"贬值"，本科生进入高等院校任职较为困难。

表5.6详细比较了高校专任教师、辅导员和行政岗三者的差异，供同学们参考。

表5.6 高校专任教师、辅导员和行政岗的比较

岗位类型	专任教师	辅导员	行政岗
工作内容	负责教学、科研和人才培养工作，具体包括制定教学计划、授课、指导学生、开展科研项目、发表学术论文、参与学术交流等	负责学生的思想政治教育、心理健康教育、职业指导、学生事务管理等工作，具体包括组织开展学生活动、进行心理咨询、协助学生解决生活和学习中的问题等	负责高校的行政管理、后勤保障等工作，具体包括组织协调各部门工作、办理师生员工相关事务、管理学校资产、维护校园安全等

续表

岗位类型	专任教师	辅导员	行政岗
主流招聘方式	① 公开招聘：通过高校官网、专业招聘网站等渠道发布（进入高校官网，在“人才招聘”或“通知公告”栏目中查找）； ② 人才引进：具有高级职称或博士学位的高层次人才，主要针对专任教师		
招聘要求	① 学历要求：硕士或博士学位，“985”和“211”高校需要博士甚至博士后； ② 教学和研究能力； ③ 发表学术论文、参加学术交流活动等	① 学历要求：本科及以上学历，一些“211”和“985”高校的辅导员都明确要求硕士及以上学历； ② 政治面貌：中共党员最佳，大多数都会要求； ③ 具有一定的思想政治素质和组织管理能力； ④ 具有心理咨询师资格证书（视地区和学校档次而定）	① 学历要求：本科及以上学历； ② 具有一定的沟通协调能力、服务意识和团队合作精神
竞争难度	4 级：竞争激烈，尤其是知名高校的热门专业，应聘者众多，要求较高	3 级：竞争难度中等，岗位数量较多，但要求特定的政治背景和专业能力	2 级：竞争难度相对较低，岗位数量较少，对综合素质和工作经验有一定要求

5.2.3 薪资待遇

事业编的薪资待遇受多种因素的影响，会存在较大差异。

事业编的薪资大致由以下部分组成：

1. 岗位工资

岗位工资与所在岗位的等级有关。管理岗位分为 10 个级别，从正部级到办事员，一级管理岗位的岗位工资较高，如正部级对应的岗位工资能达数千元，而管理岗的十级最低岗位工资可能在 1500 元左右。专业技术岗位划分为 13 个级别，从正高一级到技术员，正高一级岗位工资较高，技术员十三级的工资标准与管理岗十级的相近。

2. 薪级工资

薪级工资主要根据个人的工龄和资格等级而定，通常随着工作年限的增加而逐渐提高。刚参加工作的人员薪级工资相对较低，随着工龄增长会不断增加。

3. 绩效工资

绩效工资分为基础性绩效和奖励性绩效。一般来说，完成基本工作量可以发放基础性绩效，奖励性绩效则根据个人的工作表现和考核结果发放，表现出色的人员能获得额外的奖金。不同地区、不同单位的绩效工资标准差异较大,经济发达地区和效益好的单位绩效工资相对较高。

4. 津贴和补贴

这一部分包括住房津贴、交通补贴、职务津贴等,具体的津贴和补贴项目及标准因地区和单位而异。例如,一些地区会根据当地的住房政策为事业编人员提供住房补贴,部分特殊岗位可能还有相应的职务津贴。

经济发达地区的事业编薪资待遇普遍较高,如深圳等一线城市的事业编人员综合收入较高,年收入可能在 20 万元以上;而经济欠发达地区的薪资待遇相对较低,一些二三城市或偏远地区的事业编人员月工资可能在 3000～5000 元。

综合来看,全国事业编人员的月收入平均值在 8000～14000 元,中位数在 8000～11000 元。但具体到个人的薪资待遇,需要结合所在地区、单位性质、岗位级别、工作年限等因素综合确定。

5.2.4 晋升路径

1. 管理岗位

(1) 等级划分

管理岗位分为 10 个等级,从低到高依次为十级职员(对应公务员的办事员)、九级职员(对应科员)、八级职员(科级副职)、七级职员(科级正职)、六级职员(处级副职)、五级职员(处级正职)、四级职员(厅级副职)、三级职员(厅级正职)、二级职员(部级副职)、一级职员(部级正职)。

(2) 晋升条件

① 职位空缺和工作年限:晋升需要有相应的职位空缺,且通常需要在特定级别工作满一定年限。例如,从管理九级晋升到管理八级,一般需要在管理九级岗位工作满一定年限(部分地区规定满 6 年)。

② 年度考核成绩:年度考核结果是重要依据,在一些地区,如果有年度考核优秀的纪录,可以加速晋升。

③ 领导力和团队合作能力:在工作中展现出良好的领导力、组织协调能力和团队合作精神,能够带领团队完成工作任务。

④ 持续学习和自我提升:不断学习新知识、新技能,提升自己的专业素养和综合能力,以适应岗位的要求和单位的发展。

⑤ 建立良好的人际关系网络:包括与同事、上下级建立良好的关系。

2. 专业技术岗位

（1）等级划分

专业技术岗位分为13个等级，其中高级岗位为一级至七级（正高级的岗位包括一级至四级，副高级的岗位包括五级至七级）、中级岗位八级至十级、初级岗位十一级至十三级。

（2）晋升条件

① 职称评定：需要通过相应的职称考试或评审。比如，本科毕业试用期转正后一般定为十二级，四年后可参评中级职称，中级职称满五年后可参评副高职称，副高职称满五年后可参评正高职称。

② 工作业绩和成果：在专业技术领域取得一定的工作业绩和成果，如发表论文、参与科研项目、获得专利等，这些成果能够证明个人的专业能力和水平，对职称晋升有重要的帮助。

③ 单位岗位空缺：单位有相应的岗位空缺是晋升的前提条件，只有在岗位空缺的情况下，才能聘任到更高等级的岗位。

3. 工勤技能岗位

（1）等级划分

工勤技能岗位分为5个等级，从低到高依次为五级（初级工）、四级（中级工）、三级（高级工）、二级（技师）和一级（高级技师）。

（2）晋升条件

① 在低等级岗位工作满一定年限且近三年年度考核为合格以上。例如，获得初级工资格后，工作年限满10年且近三年年度考核为合格以上者，可以晋升中级工；获得中级工资格后，工作年限满20年且近三年年度考核为合格以上者，可以晋升高级工等。

② 通过相应的技能水平考核或鉴定，取得相应的职业资格证书或技能等级证书。部分地区对于有突出表现或特殊贡献的工勤人员，可能会有破格晋升的政策。

5.2.5 规划

1. 前期了解

（1）明确考试要求

掌握考试要求能够帮助同学们提前规划，尤其是硬性条件，同学们一定要提前做好规划，让自己满足相关要求。建议仔细研读目标地区、目标岗位往年的事业编招考公告和考试大纲，了解报考条件，如学历、专业、年龄、户籍等限制，以及考试的科目、形式、时间安排等信息。在最新公告发布前，以旧公告为参考先进行相关内容的复习，等到新公告发布后再及时调整复习方向。

（2）了解岗位信息

不同类别岗位的竞争比、工作内容与发展前景都有所不同。建议同学们分析清楚不同岗位的职责、未来发展，并结合自身兴趣、专业和职业规划，筛选出合适自己的报考岗位。一般来说，往年学长报考的岗位可以重点参考，因为不仅可以推测自己未来前往这些岗位的可行性，还可能在备考中通过他们获得更多的一手信息。同时，关注岗位的竞争程度，可以参考往年报考人数和录取比例。岗位的选择往往也决定了最终能不能成功考上，所以同学们务必要仔细关注岗位报录比等数据，增加“上岸”的概率。

2. 备考阶段

（1）基础阶段

① 搜集学习资料。“工欲善其事，必先利其器。”学习资料决定复习效率。建议同学们购买权威的教材和辅导书，搜集相关的学习视频、在线课程等资料。事业编考试一般不会指定教材，但是考编的知识比较固定，涉及的科目无非是公基、职测、申论等，所以同学们可以寻找一家比较权威的考编辅导机构出版的教材和辅导书，重点在于梳理知识点，也可以在网络上搜索成功上岸者的经验分享，有目标地寻找高质量的复习资料。

② 系统学习知识。建议同学们对相关知识做全面的梳理，了解考试知识点的分布情况。同学们需要全面学习公基、职测、申论等科目的基本概念、理论等知识点。一般来说，公务员、事业编考试考查的很多知识都是共通的，可以两条线同时进行，复用知识。对于专业科目，依据岗位要求进行针对性的学习。相对而言，专业科目都是本专业的核心课程，虽然复习难度较低，但是也不可大意。

③ 制订学习计划。大学的很多考试可能只是跟同学竞争，但是事业编考试可能就是跟全国的同学竞争，所以同学们一定要重视，制订好学习计划。建议同学们根据考试时间和个人基础，合理安排每天的学习时间和学习任务，确保覆盖到所有的知识点。打牢基础依靠的是日复一日的积累与反复练习，不要寄希望于考前临阵磨枪，因为考编的难度已经有目共睹。根据学习计划按部就班，日拱一卒，成功就在不远处。

（2）强化阶段

① 梳理重点和难点。重点和难点是难啃的硬骨头，同学们要定期梳理、巩固。建议同学们对基础阶段所学知识进行梳理，找出重点、难点和易错点，加强理解和记忆。比如，行测的判断推理，其知识点很明确，尤其是图形推理的位置规律、数量规律以及类比推理的各种关系等。同学们需要仔细梳理总结，明确重点和难点，有针对性地进行复习。

② 专项练习提升。同学们学习一遍基础知识后便可以开始专项练习，各个击破，稳步提升。针对不同的科目和题型，进行大量的专项训练，提高解题能力，掌握应试技巧。例如，在职测中，可以分别对数量关系、判断推理、言语理解与表达、资料分析等模块进行强化练习。建议在10分钟内完成10道数量关系题，判断推理题要分板块限时做题，对于资料分析题，同学们可以给自己设定如25分钟内完成20道题。总的来说，同学们需要进行强化练习，在限定时间内做题，模拟考场环境，强化各模块的做题技巧。

③ 总结答题方法。同学们平时练习时一定要多总结，只有不断总结，才能不断提升。通过做题，总结各类题型的答题方法和规律，如行测中的数量关系题要总结常见的解题公式和技巧，其中经常考查的奇偶性、尾数法和排列组合规律等，都可以通过总结不断深化。申论要学习如何提炼观点、组织答案等。申论的核心在于材料，消化材料输出观点，多参照标准答案，学习阐述答案的思路。

④ 关注时事热点。同学们在闲暇之余要多浏览学习强国、人民日报、新华社等权威平台发布的信息，总结涉及的政治、经济、社会等方面的公共基础知识和申论知识。关注时事热点，积累相关素材，在考试中就能灵活运用。这些积累不仅有助于提高笔试成绩，而且在面试中也能派上用场，尤其是名人金句可以让自己在表达上与众不同。

（3）冲刺阶段

首先，严格按照考试时间和要求，进行全真模拟考试，熟悉考试流程和节奏，适应考试压力。其次，做好错题回顾分析，认真分析模拟考试中的错题，找出原因，进行有针对性的复习和强化训练，查漏补缺。最后，一定要调整好心态和状态。在最后的关头，很多同学容易刷题刷到崩溃，产生不想学等消极想法，所以同学们要保持良好的心态和身体状态，及时调整，合理安排休息时间，避免过度紧张和焦虑，以最佳状态迎接考试。

3. 报名与考试阶段

在报名时，同学们一定不要拖延。部分考试可能在报名结束前几天就会停止更新报名人数，建议这个时候同学们就一定要完成报名了。同学们要按照招考公告的要求，在规定时间内登录指定网站进行线上报名，如填写个人信息、上传照片和相关证明材料、选择报考岗位及缴纳报名费等。报名结束到正式考试一般还有一段时间，同学们可以抓紧这段时间再复习一轮知识。注意，提前打印准考证，按照准考证上的要求，携带有效身份证件和必要的考试用品参加笔试。在考试过程中，注意合理分配时间，认真答题。如果笔试成绩合格且进入面试环节，那么同学们需要提前了解面试的形式、内容和要求。同学们可以通过参加面试培训、模拟面试等方式，提升自己面试的能力和技巧，同时注意仪表仪态、语言表达和应变能力等方面的训练。

4. 后续阶段

如果成功通过面试，用人单位一般会在 1—2 周安排体检（具体时间因地区和岗位的不同而有所差异），所以同学们备战面试期间要注意劳逸结合，保持良好的生活习惯，确保身体状态符合体检标准。政审时，同学们需要如实提供个人相关信息和材料，配合有关部门进行审查。体检和政审都合格后，同学们一定要注意不能张扬，及时关注招考单位的公示信息，公示期无异议且公示结束后，才能松一口气。最后，耐心等待录用通知，并按照要求办理入职手续。

5.3 国企、央企

5.3.1 方向概述

国企和央企是我国特有的企业类型,早年因为国企、央企有编制,所以成为很多人眼中的“铁饭碗”。但随着国企、央企的改制,目前大部分国企、央企都采用合同聘用制,有编制的很少。

央企是由中央人民政府或其委托的机构管理的国有独资或国有控股企业,这些企业通常由中央直接管理或委托中央组织部、国务院国资委等机构管理;国企则包括中央和地方人民政府代表国家履行出资人职责的国有独资企业、国有独资公司以及国有资本控股公司,国企包含央企。央企数量较少,2024 年有 130 余家,其中 98 家是实业类企业(由国务院国资委履行出资人职责),具体名单可见国务院国有资产监督管理委员会的央企名单(图 5.3),每年可能都有新设变更情况,其余央企包括中央金融企业、中央文化企业等,可以在相应官网查询。国企数量较多,一般可在地方政府官方网站查询。

序号	企业(集团)名称	序号	企业(集团)名称
1	中国核工业集团有限公司	50	招商局集团有限公司
2	中国航天科技集团有限公司	51	华润(集团)有限公司
3	中国航天科工集团有限公司	52	中国旅游集团有限公司[香港中旅(集团)有限公司]
4	中国航空工业集团有限公司	53	中国商用飞机有限责任公司
5	中国船舶集团有限公司	54	中国节能环保集团有限公司
6	中国兵器工业集团有限公司	55	中国国际工程咨询有限公司
7	中国兵器装备集团有限公司	56	中国诚通控股集团有限公司
8	中国电子科技集团有限公司	57	中国中煤能源集团有限公司
9	中国航空发动机集团有限公司	58	中国煤炭科工集团有限公司

图 5.3 部分央企名单

国企和央企对于应届毕业生来说具有强大的吸引力,每年都有大批毕业生选择求职于国企或央企。从招聘角度来看,国企和央企在扩大校园招聘规模,给应届生的机会越来越多。即使在经济放缓的背景下,国企和央企仍然在稳定地招聘。国企和央企有一系列的补贴支持政策和优惠政策,且规模大、盈利多,员工的福利待遇较为优越。

5.3.2　招聘要求

表 5.7 详细介绍了国企和央企招聘的具体要求，供同学们参考。

表 5.7　国企和央企招聘的具体要求

项　目	具　体　要　求
学历要求	通常要求本科及以上学历，部分岗位（如一些技术操作类岗位）可能专科即可，比如铁路局的很多岗位专科生都可以报名
专业要求	根据不同岗位需求，专业要求各异，例如国家电网招聘电气工程、能源动力、计算机等专业；中国石油招聘石油类、地质类、化学类等专业；金融机构多招聘金融、经济、财会等专业
年龄要求	校招岗位一般会限制本科不超过 26 周岁，硕士研究生不超过 30 周岁，博士研究生不超过 35 周岁；社招则因企业而异
英语要求	有些岗位要求四级或英语六级成绩在 425 分及以上，或达到等同于雅思 6 分、托福 95 分的英语水平，比如中国东方航空股份有限公司 2025 年校招审计岗要求通过英语四级
计算机要求	部分岗位需要熟练掌握常用办公软件，一些技术类岗位要求掌握专业相关软件或编程语言，如软件开发岗要求熟练掌握 Java、Python 等编程语言
证书要求	特定专业岗位一般要求相关专业证书，如财务岗要求会计从业资格证、注册会计师证等；金融岗要求基金从业资格证、证券从业资格证等；建筑工程类岗位要求建造师证、造价师证等
工作经验要求	校招一般无工作经验要求，但有相关实习经验会加分；社招岗位多要求有一定年限的工作经验，如 3～5 年甚至更久
政治素质要求	拥护《中华人民共和国宪法》和法律法规，拥护中国共产党领导和社会主义制度，品行端正，遵纪守法，部分岗位还要求是中共党员
身体和心理素质要求	具备正常履行职责的身体条件和心理素质，参照公务员录用体检标准等，特殊岗位有额外要求，如高空作业岗位对身体条件要求更严格
其他要求	具有中华人民共和国国籍，部分岗位需服从组织安排到外地工作或驻外等

虽然学历要求本科及以上，但是在学历“贬值”的大环境下，实际招聘过程中，国企和央企明显更倾向于硕士学位的毕业生。本科生的专业度、综合能力等方面可能不及研究生，竞争力一般。但是，一些基层岗位或对实操能力要求较高的岗位，本科生能够满足工作要求且相比研究生成本更低，这类情况下国企和央企可能更愿意招聘本科生，如生产制造类的一线生产岗位、市场营销类的销售岗位等。

5.3.3　考核的流程与内容

如果毕业后想要入职国企或央企，那么同学们可以参考以下时间线：

1. 早期准备(毕业前一年)

了解国企和央企的招聘信息、岗位要求和发展前景;提升个人能力,包括专业技能、综合素质和人际交往能力。

2. 求职准备(秋招来临前)

制作简历,做笔试题,掌握面试技巧。

3. 关注招聘信息(毕业前一年的9—10月)

关注国企和央企的官方网站、招聘网站、校园宣讲会等渠道发布的招聘信息。

4. 网申(秋招:毕业前一年的9—10月;春招:毕业年份的2—4月)

按照要求提交线上申请,注意截止日期和笔试与面试的时间安排。

5. 笔试

线上申请通过后,进入笔试,内容可能包括行测、专业知识、申论、英语等。

表5.8详细介绍了国企和央企的笔试内容,供同学们参考。

表5.8 国企和央企的笔试内容

模块名称	主要内容	考查能力	准备技巧
行测(职业能力测试)	数量关系、言语理解、判断推理、资料分析、常识判断	逻辑思维、数据分析、语言表达	掌握基础理论,进行大量练习,熟悉题型和技巧
申论(写作)	社会热点写作	文字表达、逻辑思维	关注社会热点,多读多写,修改提高
公基(时政)	政治法律、人文历史、科技生活等常识	知识储备、综合分析	扩展知识面,关注时政热点,理论与实践相结合
行业/专业知识	与岗位相关的专业知识	专业素养	根据岗位复习专业知识,进行真题练习
企业文化	公司基本情况、文化等	了解公司	熟悉公司官网和资料
英语	选择题、阅读理解等(只有少部分公司如银行会涉及)题目难度小于大学英语六级	英语应用能力	背诵单词,提高语感,进行真题练习
职业性格测试	性格特点、心理健康等	适应性	了解常见测试,真实作答

6. 面试

通过笔试的候选人将进入面试环节,面试可能包括结构化面试、无领导小组讨论、半结构化面试等,最常见的是半结构化面试。

结构化面试是对面试的测评要素、题目、评分标准等进行规范化和系统化的一种面试手段,主要考查应试者的计划能力、决策能力、组织协调能力、人际沟通能力和创新能力等。半结构化面试是在结构化面试的基础上,主考官或其他考官就应试者答题中涉及的有关问题或有疑问的问题进一步追问。

面试中常见问题、准备技巧及注意事项如下:

① 常见问题:自我介绍、对公司的理解、对岗位的理解、如何处理工作环境与预期不符的情况、过去成功或失败的经历、对某些社会热点的看法、兴趣爱好、职业规划、期望的工资等。

② 准备技巧:需要对公司的基本情况、主营业务、组织结构、企业文化等进行了解,对岗位职责有深入的认识,并准备一些关于个人经历、优缺点、职业规划等方面的问题。

③ 特别注意以下这些问题:一是三观信仰类问题,如对崇拜人的询问,用于推断候选人的三观和性格;二是社会热点问题,如对“996”工作制的看法,用于考查候选人的三观;三是性格、兴趣类问题,如优缺点、兴趣爱好等,用于考查候选人的性格和兴趣。建议回答问题时,要真实、有逻辑性,同时要考虑自己的回答与企业文化的契合度。

7. 终选及体检(毕业前)

面试通过的候选人将进入终选环节,可能包括背景调查。通过终选的候选人将安排体检,确保符合岗位健康要求。

8. 录用及签约(毕业前)

最终录用的候选人将收到录用通知,并安排签约流程。

5.3.4 薪资待遇

国企和央企的薪资待遇方差很大,很难一概而论,涉及行业、地区、内部级别等因素。就行业来看,垄断型行业一般薪资待遇较好,如烟草、电网等相关国企和央企;就地区来看,一线城市、发达地区薪资更高;就内部架构来看,总部薪资比分公司高。

国企的薪资构成一般分为:基本工资、绩效工资、奖金(月度、季度、年终)和补贴(交通补贴、餐补、高温补贴、油补、话费补等)。以公共管理学科为例,公管类学生从事的岗位一般是职能性的,薪资水平普遍不高。学校好、学历高、能力强的应届生上岸后,管培生岗位平均年薪15万元～30万元;行政岗相对较低,年薪6万元～12万元;人力资源岗年薪8万元～15万元;其他岗位差别较大。如需准确数据,推荐利用offershow小程序或脉脉、小红书、知乎等平台搜索“央企/国企+岗位名称”,并结合具体案例判断。

国企的福利一般都比较好,这也是为什么有些国企虽然表面上薪资不高,但是仍有大批毕业生报考的原因。一般来说,国企和央企至少都会提供“五险一金”(养老保险、医疗保险、失业保险、工伤保险和生育保险、公积金)甚至“七险二金”(养老保险、医疗保险、失业保险、工伤保险和生育保险、意外保险、补充医疗保险、企业年金、公积金)。此外,大部分国企和央企都有食堂,员工可以免费或以较低的价格解决吃饭问题,少数国企和央企还提供免费宿舍或一定期限内(如3～5年)的免费宿舍。这些方面相比其他企业是更优的。

5.3.5 晋升路径

在国企和央企中,职能岗位的晋升路径通常分为两个方向:管理岗位和技术岗位。管理岗位的晋升路径是部门副职—部门正职—公司副职—公司正职等。技术岗位的晋升路径是初级工程师—中级工程师—高级工程师—研究员等。其他岗位,如办公室文秘、人力资源管理等,一般首先晋升为部门副职,然后逐步晋升为部门正职、公司副职、公司正职等。而对于党建办等岗位,可能还会涉及党内的晋升路径,如党支部书记、党总支副书记等。

5.3.6 规划

1. 前期自我评估与准备

(1) 做好自我认知

自我认知是求职的第一步,关乎自己未来的发展方向,同学们一定要重视。建议同学们罗列自己的兴趣爱好,梳理掌握的专业技能,分析自己的优势和劣势,找到适合自己的职业方向和岗位。比如,逻辑思维能力强、对数字非常敏感的同学,可以选择财务、数据分析等岗位;沟通能力和组织能力等突出的同学,可以选择市场营销、人力资源管理等岗位。

(2) 明确职业目标

尽早确定自己感兴趣的国企、央企及岗位,选择适合的企业和岗位对于能否顺利入职很关键。一般可以分层级选取,在招聘时间不冲突的情况下,让自己既可以冲刺,又有一定的保底。同学们要了解企业的发展前景、福利待遇和晋升路径,这关乎未来自己的发展;关注企业文化,这对后续的工作氛围有很大影响;了解企业的业务范围,一方面可以熟悉企业,在后续面试中展示对企业的深入理解,另一方面还可以判断企业的未来发展情况,帮助自己做出更明智的选择。同学们要及时关注央企和国企的招聘动态。

(3) 提升技能

技能是求职的敲门砖,同学们要根据自己目标岗位的要求,提升专业技能和综合素质。如果目标岗位是技术研发岗,就要熟练掌握Java语言、C语言、Python等编程语言;如果是金融财会岗,就要考取专业证书,如财务专业考初级会计证,金融学可以备考CFA,在备考中提升自己的专业能力。综合素质重在平常,需要锻炼与提升自己的沟通协调、团队合作等能力。

(4) 积累经验

经验往往是国企和央企招聘时比较看重的。建议同学们积极寻找与目标岗位相关的实习,一般经管、计算机等岗位有较高的实习要求,所以相关专业的同学更要多参加实习。通过实习,同学们可以提高自身的实战能力,了解行业动态,积累专业知识,丰富简历内容。同时,同学们也可以参加与专业相关的项目、竞赛、社会实践活动等,积累经验,提高自己活学活用的能力。

2. 求职阶段规划

(1) 关注招聘信息

国企和央企通常会在官方网站、微信公众号、第三方招聘平台以及高校就业信息网等渠道发布招聘信息,同学们要定期关注这些渠道,及时了解招聘岗位、人数、专业要求、条件限制、时间安排等关键信息。推荐关注"国资小新"微信公众号,它是国务院国有资产监督管理委员会新闻中心的官方微信公众号,有非常多的国企和央企招聘信息。

(2) 网申与简历投递

同学们要按照招聘要求在规定时间内登录企业官网或指定招聘网站进行线上报名,如填写个人信息、教育背景、实习经历、获奖情况等,并上传个人简历、成绩单等相关材料。撰写简历时,要突出重点、简洁明了,要把自己最突出的优势展现出来。如果成绩排名非常好,那么一定要列出专业排名位于前百分之几;如果参加的竞赛含金量非常高,那么一定要重点标注(如加粗)。注意,要制作有针对性的简历,根据岗位要求,突出自己与企业的契合度,从而增加自己进入下一轮考核的概率。

(3) 笔试准备

国企和央企的笔试内容一般包括行测、申论、专业知识、行业知识、综合素质测试等。建议同学们提前了解目标企业的笔试内容和题型,制订复习计划,并进行系统的复习和练习。同学们可以通过网络搜索获取历年真题,也可以向参加过国企或央企笔试的学长或亲戚朋友等咨询。部分大型国企如中国石化、中国石油等,其历年真题在一些求职论坛或教育机构网站上可能会有部分分享,要好好利用。同学们还可以参考公务员考试的行测和申论教材,以及专业相关的书籍和资料进行准备。最后,同学们可以做模拟题来提高自己的答题速度和准确率。

(4) 面试准备

通过笔试后,同学们要提前准备面试。首先,要了解面试的形式,如结构化面试、半结构化面试、无领导小组讨论、座谈会等。针对不同形式的面试,进行相应的练习。其次,准备常见面试问题的回答,如自我介绍、职业规划、优缺点、对企业的了解等。最后,结合自己的简历和岗位要求,突出自己的专业能力、实践经验、团队合作精神等。如果有条件,还可以跟父母、老师、同学进行模拟面试,提升自己的表达能力、应变能力和自信心。

3. 后续跟进与选择

如果顺利通过面试,那么一般会在 1—2 周收到 offer(具体时间因公司规模、招聘流程和岗位需求而异)。部分需要政审的岗位(如党务、秘书、机要及行政人事等)可能还会有政审流程,注意提交相关材料。大部分岗位会直接与同学们约定签约时间。仔细阅读录用通知书上的内容,包括薪酬福利、工作地点、岗位职责等,如有疑问,要及时与企业沟通。确认无误后,按照要求签约,包括签确认书、准备三方协议等(各个学校规定不同,按照学校要求即可)。入职前,同学们要保持良好的生活习惯,因为入职后企业一般会组织入职体检,要确保体检合格。同学们还要尽快适应新环境,了解企业的组织架构、工作流程和文化氛围,让自己迅速成长。建议同学们制订短期和长期的职业发展规划,明确自己的职业目标和发展路径,不断学习和提升自己,为未来的职业发展打下坚实的基础。

5.4 民　　企

5.4.1 方向概述

如果同学们选择在市场化的民企工作,那么需要慎重选择行业与公司。市场化民企自负盈亏,以获取利润最大化为目标,因此在人才的招聘、选拔方面也会与体制内单位及其他就业方向不同。

本科生选择民企的优势是成本比较低,在能力大致相当的情况下,民企往往更倾向于招聘对薪酬预期较低的本科生。另外,本科生可塑性比较强,思维相对更加灵活,没有形成过于固定的工作模式和思维定式,更容易接受新的理念、技术和工作方式,也能够更快地适应民企灵活多变的工作环境和业务需求。但是需要注意的是,随着学历进一步"贬值",目前来看民企往往更青睐于研究生。此外,专业知识深度不足、实践经历不丰富等也是本科生的劣势。

5.4.2 求职流程

求职的时间线比较长,以本科生、研究生(2年制)为例,具体时间见表5.9。

表5.9 民企求职时间表

阶段	暑期实习(本科生)	暑期实习(研究生)	秋招(本科生)	秋招(研究生)	春招(本科生)	春招(研究生)
信息发布	大三下学期3—4月	研一下学期3—4月	大四上学期7—9月	研二上学期7—9月	大四下学期2—4月	研二下学期2—4月
网申	大三下学期3—5月	研一下学期3—5月	大四上学期7—10月	研二上学期7—10月	大四下学期2—5月	研二下学期2—5月

续表

阶段	暑期实习（本科生）	暑期实习（研究生）	秋招（本科生）	秋招（研究生）	春招（本科生）	春招（研究生）
笔试	大三下学期 4—6月	研一下学期 4—6月	大四上学期 8—11月	研二上学期 8—11月	大四下学期 3—6月	研二下学期 3—6月
面试	大三下学期 4—7月	研一下学期 4—7月	大四上学期 8—12月	研二上学期 8—12月	大四下学期 3—7月	研二下学期 3—7月
offer发放	大三下学期 5—8月	研一下学期 5—8月	大四上学期9月—次年1月	研二上学期9月—次年1月	大四下学期 4—8月	研二下学期 4—8月

5.4.3 薪资待遇

这里以互联网行业为例，介绍主流岗位及其薪资数据（表5.10）。不同专业的同学可以通过搜索相关公司发布的岗位信息、学长去处、老师与家长的经验，以及网络上的一些资料来了解本专业的主流岗位去向，从而获取更多的精细信息。

表5.10 互联网行业的就业情况

岗位名称	薪资构成	薪资水平/月薪（校招）
前端开发工程师	基本工资、绩效奖金、年终奖金，项目奖金（部分项目），部分企业可能有用户体验优化奖励	一线城市：10 k～20 k，技术实力强、项目要求高的企业能达到20 k～30 k，13～15薪； 二线城市：8 k～15 k，13～14薪； 三线及以下城市：6 k～12 k，13薪
后端开发工程师	基本工资、绩效奖金、年终奖金、项目奖金，部分企业有技术创新奖励、业务增长奖励	一线城市：10 k～22 k，在大型互联网企业或核心业务岗位能达到22 k～35 k，13～16薪； 二线城市：8 k～18 k，13～15薪； 三线及以下城市：6 k～15 k，13～14薪
软件开发工程师	基本工资、项目奖金、年终奖金、绩效奖金，部分企业有加班补贴、出差补贴	一线城市：10 k～20 k，部分头部互联网企业或技术要求高的岗位能达到20 k～30 k，13～15薪； 二线城市：8 k～15 k，13薪为主； 三线及以下城市：6 k～12 k，13薪为主
软件测试工程师	基本工资、绩效奖金、年终奖金，部分企业有项目奖励、全勤奖	一线城市：8 k～15 k，大型企业或对技术要求较高的岗位能达到15 k～20 k，13～14薪； 二线城市：6 k～12 k，13薪为主； 三线及以下城市：5 k～10 k，13薪为主

续表

岗位名称	薪资构成	薪资水平/月薪(校招)
数据分析师	基本工资、绩效奖金、年终奖金、项目提成(部分项目),少数企业有数据质量奖励	一线城市:10 k～18 k,数据驱动型的大厂或热门领域可超过 20 k,13～16 薪; 二线城市:8 k～15 k,13～14 薪; 三线及以下城市:6 k～12 k,13 薪为主
数据挖掘工程师	基本工资、项目奖金、年终奖金、绩效奖金,部分企业有专利奖励、技术创新奖励	一线城市:12 k～25 k,在人工智能等前沿领域的头部企业能达到 25 k～35 k 甚至更高,14～16 薪; 二线城市:10 k～20 k,13～15 薪; 三线及以下城市:8 k～15 k,13～14 薪
算法工程师	基本工资、绩效奖金、项目奖金、年终奖金,部分企业有技术成果转化奖励、专利奖励	一线城市:15 k～30 k,人工智能、大数据等热门领域的顶尖企业可超过 30 k,14～18 薪; 二线城市:12 k～25 k,13～16 薪; 三线及以下城市:10 k～20 k,13～15 薪
网络安全工程师	基本工资、绩效奖金、年终奖金、项目奖金,部分有安全漏洞奖励、应急响应奖励	一线城市:10 k～20 k,在对安全要求极高的金融、互联网大厂能达到 20 k～30 k,13～16 薪; 二线城市:8 k～15 k,13～15 薪; 三线及以下城市:6 k～12 k,13～14 薪
产品经理	基本薪资、绩效奖金(月/季度、年终)、补贴(房补、餐补等)、签字费	12 k～25 k ,知名企业如:阿里巴巴 22 k～25 k、字节跳动 18 k～25 k、腾讯 17 k～25k,13～16 薪;有些部门的年终奖较高甚至可以达到 18～20 薪
运营		10 k～20 k,其中产品运营 14 k～20 k;电商运营 12 k～18 k,用户运营 12 k～18 k;内容运营 10 k～16 k,13～16 薪;有些部门的年终奖较高甚至可以达到 18～20 薪
市场营销		12 k～20 k,13～16 薪
人力资源	基本薪资、绩效奖金(月/季度、年终)、补贴(房补、餐补等)	10 k～16 k,13～16 薪;年终奖不会太多
行政		8 k～14 k,13～16 薪;年终奖不会太多
客户经理	基本薪资、绩效奖金(月/季度、年终)或提成	上下限差距大,主要是提成或绩效,基本工资很低

注:通常,10 k 指的是月薪 10000 元,13～16 薪指的是一年内获得 13～16 个月工资的收入。

如需准确数据,推荐在 offershow 小程序或脉脉、小红书、知乎等平台搜索“公司名称+岗位名称”,并结合具体案例进行判断。

5.4.4 晋升路径

民企内如互联网行业的晋升也会分为两条途径。一条途径是职级晋升，从低到高依次为产品助理、初级产品、中级产品、高级产品、产品专家、产品总监；或初级运营、中级运营、高级运营、运营专家、运营总监等。职级晋升需要经过提名、答辩，基本1～3年晋升一次。

另一条途径是管理晋升，需要职级达到一定的层级后，进入管理序列。管理序列的晋升提名更为严格，绝大多数员工是无法进入管理序列的，提名后同样需要经过答辩，答辩通过后方可生效。与体制内单位相比，民企的晋升会存在“伪晋升”现象，由于企业内部并没有严格的职级和薪资的对应规则，有些晋升只是职级名称发生了变化，并不会带来可观的收入增加。比如，阿里巴巴、腾讯等公司在2023年均推出新制度，表明“职级晋升与涨薪不直接挂钩，薪资主要通过年终的绩效奖金进行灵活调整”。

在民企中，晋升的难度取决于个人因素和环境因素。个人因素是指个人的能力、工作产出、入职时间等，其中尤其注重个人实际工作产出。环境因素是指部门晋升名额、竞争者数量、领导评价等，虽然在民企中人情因素相较体制内单位更弱，但近年来大企业中的“嫡系文化”也开始盛行，逐渐成为影响晋升的关键因素。

5.4.5 规划

1. 规划方向

(1) 确定目标行业岗位

本科生想要找到合适的工作，首先需要明确自己的目标岗位。同学们可以在智联、BOSS直聘等求职网站上找到2—3个目标岗位，收藏5—10个目标岗位的JD，并进行了解与分析。

JD是了解一份工作最直接的渠道。通过JD，同学们可以了解目标岗位对于求职者的学历、技能等各方面的要求，了解求职者都需要掌握哪些技能，并根据这些要求提升自己的职业技能。在一些行业中，JD可能还会写明求职者需要具有的能力证书。这时同学们也可以根据JD的提示准备考证等相关事宜。

(2) 补充实习经历背景

在确定目标行业岗位后，下一步则是补充自己的实习经历。

在学历贬值的大环境下，“985”和“211”高校的硕士学位，可能仅仅是某个热门岗位的敲门砖。本科生在求职时可能会遇到几十个学历相当甚至更高学历的竞争者，这时实习经历可能会成为同学们脱颖而出的关键。一段好的实习经历将会弥补同学们在工作经验和学历上的不足，获取HR的认可。因此实习规划也是同学们必须要重视的。

2. 寻找高质量实习

（1）高质量的实习需要满足的条件

① 实习与所学专业对口。高质量实习的第一个条件是与自己所学专业对口。实习的目的是培养工作经验，并将大学所学的知识运用到实践中。大学专业对口的实习经历，更容易被HR视作有效实习，并对应聘者予以肯定。如果在大学期间做过很多实习，但这些实习都与本专业不对口或与应聘的岗位缺乏相关性，那么这些实习也很难在应聘中起到加分作用。

② 进入知名企业实习。在名企实习过的同学，往往会被HR认为拥有高质量的实习经历。因为名企不仅名声大，可以为同学们的履历镀金，而且能说明求职者足够优秀，已经在实习生的竞争中胜出。同时，名企完善的人才培养机制，也让实习生能够获得更加全面的培养。对于用人单位来说，高质量的实习意味着可靠的背书，让求职者更易得到信赖。

③ 岗位工作内容有含金量。如果仅仅是进入了名企实习，但工作内容含金量较低、缺乏实质性内容，那么这份实习也不能被称作高质量的实习。很多实习岗位听起来高大上，但实际工作却是买咖啡、点外卖或替办公室的老员工打杂。实习的目的是帮助没有经验的同学提升工作能力，但这种打杂工作无法给予同学们锻炼的机会，反而消耗了时间，因此这类实习对就业的帮助很小。真正高质量的实习不仅要有面子，还要有"里子"。这里的"里子"，指的就是实习期的具体工作内容。实习内容与正式岗位的匹配度越高，就越有含金量，对于同学们后期的职场帮助也就越大。

（2）如何寻找高质量实习

① 通过正规实习渠道。首先，同学们可以关注企业的招聘网站和内推机会。例如，腾讯、阿里巴巴、爱奇艺等知名企业，一般都会在寒暑假招聘实习生，公布众多实习岗位需求。其次，同学们可以关注高校就业实习平台，充分利用学校资源，因为很多企业都会和高校建立合作平台，这种人才输送渠道为在校大学生降低了信息门槛。最后，注意筛选官方权威的求职软件和公众号，切勿盲目听信小网站上发布的"低门槛、高收入"招聘信息，时刻注意防范网络诈骗。

② 利用学校师生人脉。一方面，同学们可以通过老师了解校招各大企业的基本情况和岗位需求，寻找适合自己的心仪岗位。因为老师对往届毕业生的就业去向和企业需求都非常了解，他们可以在求职方向和渠道上给同学们指点迷津，大大减少信息差，提高信息检索效率。另一方面，同学们可以借助往届学长进行企业内推，因为企业员工内推可以直接略过简历筛选，同学们的求职简历可以直接到达HR手中，同时借助学长内推还可以避免浪费不必要的时间成本。

③ 从学校社团或小公司做起。对于没有实习经验的本科生来说，直接寻找大公司实习

的难度较大,部分大公司甚至在招聘实习生时就要求学生要有实习经历。因此同学们可以先尝试在学校社团或小公司进行实习,积累工作经验,提升自身的就业竞争力。实习前期,需要先确定自己感兴趣的就业方向,然后再持续发力。小公司的实习同样需要经过筛选,尽量选择小公司的核心岗位,在实习过程中尽量主动负责一些具体的业务。

④ 参加大公司举办的竞赛。很多大公司都会举办一些针对在校大学生的竞赛,如华为财务精英挑战赛、阿里天池大数据竞赛、宝洁 CEO 挑战赛、贝恩杯咨询启航案例大赛等。以华为财务精英挑战赛为例,获奖者不仅可以得到最高 10 万元的团队奖金,还有机会获得暑期实习 offer,甚至可以在正式校招中免去部分面试环节。

⑤ 借助家人的人脉关系。本科生缺乏社会经验,获取第一份实习的难度较大,如果家里的亲戚朋友正好有相关资源,那么可以帮助同学们找到第一份实习,打好基础,这样会更有利于同学们未来的发展。人脉关系是职场中的重要资本,有资源一定要合理利用。但是家长也不宜过多干涉子女的实习工作,让他们在实习工作中得到锻炼才是最终目的。

附录A 问 与 答

Q1:大学课程多吗?需要怎么学?

A1:不同专业需要修读的课程不同。有些专业课程少,但是每门课程的难度很大,所以也需要投入很多时间。有些专业虽然每门课程的难度不大,但是数量极多,所以学习有时也有可能会从早上八点上到晚上八点。

大学课程分为不同的类型,每种类型课程的重要程度也不同,因此在学习时需要有的放矢,分清主次。例如,对于影响最终成绩比较多的课程(如学分比较高的课程),同学们需要投入更多的精力,争取一次取得比较高的成绩。而对于一些不计入最终成绩,或难度比较小、通过率比较高、要求宽松的课程,同学们可以适当放松,抽出时间给难度和重要度比较高的课程。

Q2:大学课程都有什么类别?它们又有什么区别?

A2:不同于高中课程,大学课程数目多且类别多,不同类别在GPA的计算中占比不同,所以同学们的重视程度也会有所差异。

一般来说,大学课程分为通识课程、通修课程、学科基础课程、专业核心课程、专业选修课程、毕业论文/设计等几大类。

通识课是一些科普课程,可以用来凑学分,通常是其他学院老师开设的,学分比较低,或为满足某些学分要求而修读的,一般情况下不太容易挂科。

通修课是大学内所有专业的同学都需要修读的课程。常见的如马原、思修、毛概等,一般会贯穿大学前两年乃至前三年。

学科基础课程通常是该学科的一些入门课程,专业核心课,顾名思义,是本专业本科生最重要的一些课程,与专业内容高度相关,通常课业难度大,课程内容比较细致,并且学分高、考试难度大。

专业选修课是对专业必修课的一些补充,通常情况下是针对某个专业方向开设的。这些课程大部分情况下以结课论文、作业或设计等方式进行考查和评分,基本不会挂科,但对于未来的职业发展较为关键。

Q3：大学还会像高中一样排名吗？

A3：每个学期结束，学院通常会计算该专业同学的成绩和排名。这种压力其实完全不亚于高中的成绩排名，因为排名通常意味着能否获得奖学金、奖项、保研资格等。总的来说，大学的排名可能比高中平日考试排名用处还要大，并且每次考试都是"一考定四年"，即使重修或补考获得再高的成绩，也无法与第一次所取得的成绩具有相同的效力或含金量。

Q4：上大学就轻松了吗？

A4：很多同学在高中时就经常听老师和父母说"上了大学就轻松了"，但事实上并非如此。大学阶段是一个新的开始，需要适应更自主、更复杂的学习环境，同时还要为自己的未来规划和职业发展做准备，也会面临不小的压力。

在学习上，大学学习的内容与高中不同，通常更加深入和专业化，学习内容也更加复杂，但此时大学老师并不会随时随地督促你学习。因此，大学期间同学们需要有更强的自我学习管理能力，才能够应对新的学习方式带来的挑战。

在生活上，大学意味着独立生活，各位同学需要自己处理日常生活中的各种问题，如洗衣、财务管理等，这对于之前没有太多生活经验的同学来说是一项非常大的挑战。

此外，大学生还要开始考虑自己的职业道路，为未来的就业或深造做准备，也需要投入一定的时间和精力。

因此，上大学不一定就轻松了，但它提供了一个更加自由和多元化的环境，让同学们有机会探索自己的兴趣，发展专业技能和社交能力。希望各位同学都能通过有效的时间管理和自我调节，平衡学习、工作和娱乐，使大学生活成为一个充实、有意义的阶段。

Q5：进入大学后有落差，该怎么调节？

A5：进入大学后，很多同学可能会遇到各种形式的落差感，比如，学业成绩、社交关系、自我期望与现实之间的差距等。

首先，面对这些情况，各位同学需要认识到大学与高中有很大不同，要接受自己遇到的挑战和困难，保持良好的心态。

其次，根据困难的不同类型对症下药，有针对性地解决问题。如果是学习方面的，同学们可以主动向老师或同学寻求帮助，或者利用学校提供的辅导资源；如果是社交方面的，同学们可以选择脱离旧环境，进入一个新的社团，结交新的朋友；等等。

最后，有落差感是正常的，各位同学需要保持乐观的心态，相信自己能够逐渐适应并克服遇到的困难，养成良好、健康的生活方式，用最好的精神状态来面对每天的挑战。

Q6:大学需要如何对待学习?

A6:首先要明确的是,即使上了大学,同学们的身份也没有发生转变,依然是学生,所以学习依旧是自己的主业。只不过和“你死我活”的高考竞争相比,这时的学习更多是兴趣使然,更多的是为了自己的未来职业发展而学习,所以虽然是主业,但也并不需要投入100%的时间。同学们可以在节假日或课余休息时间来培养自己的爱好,或做一些对自己有意义的事情。但无论如何,身为一名大学生,还是要尽量保证学业。

Q7:不参加英语四、六级考试无法本科毕业吗?

A7:的确会有很多院校将通过大学英语四级作为本科毕业的硬性要求之一,但是因学校和学院的要求而不同。这也是让同学们重点关注培养方案的原因,各个本科专业的培养方案会对英语水平有着明确的要求。

Q8:什么是普通话考试?是否需要参加?

A8:普通话水平考试是对应试人的普通话运用规范程度及熟练程度进行考核的一种考试。考试形式为口试,考试分为三级六等,即在一、二、三级的基础上分为甲、乙两个等次,甲等大于乙等。其中,一级甲等为最高级别,三级乙等为最低级别。不同地区举行普通话考试的时间有所不同,需要对就读院校情况进行关注。

普通话考试并不像大学英语四、六级那样关乎毕业问题。对于大部分专业的学生来说,普通话考试最多是给自己的简历增加筹码,以备不时之需。但是对于一些特殊专业的同学,如师范生,普通话考试是必须参加的,并且要达到二级乙等以上才能进一步考取教师资格证。再如语文学科的教师,申请教师资格证时更是要求普通话等级要达到二级甲等以上。

普通话考试难度不大,很多同学裸考都能达到二级甲等甚至一级乙等,因此并不需要做特殊准备。如果家乡口音较重,那么同学们可以在考试前多加练习,以取得更好的成绩。

Q9:什么是计算机等级考试?是否需要参加?

A9:全国计算机等级考试分为一级至四级,其中一级最低,四级最高。大部分大学会要求学生在毕业前达到计算机二级合格水平。计算机等级考试分为许多不同的项目,如MS Office、Python、C++等,同学们可以根据自己的专业需求选择合适的项目报考。

是否参加计算机考试,需要根据培养计划或学院具体要求决定。参加的优势在于能够给自己的简历适当增加内容,并且在学习的过程中也能熟悉相关软件或系统的操作。然而,计算机考试需要花费一定时间准备,并且部分科目的难度不低,有可能会出现花钱、花时间准备但是最终无法通过的现象。因此，是否报名参加考试，同学们还需视情况而定。

Q10：需要考取教师资格证吗？

A10：很多父母无论孩子的专业是什么，都希望他们在大学四年能够拿到教师资格证。这使得很多非师范专业的学生也被迫加入到教师资格证备考大军中，反而会耽误自己的本职学习工作。

事实上，取得教师资格证和最后能否成为老师其实并没有关系。目前，新一线及以上城市的编制岗位基本都会优先考虑本硕均为师范类的考生，所以单纯拿到一个教师资格证的意义并不大。获得教师资格证后，还需要参加中小学教师招聘考试，通过后才能成为教师。

Q11：各行各业有哪些可以考取的证书？

A11：不同的专业有不同的专业证书可以考取，这些证书都能够有效提高个人的专业技能和市场竞争力。有需要的同学可以对照参考，参加相应的考试。

第一类：不限专业可以考取的证书。包括英语四、六级证书、托福、雅思、普通话证书、教师资格证书、计算机等级证书等。

第二类：专业类证书。包括法律职业资格证书（全日制法本在校考生大三下学期可以参加报名法考、大四期间参加考试，但需要如期毕业才能够领取证书，否则成绩作废）、CAD工程师认证证书、CATTI翻译证书、护士资格证（需要在教学或综合医院的护理临床实习中完成至少8个月的实习才能够报考）等。

以上只是一小部分可供选择的证书，各位同学可以根据自身情况进行选择。此外，许多行业还在不断更新和推出新的认证，因此同学们还需要保持对行业动态的关注。

Q12：参加科研和竞赛很重要吗？

A12：这是肯定的。现在的大学已经越来越“卷”，无论是升学还是用人单位招聘，面试官都希望看到应试者大学四年参加更多富有含金量的活动或成果，而科研或高水平竞赛就是最好的证明。而且学校活动很多，各个学院也将其与老师的绩效、考核等挂钩，所以几乎每个大学生都会在本科四年或多或少参加一些科研或竞赛。

Q13：本科生为什么要做科研？

A13：俗话说得好，无利不起早，本科生做科研不仅会耗费大量时间和精力，而且会让整个大学变得非常忙碌，甚至完全牺牲节假日的时间。既然这样，本科生为何还要做科研呢？

首先，本科生做科研能够更好地将课堂上所学的知识应用到实践中。其实，现在很多本科生从大一开始就会跟着课题组老师一边学习科研基础技能，一边学习专业课。科研和专业课之间是相互促进的关系，想要做出好的科研成果，一定要以专业课知识为基础。这样一来，只要能掌握科研方面的相关知识，专业课的内容自然也不在话下。另外，很多同学会在做科研的过程中学习论文写作的技巧，这些其实都能应用到结课论文中，帮助自己取得更高的成绩。

其次，从升学或找工作的角度来看，现在越来越多的导师或HR愿意招收有科研基础的学生，这其实并不难理解，就像老板招收员工，大家都喜欢有一定基础的，来了就可以干活的，这一点在保研当中尤为明显，一些本科院校一般的同学可能因为一篇高质量的一作论文而获得"985"高校A+学科的优秀营员，而且这并不是个例。所以有保研或留学打算的同学，一定要尽早跟随导师做科研。

最后，本科生做科研其实也是在给自己提供试错的机会。很多人本科期间没有接触过科研，到了读硕士甚至博士时才发现自己不擅长或不喜欢，只能顶着巨大的压力和沉没成本坚持下去。本科期间尽早接触科研，同学们可以提前感受科研的"酸甜苦辣"，真正知道自己是否喜欢和适合做科研。如果适合，就进一步深造；如果不适合，就尽早找工作，毕业赚钱。

Q14：本科生能做科研吗？

A14：很多人总会觉得科研高大上，只有大学老师和研究生、博士生才能驾驭。实际上，科研并没有那么高深，很多本科生在校期间利用课余时间一样能够做出很好的成果。但是最终能否出成果，第一看学科，第二看指导老师，第三看论文研究的小方向。

对于一些需要长期实验的学科来说，本科生的时间本来就不多，再加上实验室基础和科研基础的培养，时间一长，自然难以出成果。但是对于一些交叉学科或基于计算机模拟的专业方向，一些计算机基础比较好的本科生会很快上手，因此他们完全能够在保研前做出非常好的成果。

除此之外，一些优秀的本科生主观能动性比较强，甚至有的同学在大一入校之后就主动和自己感兴趣方向的专业老师联系。同学们尽早加入课题组可以比同龄人更早打好科研基础，更早上手做科研，也更利于出成果，在保研或留学时派上用场。

所以，无论从主观能动性还是客观条件来看，本科生做科研甚至出成果都是完全可能的。

Q15：参加科研或竞赛全靠自己吗？

A15：无论是科研还是竞赛，基本上都会有指导老师，参加竞赛大多数情况下还会有队友，所以这两个项目都不是完全靠自己。话虽如此，但指导老师通常起到引路人的作用，路究竟该如何走、往哪个方向走其实还是要看同学们自己。

竞赛可能会比科研稍好一些，有时可以与队友进行商讨，共同选定一个方案。但无论如何，求人不如靠己，同学们可以借此机会更好地锻炼自己的能力。

Q16：什么样的竞赛值得参加？

A16：大学竞赛也分为三六九等，事实上每个学校和学院对高水平竞赛的划分各不相同，但为了保险起见，建议同学们入校后浏览学校有关加分、保研等相关政策文件，里面会清晰列出学校认可的高水平竞赛目录。

一般来说，对所有专业的学生，以下竞赛的含金量都普遍较高，建议同学们积极报名：全国大学生数学建模竞赛、挑战杯、中国国际大学生创新大赛（原中国"互联网+"大学生创新创业大赛）等。以上比赛所有专业的学生都可以参加，并且各大高校也基本将其作为保研优先加分的竞赛。各专业的高含金量比赛还需具体询问学院老师，或参考学院的相关文件。

Q17：含金量不高的竞赛有必要参加吗？

A17：大学里有非常多的竞赛可供参加，有的同学可能会疑惑，这么多竞赛总有一些含金量低的吧，有必要参加吗？其实，是否参加取决于个人的兴趣、精力等。

如果同学们对某个竞赛的主题或领域有浓厚的兴趣，那么即使这个竞赛的知名度或含金量不高，参加也能给同学们带来乐趣和满足感。兴趣是学习最好的老师，通过参加这类竞赛，同学们可以更深入地了解专业知识，还可能会发现新的兴趣点。

如果同学们打算在某一特定领域发展职业，那么参加相关领域的竞赛可能会对同学们的职业规划有所帮助。即使这些竞赛的含金量不高，也能让同学们在简历上增加一些亮点，还可能让同学们结识到一些志同道合的朋友。

无论竞赛的含金量如何，都可以让同学们在实践中锻炼和提高自己的技能。例如，参加一个编程竞赛，即使它没有很高的知名度，同学们也能通过编写代码、解决问题等方式来提升自己的编程能力。

当然，同学们也要考虑参加竞赛需投入的时间与精力。如果一个竞赛不能带来太多价值，又需要投入大量的时间和精力，那就没有必要参加了。

Q18：如何获得奖学金和各种奖项？

A18：因为大学生的数量越来越多，所以用人单位对于大学生的要求也在水涨船高。从最初的本科毕业生，到后来的不挂科本科生，再到现在的"实习履历+各种奖学金+高GPA"本科生，因此同学们在大学期间获得奖学金和各种奖项十分重要。

从目前来看，成绩依然是评选奖学金和各种优秀先进的基础。如果同学们挂科或成绩排名比较低，获得相应奖项的难度就可能更大。虽然成绩是能否拿到奖学金的首要因素，但适当参加集体活动、与同学之间建立良好的关系等也是重要因素。

有的同学可能成绩比较好,但活动参加得少,导致综测分不高,也可能无缘奖学金;还有的同学可能被卡在民主投票(如选优秀学生)这一环节。获得奖学金或各种奖项的确需要全方位的努力。

Q19:奖学金需要申请吗?

A19:大学奖学金大多都需要同学们主动申请。虽然有些奖学金是基于学术成绩或其他特定标准自动授予的(如全额奖学金或某些基于成绩的奖学金),但大部分奖学金都需要同学们提交申请表、成绩单等材料。申请过程可能还包括面试或其他评估环节。

Q20:获得荣誉奖项有什么具体的好处或优势?

A20:首先,可以满足个人的成就感;其次,可以作为个人简历上的亮点,有助于同学们在申请研究生、奖学金或就业时脱颖而出;最后,还可以为自己树立一个良好的社会形象,因为所获得的荣誉奖项代表了社会和学术界对个人能力的认可;等等。

Q21:钱越多的奖学金含金量越高吗?

A21:奖学金的含金量并不仅仅取决于奖学金的金额。尽管金额是衡量奖学金价值的一个重要因素,但奖学金的含金量还应该考虑以下方面:

① 奖学金的声誉:有一部分奖学金因其历史悠久、评选严格或由知名组织或个人提供而享有较高的声誉,因而含金量比较高。获得这些奖学金可以增加同学们的亮点,有助于未来的升学或求职。

② 奖学金的竞争程度:获取难度较高的奖学金通常意味着更严格的选拔标准和更少的获奖人数,这可以证明它含金量较高,因为只有通过层层选拔,脱颖而出的人才能获得高难度的奖学金。

③ 奖学金的适用性:奖学金有多种类别,适合自己目标的奖学金含金量比较高。比如,对于有志于做科研的同学,提供研究资金的奖学金比单纯提供生活费的奖学金更有价值。

Q22:大学中的人际关系很复杂吗?

A22:大学其实就是一个小型社会,让同学们在真正踏入社会前对社会上的人际关系有个心理准备。高中时期,大家都闷头学习,一门心思提高成绩,考上一个好的大学。然而到了大学后,同学和老师都会有各自的人生规划。很多时候同学之间甚至会是竞争和敌对关系,这可能会导致人际关系出现裂痕,所以如何处理复杂的人际关系是大学时期的一门必修课。

Q23：如何和辅导员建立良好的关系？

A23：辅导员虽然不是任课老师，但却负责大学时期同学们的方方面面。事实上，对于一些学院来说，辅导员的权力甚至超过了任课老师，掌握着同学们的评优选先、奖学金分配和评比甚至日常请假等，所以和辅导员建立良好关系非常重要。

最快和辅导员建立联系的方式就是加入学生会或成为班级干部，因为这些学生岗位都是和辅导员直接对接的。尤其是班长或院学生会的主要部门干部，他们基本都是辅导员的左膀右臂，在评优、奖学金评比或入党评选中都会占有一定的优势。

除此之外，与辅导员保持一定频次的良性沟通，也能够让导员对自己印象更深刻，关键时刻或许能够提供一定帮助。

Q24：如何和任课老师建立良好关系？

A24：任课老师通常由学院里的教授、副教授及讲师组成，主要负责同学们专业课的学习。任课老师大部分情况下会比较关注学生的成绩、课堂表现等。很多任课老师喜欢成绩高且对科研感兴趣的同学。当然，接触到任课老师最多的场景还是在课堂上，所以课堂上好好表现是一个不错的选择。

如果想要在一开始就给任课老师留下深刻印象，建议同学们在上课时好好表现，例如上课坐前排，积极回答老师提出的问题，并且积极争取课代表工作等。很多时候任课老师虽然无法帮助同学们获得奖学金或先进学生，但是在人生关键时刻，任课老师可能可以帮助自己直接通过内推渠道升学或找工作等，大大提高"上岸"的概率。所以，一定要重视和任课老师之间的关系。

Q25：如何和同学建立良好关系？

A25：同学之间的交往更多应当遵循"不卑不亢、落落大方"八字方针。没必要对同学过度客气，但也不要居高临下地和同学交往。大家都在一个学校上学，不存在上下级关系（包括学生会干部），所以只要平等待人就好。

当然，在同学遇到困难时，可以主动询问是否需要帮助。对于一些志同道合或聊得来的同学，也可以适当深入交往。毕竟，大学期间的好朋友很多时候会变成自己一生的朋友，这段友情还是非常珍贵的。

Q26：如何和室友建立良好关系？

A26：大学期间，室友关系的确是一个十分敏感的话题。有的室友关系非常好，毕业多年以后还一直保持联系；有的室友关系却很紧张，甚至6个人有10多个微信群。和室友建立良好的关系能够让自己在大学期间生活得更舒服和愉快。注意，要防止身边最亲近的人暗中算计自己。

宽容和多沟通能够有效避免很多宿舍矛盾。同学们来自五湖四海，地区文化不同，表达方式不同，甚至家庭条件的差异也会导致生活习惯的不同，有时宽容对待室友、站在室友的角度为其多考虑，也能够让自己不过度纠结于一些小事情。

另外，如果的确感觉对方冒犯了自己或打扰了自己的正常作息，同学们可以通过沟通来有效化解矛盾。事实上，宿舍中90%以上的矛盾都可以通过有效沟通来化解。如果沟通无果或对方的表现比较极端，那么同学们可以找辅导员协商。下下策就是更换宿舍。

Q27：如果和室友或同学的观念不符，该怎么办？

A27：进入大学后，各位同学遇到的室友或同学来自天南海北，难免会遇到三观不合、观念相反的情况，遇到此类问题时，同学们可以尝试以下方法：

首先，需要双方进行良好的沟通，开诚布公地分享自身的感受和观点，同时倾听他人的想法，寻求双方之间的共同点，求同存异，尊重对方的观点。就算自己不认同，也要保持基本的礼貌和尊重，以便更好地沟通。

其次，如果和室友或同学的观念差异过大，影响到了彼此的生活和学习，那么同学们可以考虑更换一个新的环境。比如，在图书馆、自习室学习，或申请更换一个新的宿舍，以减少彼此之间的冲突。

最后，如果发现自己实在无法独立处理此类矛盾，同学们可以选择寻求班主任或辅导员的帮助；如果这些差异已严重影响到自身的心理健康，那么同学们也可以寻求专业心理咨询师的帮助。

Q28：如果被孤立了，该怎么办？

A28：大学期间，有的同学可能因为观念不和或生活习惯差异而感到被孤立，这里提供几个小建议，希望可以帮助同学们调整心态。

① 同学们可以先复盘反思一下，为什么自己会感到被孤立了，是因为自己的言行举止无意中得罪了他人，还是因为缺乏社交技巧。了解问题的所在，才能顺利找到解决办法。

② 如果是某些误会或沟通不畅导致的孤立，那么同学们可以主动找到相关的同学进行沟通，这是解决问题的关键。人只有在沟通中才能建立关系，获得信任，增进了解。

③ 如果自己无法独立解决问题，那么同学们可以向辅导员、心理咨询师或亲友寻求帮助，还可以尝试拓展自己的社交圈，如参加一些社交活动、加入一些线上社群等，不要自己憋在心里，保持积极的心态非常重要。

Q29:上大学一定要谈恋爱吗?

A29:大学时期的恋爱是美好而又青涩的,很多同学经历了高中三年苦难,都希望到大学能够找到自己的另一半。但事实上,大学初期的恋爱很多时候是从众的,身边的小伙伴接二连三地脱单,有的甚至对象都换了一轮,这导致很多长期单身的同学按捺不住心中的"小火苗",也想随便找个人脱单。一般来说,大一上学期结束到大二下学期是脱单的高峰期,也是分手的高峰期。大学期间的冲动恋爱是完全不提倡的。但倘若真的遇到心仪的对象,还是鼓励同学们感受一下校园恋爱的美好。但一定切记:恋爱是谈给自己的,不是谈给别人看的。

Q30:需要给老师们送礼吗?

A30:最好不要。一方面,现在大学对老师也有明确的要求,如果被发现,那么会给老师和自身带来很多麻烦;另一方面,"好事不出门,坏事传千里",一旦一个同学给老师送了礼,容易被其他同学七嘴八舌地传出很多不同的版本,所以同学们最好通过自己的优秀成绩和良好表现给老师留下深刻的印象,而不是通过给老师送礼来博取他们的欢心。

Q31:父母想加老师的微信可以吗?

A31:最好不要。因为到了大学,大部分同学已经成年,很多事情完全可以自己处理,父母也会有自己的生活,不能像中学时期一样完全盯着自己的学习。另外,大学老师也不会像中学老师那样将学生的学习或日常表现观察得无微不至,并向家长汇报。很多老师都非常忙碌,课余时间不希望被打扰,所以不推荐父母添加老师的微信。

一般情况下,如果确实需要学校和家长联系,那么可以将父母的电话提供给辅导员或相关人员。除此之外,不太建议父母过多参与孩子的大学日常生活。

Q32:如果将来打算考公,那么本科要怎么做?

A32:与到大型央企、国企求职相似,考公非常看重政治面貌和学生干部经历,这点对于未来报考选调生的同学来说需要更加注意,最好确保自己在毕业前能够转为正式党员。

除此之外,考编过程中一些热门的岗位竞争非常激烈,通常会上百人选一人,这就需要有此类打算的同学尽早打听,并尽早准备考试内容。

Q33:考研和考公可以同时进行吗?

A33:理论上,考研和考公在考试时间上并不冲突,两者可以同时准备。但是,这需要同学们具备较高的学习能力和时间管理能力,因为两者的考试内容、考试形式和备考策略都有很大的不同,需要投入大量的时间和精力准备。

首先,考研和考公的考试科目和难度都不同。考研主要考查考生的专业知识和综合素质,考试科目包括公共课和专业课,考试难度较大,需要考生具备扎实的专业知识和较高的综合素质。考公则主要考查考生的行政能力和公共基础知识,考试科目包括行测和申论等,考试难度也不容小觑。

其次,考研和考公的备考策略也不同。考研需要考生注重专业知识的积累和理解,同时还需要进行大量的练习和模拟考试。考公则需要考生注重行测和申论的训练,同时还需要关注时事政治和法律法规等方面的内容。

因此,如果同学们决定同时考研和考公,需要制订一份详细的备考计划,合理分配时间和精力,确保两门考试都能得到充分的准备。如果没有充分的准备,那么建议同学们还是专心复习其中的一门,否则可能会得不偿失。

Q34:国内读研好还是境外留学好?

A34:同样是读研,有的同学可能会疑惑,到底是留在国内读研还是前往境外留学?表A.1罗列了这两种方式的优点和缺点,希望能够帮到各位同学。

表A.1 国内读研和境外留学的优点与缺点

	国内读研	境外留学
优点	① 费用相对较低:相对于境外留学,国内读研的学费和生活费通常较低,对于一些经济条件有限的家庭来说更为合适; ② 学术氛围和文化背景熟悉:可以更加深入地了解本国的学术氛围和文化背景,有利于融入学术圈和建立人脉; ③ 就业前景广阔:可以更容易适应国内的就业市场,找到与所学专业相关的工作	① 国际化视野:可以接触到不同的文化、学术氛围和思维方式,拓宽国际化视野; ② 学术资源丰富:境外高校通常拥有更加丰富的学术资源和先进的科研设备,有利于学生进行深入研究和学术创新; ③ 语言能力提升:可以提升自己的语言能力,尤其是英语等外语水平,有利于未来的职业发展
缺点	① 学术环境可能较为封闭:相对于境外留学,国内读研的学术环境可能较为封闭,缺乏国际化的学术交流和合作机会; ② 竞争激烈:国内的研究生招生竞争激烈,需要具备优秀的学术成绩和综合素质才能脱颖而出	① 费用较高:境外留学的学费和生活费通常较高,对于一些经济条件有限的家庭来说可能较难承受; ② 文化适应困难:需要适应不同的文化和生活方式,可能会面临一些文化适应困难

Q35:行政编、参公编的区别是什么?

A35:(1) 行政编=公务员

公务员是纳入国家行政编制、由国家财政负担工资福利的工作人员,因此行政编=

公务员。

截至2024年，我国约有800万公务员，2025年国家公务员考试计划招录39721人。在每年的公务员招录中，行政编数量有限。很多考生真正工作后，才知道自己不是公务员。因此，同学们在报名时一定要仔细查看岗位表中的“岗位性质”。

在工作中，行政编的优势体现在工作内容范围广泛，因涉及多领域各部门，能接触到更多事务，具有体验上的多样性和发展上的空间性，因此学习进修机会较多，不仅能够研习各类新政策法规和管理知识，还可以提升个人能力，参与到核心事务中。与之相伴的是不可避免的缺点：工作压力大，常常兼顾数职，突发情况和加班较多，而且需要精专知识技能，入门适应过程较长。

(2) 参公编≈公务员

参公编实际上并非公务员，由于待遇参照公务员，能够流动交流且提拔和晋升与公务员几乎一致，所以参公编≈公务员。2018年机构改革后，大部分参公单位变为公益类事业单位，以后能否继续参公管理，尚需等待国家政策的执行落地。

① 参公编分为一级参公和二级参公。

一级参公，一般指机关里的参公人员在机关工作但是机关里的参公编，参公人员的单位是行政机关的二级机构，如省考里的财政局核算中心。中心、大队、站、所等极有可能是二级参公单位。比如，文化局是机关单位，而文化局的执法大队是其下属机关，使用事业编制，待遇参照公务员，性质是参公人员。

参公编的优点主要体现在稳定性较高，工作待遇较优厚，发展空间较大；缺点是竞争较激烈，因只能在特定的机关或单位就业而限制了就业选择范围，且个别岗位职责相对模式单一化。

② 行政编与参公编：同等情况下，两者都参考公务员法进行人员管理。两者在晋升、级别、工资待遇等方面大多数情况下是没有区别的。级别是首要的。级别越高，职数越多，空位越多，晋升越快。如果能调到行政单位，那么参公编将变成行政编。

在报考方面，参公编岗位有可能并不比行政编岗位的分数低。因为有的行政编需要考执法类专业课或公安基础知识，大部分人不具备这些额外知识。选岗时，要选上岸概率大的岗位，参公与否并不是首要考虑因素。

在提拔方面，两者级别一样时，往往优先提拔行政编；同期人员，行政编可能提拔得更快一些。这并不是“歧视”参公编：一是行政编人员的所属单位大多在机关，比参公编人员更容易接近核心上级乃至决定晋升的领导。二是部分行政编所属单位级别是高半级的，如纪委的内设机构级别通常比其他部门高半级，其内设机构领导也比参公单位内设机构的领导高半级。因此，对于未来想走仕途的同学，可以优先考虑行政编。

Q36:考公、考编冲刺好单位,还是求稳前往一般单位?

A36:好单位的评判标准大抵是:具有较高的知名度、资金实力和行业影响力,工作环境优越,工作压力适中,能为个人的发展和成长提供更好的职业前景和福利待遇。

好的工作人皆向往,竞争较为激烈,考试难度也较高。以下三种情况,同学们可以大胆考虑:

一是岗位的限制比较多,如因岗位特殊需要额外加考、需要研究生及以上学历、需要党员(含预备党员)、仅限应届生、限制部分专业、限男/女生报考等。限制越多,符合条件的人就越少,竞争压力也相应越小。

二是能做到全周期、全脱产准备,复习周期较长,平日模拟考试分数较高。尤其是应届毕业生,可以专门考公。同学们在学校里可以积极备考、搜集经验帖、旁听宣讲课,以及向众多学长请教。如果能够提前完成毕业论文或交叉进行时,那么"上岸"的可能性会更大。

三是曾长期从事体制内及类似工作,对考公内容已有基础,上手较快,起点较高,尤其申报需要有至少3～5年工作经验的岗位时,可以尽可能发挥已有阅历优势,在笔试(申论)和面试中都会有得心应手的表现。

如果具有上述优势,那么可以考虑冲刺好的单位;如果一个优势都没有,那么冲刺一般单位也是一个不错的选择。先求稳"上岸",享受稳定职业和经济待遇的同时,再考虑内部提升、外部遴选等方法。

总而言之,选择性价比最高的岗位,而后做好充分准备,尽量一次性上岸。

Q37:工作一段时间后,重新读书,还有应届生身份吗?

A37:应届生是在毕业年度内获得学士或以上学位且并未就业的毕业生。如果本科毕业后已工作几年,继续考研读书,只要是全日制学生,且在读研期间没有继续工作和交社保,那么毕业后都是应届生身份。但对于边上班边上学的非全日制学生,则不是应届生身份。

若有类似情况,建议咨询学校、教育部门或相关机构,了解本地区最新政策规定,得到最全面且准确的信息和指导。

附录B 保研优秀案例

B.1 文商科保研案例

案例1 东北林业大学英语“上岸”中国人民大学英语语言文学

本科院校专业：东北林业大学英语专业

成绩排名：6/87(保研边缘)

英语：专四优秀；二外法语

科研/竞赛/实习经历：校级“外研社”、“普译奖”、三笔、国家级“大创”成员

offer情况：中国人民大学英语、天津大学外国语言学、北京航空航天大学外国语言学、外国语言学及应用语言学

前期准备：努力提高个人成绩，尽早为参加夏令营做准备(包括了解院校通知、准备文书、研究往年的录取情况)。

参营经验：确认参加各项活动的时间是否冲突，并与组织方及时沟通；专业课考核主要针对平时的知识积累、对材料的分析和语言运用能力，题量较大；在综合问答环节，可能会涉及自我介绍、未来规划、所报名的专业方向、读过的书籍以及与时事相关的问题。

总结：多阅读与专业相关的文献和代表性理论；遇到不会回答的问题时，应学会巧妙地进行迂回作答；重视课外知识的拓展，如关注热点时事等；在面试中，要注意礼仪，保持自信且不傲慢。

案例2 延边大学朝鲜语“上岸”复旦大学韩语

本科院校专业：延边大学朝鲜语专业

成绩排名：1/65

留学情况：韩国庆熙大学（国家公派留学）

offer情况：中国海洋大学、南京大学、复旦大学

前期准备：结合自己报名的专业方向和距离夏令营的时间，每天有针对性地复习专业课内容并掌握面试技巧。

参营经验：小语种的夏令营机会较少；中国海洋大学的小语种测试也统一考英语；南京大学的暑期班仅提供结业证书，而预推免阶段才会有考核与录取；确认参加各项活动的时间是否冲突，并及时与组织方沟通；几所学校的专业课考试主要考查阅读理解、概括和翻译能力；面试则根据提供的材料和研究方向进行，包括自我介绍、报名方向、读过的书籍、兴趣、留学情况等。

总结：保研既是一场信息战，也是一场心理战，选择的重要性不言而喻。

案例3 上海大学“上岸”中国人民大学

本科院校专业：上海大学汉语言文学专业

成绩排名：4/80

英语：六级587分

offer情况：中国人民大学；四川大学（入营无offer）

前期准备：认真复习专业课，掌握知识框架与重点；提前从关键词和逻辑两方面准备英语口语；及时关注最新的保研政策。

参营经验：个人陈述应简洁直观、主次分明、扬长避短；做好面对难题的心理准备，并进行面试模拟练习，尽量引导问题走向自己熟悉的领域。

总结：保持平稳的心态，表现得落落大方。

案例4 四非文化产业管理跨保重庆大学新闻传播

本科院校专业：湖南省四非院校文化产业管理

成绩排名：1/66

英语：六级440分；四级528分

科研/竞赛/实习经历:1篇省级普刊;“三创赛”省级一等奖、校二等奖;2段实习

offer情况:中国传媒大学、重庆大学、暨南大学、深圳大学、安徽大学、苏州大学、湖南大学、郑州大学、首都经济贸易大学(中国传媒大学的offer为文化产业管理专业,其余offer均为新闻传播专业)

前期准备:对于小众专业的学生,应尽早决定是选择继续深造本专业还是跨专业保研;针对自身背景不足和容易紧张的问题,可以提前对多个常见话题进行模拟训练;跨保的学生要多了解对应专业的前沿热点,并对目标专业的框架体系有清晰的认识。

参营经验:在笔试中不要机械地应用知识,而要思考题目的深层含义;简历上的任何一项内容都可能成为面试提问的点;预推免的流程较快,重视英语能力,并要求基础知识扎实,简历的重要性不如夏令营阶段,但同样会被提问。

总结:经得起考验,耐得住寂寞。

案例5 211行政管理跨保浙江大学马克思主义学院

本科院校专业:211行政管理

成绩排名:1/21

英语:六级530分以上

科研/竞赛/实习经历:1项校级科研项目、2项助研项目

offer情况:浙江大学、同济大学、华中科技大学、天津大学、吉林大学(行政管理)、重庆大学(行政管理)、中南大学、中央财经大学

前期准备:有针对性地进行海投,并考虑跨专业申请;保持稳定的学习成绩和排名;提升科研能力和英语水平。

参营经验:大多数院校重视科研能力,所以你需要熟悉自己科研项目的细节;多练习口语并积累相关的专业词汇。

总结:努力打破信息壁垒,掌握正确的申请策略;保持稳定的心态,相信自己,并挖掘和展现自己的优势。

案例6 211汉语言跨保复旦大学教育学

本科院校专业:江苏省某“211”汉语言文学(辅修会计学、教育学)

成绩排名:3/160

英语:六级633分;国家翻译资格证;上海中级口译证

科研/竞赛/实习经历:3篇普刊(1篇国家级,2篇省级);主持省级大创,参与校级大创

offer情况:同济大学、上海交通大学、复旦大学

前期准备:保持成绩排名稳定;根据个人兴趣选择未来的发展方向;提升科研和英语能力;尽早准备文书材料;做好全面的准备,包括做真题;及时有效地获取相关信息。

参营经验:像北京师范大学这样的学校安排紧凑且富有挑战性,需要认真准备以便从中学习,这些收获也可以应用到其他夏令营中;面试题目通常相似,可以提前进行准备。

总结:认真学习英语;认真从事科研工作、撰写论文;广泛搜集并利用信息。

案例7 武汉大学金融到浙江大学金融专硕

本科院校专业:武汉大学经管学院金融学

成绩排名:综合排名3/119,夏令营排名29/119

英语:六级606分;托福94分

科研/竞赛/实习经历:1篇保研论文;2年校级奖学金;一些基本的证券、银行从业证书;"挑战杯"湖北省一等奖;1项校级科研项目;3段一个月左右实习

offer情况:上海财经大学经济学硕博连读、香港中文大学(深圳)经济学、南京大学金融硕士、浙江大学金融专硕

参营经验:笔试题目不会很难,但仍然需要有扎实的基础知识;论文中不严谨的地方会在面试中被重点提问;深圳高等金融学院的申请批次多、开始时间早,对英语水平要求较高;面试会考验你的反应能力,可以通过练习来提高。

总结:对于专业排名不是很好的同学,不要轻言放弃,可以考虑避开热门专业进行报名,先获得保底的offer,然后再尝试申请竞争激烈的方向,如金融硕士等。

案例8 北京邮电大学信息管理"上岸"北师大情报学

本科院校专业:北京邮电大学信息管理专业

成绩排名:4/30

英语:六级528分

科研竞赛实习经历:1篇EI会议论文;北大核心论文(一作);主持1项北京市大创项目;2段互联网实习

offer情况：北京师范大学法律硕士、中央财经大学金融科技、南京大学信息管理

前期准备：前期保证成绩，大二参加实习，大三发力冲刺，提升软背景。

参营经验：先海投后精准。

总结：大胆多投、海投，从而积累经验，并了解新项目（北京师范大学法学院第一次开夏令营），同时提前演练。

案例9　“双非”保险学跨保北京外国语大学金融

本科院校专业：哈尔滨“双非”院校保险学专业

成绩排名：1/34

英语：六级441分；四级493分

科研/竞赛/实习经历：国家级“大创”项目成员（未结项）；省级“大创”项目二等奖；1篇论文（非一作）；三年奖学金；MathorCup建模竞赛国三

offer情况：北京工商大学保险学、首都经济贸易大学保险专硕、湖南大学保险专硕、东北大学金融学、北京外国语大学国际商学院金融专硕、山东大学保险学、吉林大学保险专硕

前期准备：即使在不确定是否有保研名额的情况下，也应积极报名参加各类活动，以争取免去考研的复试环节。

参营经验：面对开放性或不熟悉的问题时不要慌张；要关注时事热点；对于自己简历上的细节内容要非常熟悉；如果遇到题量大的笔试，那么要掌握答题节奏。

总结：大胆尝试海投，从而积累经验，并对自身的专业知识、文书材料以及英语能力有一个更全面的认识。

案例10　“985”法学到中国人民大学诉讼法

本科院校：某985法学院

成绩排名：5/312（夏令营时排名）

英语：六级613分；四级672分；雅思7.5分

科研/竞赛/实习经历：国家级“大创”项目成员；获国家奖学金2次；全国大学生英语竞赛二等奖

offer情况：中国人民大学诉讼法、浙江大学光华法学院

前期准备：结合自己的排名、英语水平、科研成果和竞赛经历等因素来确定目标院校；根据自身实际情况确定申请学硕还是专硕以及具体的研究方向，不要一味地追求那些所谓的“热门专业”。

参营经验：要练习提高口语的流畅度和熟练度，并锻炼思维敏捷性；在表达时注意逻辑性；对于小组活动，可以提前与未来可能合作的队友建立联系，以便在实际的小组面试中更加从容和睦；此外，一定要掌握当年的热点话题。

总结：保研＝实力＋运气＋心态。

B.2 理工科保研案例

案例1 “985”应用化学到北京大学化学

本科院校专业：华北地区某“985”应用化学（本校强势学科）

成绩排名：6/61

英语：六级517分；四级543分

科研/竞赛/实习经历：省级“大创”项目成员；中国科学院长春应化所实习；校级暑期科研；获国家励志奖学金2次；省级大学生化学竞赛理论知识个人赛一等奖；社会实践、勤工助学、志愿服务先进个人

offer情况：浙江大学化学系、北京大学化学与分子工程学院直博

前期准备：根据本校的保研政策，从大一开始就要做好相关准备；多搜集和学习经验帖、资料；海投相对稳妥；文书材料需要有针对性。

参营经验：及时调整心态，不要一蹶不振，也不要沾沾自喜；对于参与过的科研项目，要熟练掌握其原理、步骤、意义及注意事项，不要试图掩饰自己不懂。

总结：积极获取各种信息；保持稳定的心态；平时要多积累知识和练习口语；面试时要展现出诚恳礼貌的态度。

案例2 “211”化学学院到中国科学技术大学微尺度中心

本科院校:“211”化学学院

成绩排名:2/135

英语:六级446分;四级463分

科研/竞赛/实习经历:国家励志奖学金;学校特等奖学金

offer情况:中国科学技术大学微尺度国家研究中心

参营经验:对于背景相对欠缺的同学,可以关注那些研究条件较好的非“985”/“211”院校;面试时要积极回答问题,抓住每一个表现自己的机会;部分学校除了要求面试通过,还需要获得导师接收才能被拟录取,因此在联系导师时要注意书信的篇幅和礼仪。

总结:提前了解保研的整体流程;准备好保研所需的文书;专业课学习和科研工作都不能忽视;提前与导师建立联系非常重要。

案例3 “双非”交通运输到上海交通大学交通运输

本科院校:浙江某“双非”交通运输(全英文授课)

成绩排名:1/29

英语:六级562分;四级579分

科研/竞赛/实习经历:1篇EI论文(一作)、2篇国家级普刊;若干校级竞赛

夏令营offer情况:上海交通大学交通运输专硕、华南理工大学交通运输专硕、山东大学交通运输学硕、中南大学交通运输专硕、南方科技大学电工电子学硕

预推免offer情况:重庆大学管工直博、厦门大学城市与区域规划学硕、华东师范大学人文地理学硕、北京理工大学生物医学学硕、东华大学管理科学与工程学硕

前期准备:要有计划地进行各项准备工作;主动联系导师非常重要;对于跨专业的学生,若在专业课上存在劣势,应通过科研成果和英语能力为自己争取加分。

参营经验:熟悉参与过的科研项目,引导面试官提问你擅长的领域,掌握面试的节奏。

总结:如果时间和精力允许,不必局限于自己目前的专业,可以多尝试其他领域;在填报推免服务系统时,要仔细考虑志愿的先后顺序。

案例4 “211”航空类到清华能源与动力

本科院校专业：军工类“211”航空航天大类

成绩排名：1/75

英语：六级521分

科研/竞赛/实习经历：2篇SCI论文（推免时收录1篇二区，1篇一区二次小修，均为控制方向；1篇二作，1篇一作）；3项课题（2项国家自然科学基金，1项航空五院卫星项目）；天津水运工程科学院某海事工程物理模型的波浪数据测量与分析实习；美国数学建模大赛M奖；全国大学生数学建模竞赛二等奖；东三省数学建模大赛一等奖；全国大学生数学竞赛三等奖

offer情况：清华大学机械学院能动系、浙江大学控制学院、上海交通大学自动化、哈尔滨工业大学自动化

参营经验：对于科研竞赛项目，需要展现出这些成就是你自己亲自取得的，而非仅仅挂名或参与度不高的项目。在文书中也应详细描述相关内容，以展示自己的优势；同时，确保对专业课内容复习透彻。

总结：丰富科研经历；发表高水平论文。

案例5 末流“985”电气工程及其自动化到上海交通大学自动化

本科院校专业：偏远地区末流“985”电气工程及其自动化

成绩排名：1/91

英语：六级603分

科研/竞赛/实习经历：国家奖学金；国家级科创项目负责人（未结题，1篇SCI论文在投）；美国数学建模大赛H奖；全国大学生数学建模竞赛省一等奖；全国大学生数学竞赛省一等奖；中国工程机器人大赛三等奖

offer情况：华中科技大学科学装置、同济大学电信学院、哈尔滨工业大学（深圳）机电工程与自动化学院、浙江大学电气工程学院、上海交通大学自动化系

前期准备：争取获得保研资格，积极积累加分项，提高英语能力；尽早确定未来研究领域；及时整理和搜集相关信息；根据个人需求，合理选择专业和学校。

参营经验：特别是对于直博项目，一定要及时与导师建立联系，因为在某些院校，导师的决定权可能超过面试本身；扎实掌握专业课的基本知识；关注各院校专业的历年招生和录取情况，明确了解不同专业所属的类别和学院，不要对“热门”或“冷门”有先入为主的判断。

总结：保持平稳的心态；整个过程中都要认真对待。

案例6 “211”计算机科学与技术到中国科学院计算技术研究所

本科院校专业：北京某“211”计算机科学与技术

成绩排名：4/10

英语：六级582分

科研/竞赛/实习经历：1篇北大核心；全国大学生数学建模竞赛国二；全国大学生数学竞赛国一；“蓝桥杯”北京市二等奖；全国大学生英语竞赛三等奖

offer情况：中国科学院信息工程研究所、计算技术研究所、吉林大学人工智能

前期准备：保持高学分绩点；多参加含金量高的竞赛，如计算机类的ACM、数学建模、数学竞赛、“蓝桥杯”和Kaggle等算法比赛；努力发表高质量的学术论文。

参营经验：要有扎实的基础知识；在面试中，简历会被详细询问；多与老师进行沟通，这不仅可以提高获得offer的概率，还能收获丰富的经验。

总结：前期的准备非常关键，想要冲刺顶尖院校，科研和竞赛都不可忽视；可以尝试通过本校老师的引荐来创造更多的机会；保持稳定的心态尤为重要，特别是在9月28日这样的关键时刻，要密切关注各种信息渠道。

案例7 “双非”环境科学到同济大学环境科学

本科院校专业：湖南某“双非”环境科学

成绩排名：1/33

英语：六级543分

科研/竞赛/实习经历：1篇SCI论文（二区二作）；全国大学生生命科学创新创业大赛特等奖；校级大学生生命科学创新创业大赛一等奖

offer情况：同济大学、中国海洋大学、重庆大学、华中农业大学

前期准备：提前规划保研，多去实验室实践，努力提升成绩和英语水平；及早准备与保研相关的文书。

参营经验：重视专业基础知识的积累和科研成果的表达方式；提前练习英语口语技巧；尽早与导师建立联系。

总结：提早与导师进行沟通，注意语言的艺术性；不参与无准备的竞争；关注学院的保研政策；坚守自我、不断提升个人能力。

案例8 东北大学材料到清华大学材料

本科院校专业：东北大学材料

成绩排名：6/115

英语：六级560分；四级604分

科研/竞赛/实习经历：2次全国大学生英语竞赛三等奖；参与“大创”项目但无论文

offer情况：西安交大材料学院、清华大学材料学院、上海交通大学、国防科技大学、中国科学院沈阳金属所

前期准备：提前了解保研的流程，制订短期和长期的目标；对于已有的科研项目，一定要清楚理解实验的原理、流程以及已取得的成果。

参营经验：尽早准备好个人简历、个人陈述和自我介绍，学会展示自己，突出自己的优势；提前联系导师会有很大的优势；英语能力非常重要，可以提前复习专业词汇并练习口语。

案例9 末流“211”到上海交通大学

本科院校专业：云南省某二流“211”材料物理

成绩排名：2/30

英语：六级543分；四级550分

科研/竞赛/实习经历：5篇SCI论文（二作）；1项校级“大创”项目；计算机二级；若干体育竞技类奖项

offer情况：上海交通大学、西北工业大学、中山大学

前期准备：持续搜集并更新信息；根据自己的实力，划分院校档次；仔细检查文件材料；遇到问题时积极向学长请教。

参营经验：熟练掌握科研项目和实验的具体细节；面试过程中要展现出良好的英语素养。

总结：必须弥补英语的不足；保研是一场持久的信息战；奖学金的级别会影响你在导师心目中的地位；与导师达成一致后，要踏实做事，不要“过河拆桥”。

案例 10　“双非”医学院到上海交通大学

本科院校专业：某“双非”医学院校康复治疗学

成绩排名：1/39

英语：六级 550；雅思 6.5

科研/竞赛/实习经历：1 篇核心论文；6 篇国家级期刊（一作）；4 项实用新型专利第一发明人；3 项“大创”项目；“互联网＋”大赛金奖、“挑战杯”特等奖

夏令营 offer 情况：复旦大学、山东大学、北京体育大学、中南大学湘雅二医院、浙江大学

预推免 offer 情况：上海交通大学

前期准备：关注自己感兴趣的领域，将想法转变为成果；主动寻求指导，组建团队以积累更多领域的经验；积极关注保研岛公众号矩阵提供的各种信息。

参营经验：英文面试的随机性较大，流利的口语能力能使你脱颖而出，增加优势；提前充分准备材料，细节决定成败。

总结：除了自身的成绩、英语和科创等硬实力，良好的语言表达能力和状态等软实力同样重要；细微的改变和积累会使得你的努力带来更大的幸运。

附录C　考研优秀案例

案例1　南京大学会计学“上岸”厦门大学会计学

本科院校专业:南京大学会计学

报考院校专业:上海财经大学会计学

调剂院校专业:厦门大学财务管理

学生情况:应届生考研,优先考虑专业,留在上海;一战分数394分,远超出国家线,但是没有达到上海财经大学的校线,无奈选择调剂;因分数优势成功调剂到厦门大学财务管理与会计研究院,成功“上岸”。

报考建议:研究学校的报录比,尤其是往届进入面试的分数,清晰了解竞争形势;争取报考面试给分比较高的学校,调剂时也有优势。

总结:及时关注消息,寻找出路;充分利用自己的分数,寻找价值洼地性质的调剂项目。

案例2　东南大学社会学“上岸”上海交通大学法学

本科院校专业:东南大学社会学

报考院校专业:上海交通大学法学(非法本)

学生情况:保研边缘人,大三便开始同时准备保研和考研;喜欢法学,考研考虑跨专业;兴趣趋势,学习效果非常好;保研失败后即全身心投入考研,一战上岸上海交通大学法学(非法本)。

报考建议:一般需要关注学长的考研去向,借鉴他们的考研经历。

总结:兴趣是最好的老师,“兴趣+努力”可以达到事半功倍的效果。

案例3 中央民族大学公共管理"上岸"武汉大学图书情报

本科院校专业：中央民族大学公共管理

报考院校（专业）：武汉大学图书情报

英语：六级506分

学生情况：往届生在职考研，西部某省少数民族，只选择报考名校；一战报考中央财经大学经济学，复试被淘汰，调剂到江南大学但未走；二战报考北京航空大学，复试再次被淘汰，调剂到新疆大学仍未走。

报考建议：可以报考管理学联考，或"少干专硕计划"，如武汉大学在考研招生中会向西部某省定向投放4个招生名额（每年可能有所变化，及时关注发布的招生简章及教育部专项计划通知），一般只要达到国家线，就能被录取。

总结：选择大于努力。

案例4 中国地质大学（北京）环境工程调剂"上岸"武汉大学环境工程

本科院校专业：中国地质大学（北京）环境工程

报考院校（专业）：武汉大学环境工程（学硕）

调剂院校（专业）：武汉大学环境工程（专硕）

英语：六级539分

学生情况：女孩，北京人，应届生考研；初试成绩较低，复试表现不错，但最后因排名靠后而被淘汰。

调剂建议：武汉大学的调剂基本都是校内调剂，而且考生本科是本专业的"211"高校占有优势；即使第一志愿未被录用，也可以调剂到其他院校，或以本校的学硕保底，未来可以继续保送读博。

总结：苦心人、天不负。

案例5 民办本科"上岸"吉林大学博物馆

本科院校专业：长春光华学院俄语

报考院校（专业）：吉林大学博物馆

俄语：90分（考研）

学生情况：在校生，浙江人，成绩全院名列前茅；当过兵，喜欢哲学、文学和历史学。

报考建议：不跨地区报考，且东北地区相对容易如吉林大学，符合条件的考生可以选择“士兵专硕计划”，博物馆专业有士兵专项名额，而且可以考俄语；学校也建议自己报考吉林大学，为校争光。

总结：考研考的就是信息差。

案例6 中国美术学院艺术学调剂“上岸”厦门大学艺术学

本科院校专业：中国美术学院艺术学

报考院校(专业)：杭州师范大学艺术学

调剂院校(专业)：厦门大学艺术学

学生情况：在校生，成绩中等，自我感觉考不上本校；浙江本地人，选择留在杭州，考研专业选择本专业。

报考建议：因为选择留在杭州，所以只能报考杭州师范大学，初试成绩因差4分未达到学校的复试分数线，但最后反向调剂，成功调剂到厦门大学。所以考生可以通过精准策略实现“低分逆袭”，但需满足严格条件并把握关键机会窗口。

总结：本科院校的档次很重要。

案例7 成人本科汉语言文学调剂“上岸”北京林业大学MBA

本科院校专业：成人本科汉语言文学

报考院校(专业)：北京体育大学MBA

调剂院校(专业)：北京林业大学MBA

学生情况：毕业多年，成人本科，0基础；考研只是为了提升学历，最低报考要求北京“211”高校。

报考建议：因为是北京体育大学第一年招生，所以笔试较简单，复试被淘汰，可以调剂到非全日制，但因学费太贵而拒绝调剂；建议调剂到中国矿业大学(北京)、中国地质大学(北京)、中国石油大学(北京)、华北电力大学和北京林业大学，后成功调剂到北京林业大学。

总结：方向大于努力。

附录 D　留学优秀案例

D.1　文商科留学案例

案例 1　中国人民大学英语到哈佛大学教育研究生院

学员背景情况：中国人民大学英语专业

绩点：3.78/4.0

英语：托福 114 分，雅思 8 分，GRE 323 分

科研/竞赛/实习经历：伦敦大学学院交换生；东南大学助研；新东方、外研社实习

offer 情况：哈佛大学教育研究生院、哥伦比亚大学师范学院、宾夕法尼亚大学教育研究生院

案例 2　武汉大学思政到约翰霍普金斯大学金融

学员背景情况：武汉大学思政，辅修金融

成绩：均分 88/100

英语：雅思 7 分，GMAT 720 分

科研/竞赛/实习经历：2 篇国家级期刊论文；6 项科研项目；3 段银行实习（2 段中国建设银行，1 段中国工商银行）

offer 情况：约翰霍普金斯大学金融、罗切斯特大学西蒙商学院金融、伦敦政治经济学院金融、伦敦大学学院管理学院金融

案例3 武汉大学金融工程到麻省理工学院金融工程

学员背景情况:武汉大学金融工程

绩点:3.95/4.0

英语:托福 111 分,GRE 330 分

科研/竞赛/实习经历:美国数学建模大赛 M 奖;1 篇量化金融论文;1 篇 EI 国际会议;2 段量化方面的实习(1 段券商,1 段公募基金)

offer 情况:麻省理工学院金融工程、哥伦比亚大学金融工程、纽约大学金融数学

案例4 中山大学公共管理到哥伦比亚大学公共政策

学员背景情况:中山大学公共管理

成绩:均分 91/100

英语:托福 112 分,GRE 332 分

科研/竞赛/实习经历:1 项国家级"大创"项目负责人,"挑战杯"省金奖,1 篇 CPCI 国际会议论文;1 篇和导师合作的 CSSCI 论文;2 段实习(1 段政府实习,1 段 NGO 实习)

offer 情况:哥伦比亚大学公共政策、康奈尔大学公共政策、南加州大学公共政策

案例5 中南财经政法大学会计到香港大学会计

学员背景情况:中南财经政法大学会计专业

分数:均分 88.6/100

英语:雅思 7.5 分,GMAT 720 分

科研/竞赛/实习经历:1 项香港大学教授科研项目;1 篇 CPCI 国际会议论文;3 段实习(普华永道审计、安永咨询、毕马威审计)

offer 情况:香港大学会计、香港中文大学会计、香港理工大学会计

案例6 二本英语到墨大英语教学

学员背景情况:华南理工大学广州学院英语

绩点:3.67/4

英语:托福 90 分

科研/竞赛/实习经历：全国大学生英语竞赛一等奖；“21世纪杯”全国英语演讲比赛二等奖；全国口译大赛（英语）二等奖；2段实习（1段外研社，1段好未来）

offer情况：墨尔本大学对外英语教学、昆士兰大学应用语言学、新南威尔士大学教育学、莫纳什大学对外英语教学

案例7 南方科技大学物理学到香港中文大学（深圳）金融

学员背景情况：南方科技大学物理学

绩点：3.32/4

英语：雅思6.5分，GRE 317分

科研/竞赛/实习经历：1项香港中文大学科研项目；美国数学建模大赛M奖；2段投行实习（中信建投、中金）

offer情况：香港中文大学（深圳）金融

案例8 二本广告学到伦敦大学学院科学传播学

学员背景情况：上海建桥学院广告学

绩点：3.86/4

英语：雅思6.5分

科研/竞赛/实习经历：2项英国教授科研项目；1篇CPCI国际会议论文；2段知名国际4A公司实习（1段奥美，1段阳狮）

offer情况：伦敦大学学院科学传播、悉尼大学战略公共关系

案例9 伦敦玛丽女王大学数学与统计到伦敦国王学院企业金融

学员背景情况：伦敦玛丽女王大学数学与统计学

成绩：均分78.48/100

英语：GRE 336分

科研/竞赛/实习经历：3段顶级投行实习（中金、摩根大通、招商证券）

offer情况：伦敦国王学院企业金融

案例10　中山大学法语到香港中文大学市场营销

学员背景情况：中山大学法语

绩点：3.8/4

英语：雅思7.5分，GMAT 710分

科研/竞赛/实习经历：全国大学生英语竞赛一等奖；2段咨询公司实习（埃森哲、罗兰贝格）；1段互联网公司实习（字节跳动）

offer情况：香港中文大学市场营销、香港科技大学全球运营

D.2　理工科留学案例

案例1　北京师范大学计算机到伯克利计算机

学员背景情况：北京师范大学计算机专业

绩点：3.76/4.0

英语：托福106分，GRE 323分

科研/竞赛/实习经历：2篇（独作）EI国际会议论文；1项国家级大创；美赛M奖；2段算法实习（腾讯、字节跳动）

offer情况：卡耐基梅隆大学、加州大学伯克利分校、哥伦比亚大学

案例2　“双非”院校建筑到伦敦大学学院建筑

学员背景情况：北京建筑大学建筑专业

绩点：3.81/4.0

英语：雅思7分

科研/竞赛/实习经历：2篇（独作）CPCI国际会议论文；1份作品集；2段地产公司实习（龙湖、万科）

offer情况：伦敦大学学院建筑、曼彻斯特大学建筑

案例3 北京工业软件工程到香港科技大学数据

学员背景情况：北京工业大学软件工程

绩点：3.73/4.0

英语：雅思 6.5 分

科研/竞赛/实习经历：1 篇(独作)EI 国际会议论文；2 项省级“大创”项目；2 段算法实习(阿里、大疆)

offer 情况：香港科技大学数据科技、香港中文大学(深圳)数据科学

案例4 华中科技大学计算机到麻省理工学院人工智能

学员背景情况：华中科技大学计算机专业

成绩：均分 91/100

英语：托福 107 分，GRE 328 分

科研/竞赛/实习经历：1 篇和导师合作的 SCI 论文；1 篇(独作)EI 国际会议论文；3 段算法实习(字节跳动、商汤、华为)

offer 情况：麻省理工学院人工智能、杜克大学计算机、莱斯大学计算机

案例5 电子科技大学电子信息工程到帝国理工理工学院电子电气工程

学员背景情况：电子科技大学电子信息工程

绩点：3.76/4.0

英语：雅思 7 分

科研/竞赛/实习经历：1 篇 EI 国际会议论文；美国数学建模大赛 H 奖；3 段实习(国家电网、德州仪器、OPPO)

offer 情况：帝国理工理工学院电子电气工程、南洋理工大学电子电气工程

案例6 香港中文大学(深圳)电子信息到爱丁堡大学数据科学

学员背景情况：香港中文大学(深圳)电子信息工程

绩点：3.67/4.0

英语：雅思 7.5 分，GRE 324 分

科研/竞赛/实习经历:美国数学建模大赛M奖;1篇(独作)EI国际会议论文;2段实习(腾讯)

offer情况:伦敦大学学院计算机绘图、伦敦大学学院视觉与成像、爱丁堡大学数据科学

案例7 深圳大学数学与应用到香港大学统计学

学员背景情况:深圳大学数学与应用/金融学

成绩:均分86.1/100

英语:雅思7分

科研/竞赛/实习经历:1项港大教授科研项目;1篇和导师合作的SCI论文;2段互联网数据分析实习(字节跳动、美团)

offer情况:香港大学统计学,香港大学数据科学

案例8 “双非”院校化学到香港科技大学分析化学

学员背景情况:广州大学化学专业

绩点:3.8/4

英语:雅思7分

科研/竞赛/实习经历:全国大学生化学实验竞赛一等奖;1项英国名校教授科研项目;1篇和导师合作的SCI论文;2篇(独作)CPCI国际会议论文

offer情况:香港科技大学分析化学

案例9 华农生物工程到莫纳什大学数据科学

学员背景情况:华南农业大学生物工程

绩点:3/4

英语:PTE 81分

科研/竞赛/实习经历:美国数学建模大赛M奖;1项莫纳什大学教授科研项目;1篇(独作)EI国际会议论文;2段互联网数据分析实习(腾讯、网易)

offer情况:阿德莱德大学数据科学、莫纳什大学数据科学

案例 10 中南大学生物信息到芝加哥大学生物信息

学员背景情况：中南大学生物信息专业

成绩：均分 81/100

英语：托福 100 分，GRE 316 分

科研/竞赛/实习经历：美国数学建模大赛 M 奖；2 项美国名校教授科研项目；2 篇（独作）EI 国际会议论文

offer 情况：芝加哥大学生物信息、北卡教堂山生物医学与健康信息学、佐治亚理工学院生物信息